मैं
श्री श्री रविशंकर
बोल रहा हूँ

मैं श्री श्री रविशंकर बोल रहा हूँ

सं. करिश्मा बजाज

प्रभात
पेपरबैक्स
www.prabhatbooks.com

प्रकाशक

प्रभात पेपरबैक्स

4/19 आसफ अली रोड, नई दिल्ली–110002

फोन : 23289555 • 23289666 • 23289777 ❖ फैक्स : 23253233

इ–मेल : prabhatbooks@gmail.com ❖ वेब ठिकाना : www.prabhatbooks.com

संस्करण

2018

अनुवाद

सुमन वाजपेयी

मूल्य

दो सौ रुपए

अ.मा.पु.स. 978-93-5048-451-7

मुद्रक

नरुला प्रिंटर्स, दिल्ली

———————— ★ ————————

MAIN SRI SRI RAVI SHANKAR BOL RAHA HOON

Ed. Karishma Bajaj

Published by **PRABHAT PAPERBACKS**

4/19 Asaf Ali Road, New Delhi-10002

ISBN 978-93-5048-451-7

₹ 200.00

अग्रवर्ती

गुरु वह होता है, जो आपके जीवन से अँधेरे को दूर कर देता है और आपके खुद के अस्तित्व को प्रकाश की ओर ले जाता है।

गुरु वह होता है, जो ज्ञान-संपन्न होता है, जो आपको आपके स्व की ओर ले जाता है।

गुरु वह होता है, जो आपको अपने लक्ष्य तक पहुँचाने का मार्ग होता है।

गुरु वह होता है, जो आपको निस्स्वार्थ प्रेम का मार्ग दिखाता है, जो आपके होने का सार है।

गुरु वह होता है, जो उन परतों को हटा देता है, जो आपकी आत्मा को ढक देती हैं।

गुरु वह होता है, जो गहरे तक अंकित उन सारे विचारों को पोंछ देता है, जो आपकी ईश्वरीय दृष्टि को धुँधला करते हैं।

गुरु वह होता है, जो आपके सारे कूड़े को एकत्र करता है, आपके बोझों को वहन करता है और आपकी खुशियाँ लौटाने के लिए आपके आँसुओं को पोंछता है।

गुरु वह होता है, जो आपके अंदर निहित बच्चे को जगाकर आपको अपने प्राकृतिक रूप में वापस लाता है।

गुरु वह होता है, जो बदले में किसी चीज की चाह न रखते हुए सबकुछ दे देता है।

गुरु वह होता है, जो आपको ज्ञान देता है, अनुभव निर्मित करता है और विवेक के मार्ग खोलता है।

गुरु वह होता है, जो आपको कर्म के समुद्र से आपको ईश्वर की अनुभूति करने के तट पर ले जाता है।

गुरु केवल एक और एकमात्र होता है, जो आपके अंदर के गुरु को जाग्रत् करता है।

यह मेरे गुरु हैं।

आभार

मैं गुरुजी को धन्यवाद देता हूँ, क्योंकि आप मेरे अँधेरे को दूर कर मुझे अपने अंदर निहित प्रकाश की ओर लेकर गए हैं—मेरे स्वयं के ईश्वरत्व की ओर।

मैं ईश्वर को—ब्रह्मांड का धन्यवाद देता हूँ, जिन्होंने मेरी यहाँ की यात्रा के दौरान मेरे जीवन को सँभाले रखा।

मैं अपने देवदूतों को धन्यवाद देता हूँ, जो मेरे जीवन के हर पल में मेरे साथ रहे।

मैं अपने पिता को धन्यवाद देता हूँ, जिन्होंने मुझे आध्यात्मिकता का मार्ग दिखाया, जिन्होंने कदम-कदम पर मेरा मार्गदर्शन किया और मुझे अपना विकास करने में मदद की।

मैं गिरीश को धन्यवाद देता हूँ, क्योंकि आपने मुझे प्यार, धैर्य और विश्वास का पाठ पढ़ाया। आपने मेरे अंदर निहित अच्छाई को बाहर निकाला और आज भी लगातार यह करने में जुटे हुए हैं।

प्रस्तावना

श्री श्री द्वारा लिखित 'नोट्स ऑफ विजडम' का संकलन करने की यात्रा के दौरान मुझे पुनः अपने गुरु को जानने का अवसर मिला। इस पुस्तक में संकलित 'नोट्स ऑफ विजडम' अब मुझे अपने आपको जानने की यात्रा पर ले गए हैं।

जब मैंने गुरुजी कि हम उन्हें प्यार से संबोधित करते हैं, जैसा द्वारा बोले गए बहुमूल्य शब्दों को पुनः पढ़ा तो लगा जैसे मैं ज्ञान को संचित नहीं कर रहा हूँ, बल्कि जो कुछ मेरे पास है उसे बाहर निकलने दे रहा हूँ। कुछ नोट्स मैं लगातार तब तक पढ़ता रहा, जब तक कि मेरे अंदर कुछ व्याप्त नहीं हो गया। मैंने अपने अंदर रोशनी की चमक देखी है, जो तब शायद विद्यमान थी जब यह पुस्तक तैयार हुई थी।

मुझे वास्तव में उस बात का अर्थ समझ में आ गया, जो पहले के और आज के महान् गुरु समझाना चाहते थे। जब वे कहते थे कि जब आपके अंदर ज्ञान समाहित हो जाता है तो आप कुछ प्राप्त नहीं करते, वरन् सबकुछ खो देते हैं। आप उन सारे नकारात्मक विचारों, संवेगों और भावनाओं को खो देते हैं। आप उन सारे प्रभावों को खो देते हैं जिन्होंने आपकी दैवी दृष्टि को ढंक रखा था। आप उन अनगिनत परतों को खो देते हैं, जो वर्षों से एकत्र होती आई थीं। आप वह सबकुछ खो देते हैं, जो 'मेरा' है और वह पा लेते हैं, जो 'मैं' हूँ।

सच में, जब गुरुजी जैसे गुरु हमारे साथ नोट्स ऑफ विजडम को बाँटते हैं तो वे वास्तव में हमें अपने को खोकर स्वयं को पाने का अवसर देते हैं। वे हमें आत्मानुभूति और ईश्वर की अनुभूति की ओर ले जाते हैं। वे बिना किसी प्रयास के आपको जीवन के वास्तविक मायने के प्रति जागरूक कर देते हैं।

इस पुस्तक में संकलित प्रत्येक नोट एक बहुमूल्य खजाना है, जो जिज्ञासु की यात्रा को अमूल्य बना देता है। इस पुस्तक का संकलन करने से श्री श्री रविशंकर मुझे मेरे स्व तक ले आए हैं और मैं उम्मीद करता हूँ कि जो भी व्यक्ति इन नोट्स को पढ़ेगा, वह

अपने जीवन में गुरु की कृपा के बहाव को महसूस करेगा।

इन बहुमूल्य नोट्स के लिए गुरुजी, आपको धन्यवाद। "मेरे अंदर निहित उस देवत्व के लिए, जो मैं हूँ, उस देवत्व के आगे मैं समर्पण करता हूँ।" आपके जादुई शब्दों ने मुझे बदल दिया। ईश्वर करे, ये शब्द हर किसी को बदल दें। ईश्वर करे, ये शब्द हर किसी को उस देवत्व को खोजने में मदद करें, जो उनके अंदर निहित है। ईश्वर करे, ये शब्द हर किसी को अपने में आपको पाने में और आप में खुद को पाने में मदद करें।

नोट्स ऑफ विजडम का रहस्य यह है कि वे आपको वर्तमान में लाते हैं···केवल 'वर्तमान' ही है, जिसे आप जीते हैं और जैसे-जैसे आप प्रत्येक नोट को पढ़ेंगे, आप वर्तमान में वर्तमान की महत्ता को जान जाएँगे···अतीत आपकी नियति था और भविष्य तब तक भ्रम है जब तक वह घट नहीं जाता। 'आज' वह है जहाँ आप हैं। जब आप इस रहस्य को जान लेते हैं तो तनाव, भय, चिंताएँ, असुरक्षाएँ, क्रोध, घृणा आदि दूर हो जाते हैं और आप अपने में एकाकार हो जाते हैं···आप स्वत: ही खुश रहने लगते हैं। प्यार से आपको प्यार हो जाता है। आप करुणामय हो जाते हैं, शांति महसूस करते हैं, आनंदमय हो जाते हैं, संतुष्टि के भाव से भर जाते हैं।

गुरु की कृपा, समर्पण, निस्स्वार्थ प्रेम, प्रसन्नता, समृद्धि, शांति और आनंद का आशीर्वाद अब हमेशा आपके साथ रहेगा।

भूमिका

आप चाहे श्री श्री रविशंकर के बारे में बताने के लिए कितने ही शब्दों का इस्तेमाल क्यों न कर लें, वे कम ही लगते हैं। गुरुजी, जैसा कि पूरी दुनिया में वे अपने भक्तों के बीच जाने जाते हैं, को एक चमत्कारिक व्यक्तित्व माना जाता है, जिन्होंने लोगों की जिंदगी बदल दी। वे दुनिया की सेवा करने के लिए ही जनमे हैं और वे यही कर रहे हैं। वे हर दिन हजारों लोगों के होंठों पर मुसकान लाने के लिए शहर-शहर घूमते हैं।

इतने वर्षों में जब से मैं आर्ट ऑफ लिविंग फाउंडेशन का हिस्सा हूँ और गुरुजी के साथ बहुत समय बिताया है, मैंने उन्हें निस्स्वार्थ भाव से लोगों को आशीर्वाद देते देखा है। उन्होंने लोगों से बातचीत करते, यात्रा करते, उन्हें ठीक करते, आशीर्वाद और मार्गदर्शन देते असंख्य रातें जागकर बिताई हैं। आर्ट ऑफ लिविंग फाउंडेशन, जिसकी स्थापना उन्होंने की थी, वास्तव में विश्व भर में करोड़ों लोगों को जीने की कला सिखाता है।

ऐसे लोगों के मामले भी देखने में आए हैं, जो मानसिक, भावनात्मक और शारीरिक बीमारियों से ग्रस्त थे और जिन्हें उनसे राहत मिली। कैदियों के जीवन में सुधार आया। ऐसे कई युवा हैं, जिन्हें वह अध्यात्म के मार्ग पर लाए और उनका कैरियर बनाया, बच्चों को बेहतर बनने की राह दिखाई। गुरुजी ने प्रत्यक्ष और अप्रत्यक्ष रूप से करोड़ों लोगों के जीवन को प्रभावित किया है। गुरुजी ने सुदर्शन क्रिया—एक श्वास तकनीक के द्वारा लोगों के जीवन में चामत्कारिक ढंग से परिवर्तन किया। इस तकनीक का अगर नियमित रूप से अभ्यास किया जाता है तो यह होंठों पर हँसी वापस ले आती है और तनाव दूर कर देती है। इसके अलावा हर वर्ग और हर आयु के लोगों को ठीक करने के लिए अनेक कोर्स भी तैयार किए गए हैं।

विश्व में गुरुजी चाहे जहाँ हों, गुरुजी प्रत्येक शाम ज्ञान के सत्र (नॉलेज सेशन) चलाते हैं। उन्होंने प्राचीन ज्ञान का सरलीकरण कर उसे लोगों के सामने प्रस्तुत किया है

और उसके माध्यम से लोगों के जीवन में परिवर्तन कर रहे हैं। वे जटिल अवधारणाओं की सरल ढंग से व्याख्या करते हैं। जो ज्ञान के नोट्स (नॉलेज नोट्स) उन्होंने करोड़ों लोगों को दिए हैं, उन्होंने उनके अंदर ज्ञान का प्रकाश जला दिया है। कई लोग ज्ञान की इस बहुमूल्य संपदा के द्वारा अपने स्व को महसूस कर पाए हैं।

उन्होंने भगवद्गीता, अष्टावक्र गीता, पतंजलि योगसूत्र, नारद भक्तिसूत्र, शिव सूत्र आदि जैसे महत्त्वपूर्ण ग्रंथों पर प्रवचन दिए हैं। उन्होंने विस्तृत रूप से भक्ति, समर्पण, प्यार, ज्ञानोदय जैसे विषयों पर व्याख्यान दिए हैं। उनके 'नोट्स ऑफ विजडम' (ज्ञान की व्याख्याएँ) ने करोड़ों लोगों को अपने भीतर निहित और उनके आस-पास व्याप्त ईश्वरत्व से जुड़ने में मदद की है। वे उस देवत्व से मिल पाए, जिसकी वे खोज कर रहे थे।

सत्संग सत्रों के द्वारा गुरुजी जीवन में उत्सव मनाते हैं। यह आध्यात्मिक प्रगति और विकास का हिस्सा है। विश्व के हर भाग में सत्संग होता है—छोटे-छोटे हर सप्ताह भजन गाते हैं और गुरुजी के ज्ञान को आपस में बाँटते हैं। क्योंकि, गुरुजी के अनुसार, उत्सव व मुसकान की वजह से ही हम यहाँ हैं—खुश रहना हमारा मूल स्वभाव है।

गुरुजी ने करोड़ों लोगों को सेवा का मार्ग दिखाया है। प्यार और सामंजस्य फैलाने के लिए मानवता की सेवा की, ताकि सीमाओं के बीच की दीवार को तोड़ा जा सके। विश्व भर में भक्तों ने आर्ट ऑफ लिविंग को दुनिया का विशालतम गैर-सरकारी संगठन बनाने में अपना सहयोग दिया है। गुरुजी की छत्रच्छाया में असंख्य योजनाएँ आरंभ की गई हैं, जिन्हें उनके भक्त चला रहे हैं और करोड़ों लोगों के जीवन का उद्धार कर रहे हैं। गाँवों को अपने संरक्षण में लिया गया, कैदियों को सुधारा गया, नशे के आदी लोगों को सुधारा गया, अनाथों को गोद लिया गया, मानसिक आघात से पीड़ित लोगों को राहत पहुँचाई गई, स्थानों का पुनर्निर्माण किया गया…आज हर भक्त के द्वारा लगातार कुछ-न-कुछ हो रहा है।

150 से भी अधिक देशों में करोड़ों लोगों के होंठों पर सुदर्शन क्रिया, सेवा और सत्संग से मुसकान आ गई है। गुरुजी अनवरत और बिना किसी प्रयास के लोगों के बीच हँसी फैलाते हैं, ताकि लोग अपने जीवन का उद्देश्य पा सकें। उन्होंने आत्मानुभूति और ईश्वरानुभूति को पा लिया है।

गुरुजी जादुई ढंग से हर भक्त में दैवत्व को जाग्रत् कर देते हैं, बहुत सरलता से…

गुरुजी के 'नोट्स ऑफ विजडम' की भूमिका, ईश्वर पर एक नोट के साथ—

'ईश्वर कभी भी पार्थक्य की वस्तु नहीं है, वरन् वह आपके अस्तित्व का बीजकोष है। स्व और ईश्वर के बीच का अंतर लहर व समुद्र की तरह है। क्या बिना समुद्र के लहर

हो सकती है?

आप कौन हैं? क्या आप अपने बारे में जानते हैं? सबसे पहले अपने बारे में जानें। अगर आप सोचते हैं कि आप मात्र शरीर हैं तो यह संभव नहीं है, क्योंकि शरीर की अपनी सीमाएँ होती हैं। अगर आप सोचते हैं कि आप मन हैं तो यह भी संभव नहीं, क्योंकि मन की भी अपनी सीमाएँ होती हैं। यह हमारे अस्तित्व की एक अन्य परत है। अगर आप जानते हैं कि आप सन्नाटा हैं या आप अंतरिक्ष हैं तो यह संभव है, क्योंकि ईश्वर भी अंतरिक्ष है।

जैसे कि हमारा शरीर प्रोटीन, एमिनो एसिड और कार्बोहाइड्रेट्स से बना हुआ है, आपका मन और आत्मा प्यार से निर्मित है। हर किसी के दिल में प्यार भरा हुआ है और प्यार ईश्वर है। इसलिए आप ईश्वर से बने हैं। आपके शरीर का प्रत्येक छोटे-से-छोटा अणु प्यार से बना है और वही ईश्वर है। यह नहीं सोचें कि ईश्वर कहीं स्वर्ग में बैठा है। ईश्वर यहाँ और अब है।

ईश्वर वह नहीं है, जो कोई सफेद दाढ़ीवाला हो और स्वर्ग में बैठा हो। ईश्वर प्यार है, ईश्वर अंतरिक्ष है। जब आप ध्यान (मेडीटेशन) लगाते हैं, जब आप शांति का अनुभव करते हैं, घर पर, हर किसी के साथ, आप दैवी शक्ति के संपर्क में होते हैं। क्या आप बिना प्यार के रह सकते हैं? उपनिषद् में कहा गया है—'खम खम ब्रह्म'—अंतरिक्ष ईश्वर है, जिसमें हर चीज है और जिसमें हर चीज घुल जाती है।

ईश्वर क्या नहीं है? ईश्वर की परिभाषा क्या है, अगर कोई एक है भी तो? आप उसका वर्णन इस तरह करते हैं—जो हर तरफ है, जो सर्वशक्तिमान है, जो इस सृष्टि के लिए उत्तरदायी है, उसको कायम रखने के लिए उत्तरदायी है और जो इसके विनाश के लिए उत्तरदायी है, जो सर्वव्यापी है, सर्वशक्तिमान है और सर्वज्ञ है। आप कहते हैं, "मैं ईश्वर को देखना चाहता हूँ।" जब आप ईश्वर को किसी वस्तु की तरह देखना चाहते हैं, तब वह हर तरफ नहीं है। फिर आप ईश्वर नहीं हैं। ईश्वर को अपने से अलग देखने की यह चाह भी एक भ्रम है। ईश्वर अनुभूतियों की वस्तु नहीं है; पर भावनाओं की भावना, उपस्थिति की उपस्थिति, चुप्पी की आवाज, जीवन का प्रकाश, दुनिया का सार और परमानंद का स्वाद है।

जैसा कि प्यार हृदय में महसूस होता है, वैसे ही ईश्वर की उपस्थिति महसूस होती है। ईश्वर कभी भी पार्थक्य की वस्तु नहीं होता। ईश्वर पूर्णता है। जब आप घुल जाते हैं, ईश्वर रहता है। जब आप वहाँ होते हैं, ईश्वर नहीं होता। या तो आप वहाँ हो सकते हैं या ईश्वर, लेकिन दोनों नहीं। इसलिए जब आप ध्यान लगाते हैं तो आप ईश्वर के साथ एकाकार हो जाते हैं। आप ईश्वर हो जाते हैं। इसलिए कहा गया है—तत् त्वं असी, अर्थात् तू ही वह है।

ईश्वर को हृदय की गहराई में महसूस करना चाहिए। ईश्वर को न तो आपकी इंद्रियों और न ही दिमाग के द्वारा महसूस किया जा सकता है। ईश्वर स्वयं द्रष्टा है। कौन देखता है? वही ईश्वर है। अंतरिक्ष ईश्वर है। अंतरिक्ष हर जगह है और हर चीज अंतरिक्ष में है। अंतरिक्ष को कोई नहीं छू सकता है। कोई भी अंतरिक्ष को नष्ट नहीं कर सकता है और आप पृथक् वस्तु की तरह अंतरिक्ष को नहीं देख सकते हैं।

प्यार अपने पास खड़े व्यक्ति में ईश्वर को देखना है।

ध्यान ईश्वर को अपने भीतर देखना है।

एक बुद्धिमान व्यक्ति किसी रहस्य को छिपाने का कोई प्रयास नहीं करता है, पर वह रहस्य को प्रकट करने का भी प्रयास नहीं करता है। उदाहरणत:, आप पाँच वर्ष के एक बच्चे से मासिक स्राव, मृत्यु आदि के बारे में बात नहीं करते हैं; पर जैसे-जैसे वे बड़े होते हैं, ये बातें उनसे छिपी नहीं रहती हैं। वे वक्त के साथ इन बातों के बारे में जान जाते हैं।

एक अज्ञानी किसी रहस्य को छिपाने की कोशिश करता है और वह गलत समय पर, गलत व्यक्ति, गलत जगह पर उसे प्रकट भी कर देता है और रहस्य के बारे में एक बड़ा झमेला भी खड़ा कर देता है।

रहस्य को छिपाने की कोशिश करना घबराहट व बेचैनी पैदा करता है।

प्यार अपने पास खड़े व्यक्ति में ईश्वर को देखना है।

ध्यान ईश्वर को अपने भीतर देखना है।

एक अज्ञानी रहस्य को अपने पास नहीं रख सकता है, चाहे उसने प्रकट किया हो या न किया हो, पर बुद्धिमान व्यक्ति रहस्य रखकर असहज महसूस नहीं करता, चाहे वह प्रकट हुआ हो या न हुआ हो।

मूर्खता के द्वारा क्षुब्ध होना मूर्खता है। मूर्खता न तो ज्ञान पर हावी या उसे मिटा सकती है, न ही हर समय कायम रह सकती है। जब आपका ज्ञान पूर्ण नहीं होता है तो आप मूर्खता के द्वारा क्षुब्ध होते हैं, अपना संतुलन खो देते हैं। जब आप मूर्खता के लिए जगह बनाते हैं तो आप उससे क्षुब्ध नहीं होते, बल्कि आप हँसते हैं और आगे बढ़ जाते हैं। अन्यथा आप मूर्खतापूर्ण कार्यों से घृणा करेंगे, क्रोधित होंगे या तनावग्रस्त हो जाएँगे।

जब आप जान लेते हैं कि सच शाश्वत और अजेय है तो आप मूर्खता को एक मजाक की तरह लेते हैं और उससे प्रभावित नहीं होते। जो मूर्खता से विमुख होते हैं या उससे चिढ़ते हैं, वे मूर्ख क्लब के सदस्य हैं।

सतर्क रहें, उसके सदस्य न बनें।

सबसे पहले क्रोध को काबू में करना होगा। इसे जानें—जब दिमाग इतना अधिक

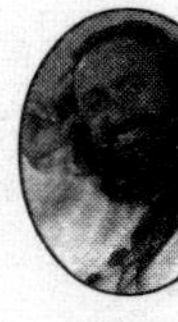

प्रसन्न व संतुष्ट होगा, जब आप ध्यान में बैठे होंगे और त्रुटियों व गलतियों के लिए जगह छोड़ देंगे तो आपको क्रोध आएगा ही नहीं। यह जान लें कि कोई भी गलती क्रोध से सुधारी नहीं जा सकती। केवल जागरूकता से ही किसी भी चीज को सही किया जा सकता है।

परमानंद अस्त-व्यस्तता से आता है और अस्त-व्यस्तता का आनंद उठाने की क्षमता प्रबुद्धिता है।

वाल्मीकिजी श्रीराम के समकालीन थे। दुनिया में अनेक ग्रंथ गुरु के शरीर छोड़ने के बाद लिखे गए, पर वाल्मीकि ने '**रामायण**' तब लिखी जब वह घटना घट रही थी। उस समय समाज में जातिभेद नहीं था। उस समय ईमानदारी, मानव-मूल्य और अपनापन बहुत गहराई से व्याप्त था।

क्या आप जानते हैं कि किसी समय में दुनिया रहने का ऐसा सुंदर स्थान थी, जहाँ सब विविधता का उत्सव मनाते थे। पर ऐसा क्या हुआ, जो इतने विभाजन का कारण बना? मैं चाहता हूँ कि आप सब सारे भेदभावों से ऊपर उठें और आगे बढ़ें। बाहरी तौर पर आपका दृष्टिकोण चाहे जो हो, पर भीतर से उस स्वाभाविकता को बने रहने दें। सबके साथ अपनेपन की भावना निर्मित करने की योग्यता निर्मित करें।

क्या आप सबके पास सेलफोन है? वह कैसे काम करता है? सबसे पहले उसका पूरी तरह से चार्ज होना आवश्यक है। पर अगर वह चार्ज भी है, पर कोई सिम कार्ड नहीं है तो? इसलिए आपको एक सिम कार्ड की आवश्यकता है और फिर आपको टॉवर की पहुँच में रहना होगा। जब ये तीनों होंगे, तभी केवल आपका सेलफोन कार्य करेगा। उसी प्रकार, जीवन को सफल बनाने के लिए तीन चीजों की आवश्यकता होती है—सेवा, सत्संग व कृपा।

जानें कि आपके पास कृपा प्रचुरता में है और ईश्वर आपका अपना है। सत्संग चार्जर है और सेवा सिम कार्ड है। सेवा से क्या होता है? जब आप सेवा करते हैं तो आपको आशीर्वाद प्राप्त होते हैं और वे आशीर्वाद आपके जीवन में ताकत का समावेश करते हैं। और फिर साधना, साधना क्या है? वह जो आपको अपने साथ, दैवत्व के साथ, उस असीमित शक्ति के साथ एक संपर्क स्थापित करने में मदद करती है।

एक विश्वास है कि मैं देवत्व का हूँ, वह जो भी ईश्वरीय है। दैवी तत्व कोई आकाश में नहीं है। वह आपके अंदर है चेतना के रूप में।

हर पल हमें पूरे विश्व से कुछ सीखने को मिल रहा है। आवश्यकता है तो केवल जागरूकता की। प्रत्येक व्यक्ति ईश्वर द्वारा रची एक खूबसूरत रचना है। अपने मन का अध्ययन करें और फिर अपने आस-पास के लोगों के मन को जानें; लेकिन हम करते क्या हैं? हम अपने मन का अवलोकन नहीं करते हैं, पर दूसरों के मन को आँकने में

समय बरबाद करते रहते हैं। सबसे पहले अपने मन को समझें और फिर आप यह समझ पाएँगे कि समस्त लोगों के मन में क्या चल रहा है।

क्या आप जानते हैं, मैं दुनिया में जिससे भी मिलता हूँ, उसके साथ एक अपनेपन का बोध होता है। मुझे कभी नहीं लगता कि मैं उससे पहली बार मिल रहा हूँ। बहुत बार हम इस दुनिया में आए हैं। मैं थोड़ा-बहुत जानता हूँ, पर आप भूल गए हैं। इस बार हँसते रहें।

आप सामाजिक बदलाव ला सकते हैं। केवल अपने को मजबूत करने की आवश्यकता है। आपकी आत्मा बहुत प्राचीन है और इसलिए उस पर भी कुछ ध्यान दें। जिन लोगों के पास आध्यात्मिक ज्ञान नहीं होता है, वे कुपोषण के शिकार व्यक्ति की तरह होते हैं। प्राथमिकताओं को सूची में बाँटते हुए अपनी जड़ों को मजबूत करना और अपनी जड़ों के प्रति गर्व महसूस करना प्रथम नीति है।

जब आप अपने बारे में अच्छा सोचते हैं, आप दूसरों के बारे में बुरा सोचते हैं और जब आप सोचते हैं कि दूसरे अच्छे हैं तो आपको लगता है कि आप ठीक नहीं हैं। ऐसी जटिलताएँ आज अनेक बच्चों में हैं। इसलिए यह सोच कि न मैं बुरा हूँ और न ही कोई और, हर किसी को और स्वयं को स्वीकारने की भावना देती है। साधना पिछले सारे प्रलेखों को खत्म कर देती है।

ध्यान (मेडीटेशन) आपकी सोच को बदलने में मदद करता है। यह आपकी चीजों को देखने की समझ में सुधार करता है। यह दिमाग में एक स्पष्टता लाता है। यह आपकी अपने आस-पास के लोगों के साथ बातचीत व व्यवहार में सुधार लाता है—आप क्या कहते हैं, आप कैसे प्रतिक्रिया करते हैं और विभिन्न स्थितियों में कैसे कार्य करते हैं, आप ज्यादा जागरूक हो जाते हैं। सामान्यतया तनाव-रहित समाज से व्यक्तियों में शांति व सेहत की ओर और हिंसा-मुक्त समाज से दु:ख-विहीन आत्मा की ओर—सारे ध्यान के प्रभाव हैं।

अनुक्रमणिका

आत्मा की आयु के लिए एक वैचारिक व्याख्या

अपनी आयु याद है? वह चाहे कुछ भी हो, 25–30 वर्ष। इन 25–30 वर्षों से पहले आप कहाँ थे? आप 50–60 या कहें, 100 वर्षों बाद कहाँ होंगे? आपके पैदा होने से पहले मुंबई था, यह समुद्र यहाँ था।

क्या आपको याद है, आप अपनी माँ के गर्भ में कैसे आए थे?

क्या आपको याद है, आप इस दुनिया में बाहर कैसे आए थे?

5 वर्ष की उम्र तक बच्चे को अपना पिछला जन्म याद रहता है। बच्चा रंगों को पहचानता है या कुछ बातें कहता है, पर बड़े लोग उसे नजरअंदाज कर देते हैं।

क्या आपको पता है कि यह पूरा सार्वभौम प्राण, जीवन-शक्ति का खेल है। यहाँ की हर चीज में कुछ-न-कुछ जीवन-शक्ति है। हालाँकि प्राण की इकाई अलग-अलग हो सकती है—

पत्थर में प्राण की 1 इकाई होती है

पानी में प्राण की 2 इकाई होती हैं

अग्नि में प्राण की 3 इकाई होती हैं

हवा में प्राण की 4 इकाई होती हैं

आकाश में प्राण की 5 इकाई होती हैं

पशुओं व पक्षियों में प्राण की 6–7 इकाई होती हैं।

मानव में प्राण की 8 इकाई होती हैं। इसलिए उसे 'अष्टावसु' कहा जाता है। पर इनसान पूर्ण तरह से विकसित अवस्था में पुष्पित होने की संभावना के साथ पैदा होता है। भगवान् कृष्ण में सबसे अधिक प्राण इकाइयाँ थीं—16, इसीलिए उन्हें सर्वगुण-संपन्न या पूर्ण विकसित प्राणी कहा जाता है।

आप अकसर देखते हैं कि प्रत्येक देवी-देवता एक पशु की सवारी करते हैं। देवी दुर्गा बाघ पर सवार होती हैं। यह बहुत ही काल्पनिक प्रतीत होता है। यह बात बेशक हमारी बुद्धि को जँचे नहीं, पर यह बहुत ही वैज्ञानिक है। पशु प्रत्येक धरती पर कुछ ब्रह्मांड कंपन (ऊर्जाएँ) लाते हैं। उदाहरणतया, मोर धरती पर माँ सरस्वती (ज्ञान की देवी) के कंपनों को लाते हैं, भैंसे की शरीर की किरणें शिव की चेतना (प्रकृति का परिवर्तनकारी और ध्यानावस्था वाला पहलू) को लाती हैं। इस समय सारे देवता इस चेतना में हैं, सारी विभिन्न ऊर्जाएँ इस चेतना में हैं। ये सारे मंत्र इन सारे पवित्र कंपनों को आमंत्रित करते हैं।

क्या आप महीनों के अर्थ जानते हैं?

जनवरी, फरवरी, नवंबर, दिसंबर। आप सब महीनों के नाम लेते हैं, पर इनका अर्थ नहीं जानते।

सितंबर (सेप्टेंबर)—सप्त+अंबर : सातवाँ आकाश

नवंबर—नव+अंबर : नौवाँ आकाश

क्या आप जानते हैं, इन महीनों में कौन-सी भाषाएँ हैं?

ये सब संस्कृत से निकली हैं। संस्कृत एकमात्र ऐसी मौलिक भाषा है, जो आरंभ में सार्वभौम में व्याप्त थी।

फरवरी को अंतिम भाग कहा जाता है।

मार्च का अर्थ है—आगे बढ़ो। इराक, ईरान, खुर्दिस्तान, हर जगह वे मार्च के महीने में नया साल मनाते हैं। भारत के कुछ भागों में भी। इसलिए दिसंबर—दश+अंबर : (दसवाँ आकाश) दसवाँ आकाश बनाता है।

आप महीनों के नाम से कहीं ज्यादा पुराने हैं। इन सबका अनुभव करने के लिए बहुत गहन ध्यान करें। अन्यथा दिमाग में यह बात रखें कि मैं अपनी उम्र से कहीं अधिक बड़ा हूँ। जीवन में कभी वह आपके पास आएगा।

दिमाग का अर्थ है मनोस्थितियाँ, विचार, राय, सोच, वे सारी चीजें जिन्हें हम एकत्र करते हैं। और कोई दिमाग ध्यान नहीं है। भोर और शाम के झुटपुटे को ध्यान (मेडीटेशन) के लिए बहुत अच्छा माना जाता है। इसलिए, आप जब भी मेडीटेशन करते हैं या जब भी बुरा समय होता है, आप मेडीटेशन करें। जब आप मेडीटेशन करते हैं, आप दिमाग के प्रभाव से बाहर चले जाते हैं और स्व में चले जाते हैं। यह स्व शिव तत्त्व है। शिव तत्त्व का अर्थ है—हमेशा दयालु, करुणामयी, स्नेहमयी, कल्याणकारी। वह चेतना गहराई तक आपके भीतर है जो दयालु, करुणामयी, स्नेहमयी, कल्याणकारी है। वह दिमाग व समय के नकारात्मक प्रभावों को निष्प्रभावित कर देगी।

जब तक संबंध रहेगा, एकाग्रता रहेगी—हमेशा लेना-देना रहता है। आप हमेशा

आशीर्वाद प्राप्त करते हैं। आपको हमेशा आशीर्वाद मिलेगा और अवांछित चीजें अपने आप छूट जाती हैं और आपके लिए ऐसा सोचना अच्छा होगा—यह चेतना के स्तर को भी दरशाता है। चेतना के इस स्तर पर, अपने हिस्से के रूप में इस कूड़े की पहचान को छोड़ दें। आप महसूस करेंगे कि कोई चीज दिमाग को कुरेद रही है, उसे कूड़े के रूप में देखें, अपने नहीं या किसी और के।

□

सकारात्मक विचारों व शब्दों की शक्ति पर एक वैचारिक व्याख्या

खाना पकाते समय जब आप उसे प्रेशर कुकर में पका रहे होते हैं तो जब ज्यादा प्रेशर बन जाता है तो वह कैसे बनता है? पानी का वाष्प। और क्या वह पानी से अधिक शक्तिशाली होता है या नहीं? इसलिए आप जितने सूक्ष्म होते जाते हैं, चीजें उतनी अधिक शक्तिशाली होती जाती हैं। अब इस चीज (गुरुजी हाथों में पकड़ा छोटा सा चाँदी का मजीरा दिखाते हैं) में चाँदी के अणु हैं। जब आप चाँदी के अणुओं को तोड़ते हैं, आपको आणविक कण मिलते हैं और जब आप उन्हें तोड़ते हैं तो आपको उप-आणविक अणु मिलते हैं, जो लघु से भी अधिक लघुतम होते हैं। क्या वे शक्तिशाली नहीं हैं? क्या शक्तिशाली है—यह मजीरा शक्तिशाली है या अणु ताकतवर है? अणु ताकतवर है।

हम जितने सूक्ष्मदर्शी होते जाते हैं, वह और अधिक ताकतवर होता जाता है। हालाँकि, हर चीज चेतना से बनी है। यह पूरा सार्वभौम चेतना से बना है। जब आप सूक्ष्म और सूक्ष्म होते जाते हैं, वे अधिक ताकतवर होते जाते हैं।

आज मैं जापान में एक व्यक्ति के द्वारा की गई रिसर्च को देख रहा था। उसने पानी में थोड़ा सा पानी रखा और उसका चित्र लिया। बाद में उसने उसी पानी का उपयोग प्रार्थना के लिए किया और फिर प्रार्थना के बाद एक चित्र लिया। आपको प्रार्थना का प्रभाव दिखाई देगा—पानी में सूक्ष्म विचार कंपन चले गए। वे साफ तौर पर दिखाई दे रहे थे।

उसने एक बोतल पानी लिया और उसे दोष देने लगा और फिर उसका सूक्ष्मदर्शी चित्र लिया। एक और बोतल में पानी लिया तथा कुछ अच्छे शब्द कहे और आप अंतर देख सकते हैं।

भारत में इस प्रक्रिया को 'अभिमंत्र' कहा जाता है। आप एक बरतन में पानी लें, उसके ऊपर अपना हाथ रखें और मंत्रोच्चारण करें। माना जाता है कि मंत्र पानी में घुल जाते हैं। भारत में यह एक पुरानी परंपरा है। जब आप किसी साधु या संत के पास जाते हैं तो आप एक बरतन में पानी भरकर ले जाते हैं और उस पानी को आशीर्वाद देने के लिए कहते हैं। सिंधी समुदाय में ऐसा बहुत किया जाता है।

इस अभिमंत्रित—पानी में मंत्रोच्चारण करना—का पानी पर अत्यधिक प्रभाव पड़ता है, क्योंकि हमारा 70 प्रतिशत शरीर पानी है। रुद्राभिषेक में पानी को एक स्फटिक के लिंग के ऊपर से डाला जाता है और एक खास मंत्रोच्चार किया जाता है और वह नीचे की ओर बहता है। वह पानी इतना ऊर्जावान होता है और वह वातावरण को समृद्ध करता है। अब यह सूक्ष्मदर्शी चित्रों में दिखता है, वे परिवर्तन जो इन प्रक्रियाओं द्वारा होते हैं।

इसी प्रकार एक व्यक्ति रूस से आया और उसने महाबलिपुरम, तमिलनाडु में एक प्रयोग किया। जब वे आरती कर रहे थे, उसने चित्र लिये और पाया कि वातावरण के सारे नकारात्मक आयन अचानक गायब हो गए हैं; वे सकारात्मक आयन में बदल गए थे। सकारात्मक आयन बदलाव लाए थे। ये सारी चीजें सकारात्मक आयन निर्मित करने के लिए बनी हैं—अनिवार्य परिवर्तनों को लाने के लिए। यही बात आग के उपयोग पर लागू होती है। अग्नि धर्मानुष्ठानों के दौरान, जब वे साभिप्राय मंत्र बोलते हैं, वातावरण में एक गुणकारी परिवर्तन आ जाता है।

जब आप दुनिया से कुछ लेना चाहते हैं तो दुनिया पूरी तरह से नीरस व शून्य लगती है। पर जब आप योगदान देना चाहते हैं तो हर चीज आश्चर्यजनक ढंग से बदल जाती है।

जब आप चाहने के इस स्थायित्व को छोड़ देते हैं तो शांति का अनुभव होता है।

आप अब नरक में क्यों जाना चाहते हैं? मैं वहाँ कभी नहीं गया, इसलिए मैं नहीं बता सकता कि वह कैसा है।

जब आप बदले में कुछ नहीं चाहते तो इसे निस्स्वार्थ प्रेम कहा जाता है। यहाँ तक कि धन्यवाद भी नहीं या कृतज्ञता या महानता का भाव तक नहीं। बहुत बार लोग दूसरों की मदद करते हैं, पर ये छोटी-छोटी अपेक्षाएँ मन में रहती हैं और वे ही उन्हें परेशान करती हैं तथा उन्हें नीचे की ओर धकेलती हैं। यह भी एक शर्त है।

जब आपकी चेतना पल्लवित और पुष्पित होती है तो निस्स्वार्थ प्रेम स्वाभाविक रूप से आ जाता है। आप उसे अपने ऊपर लागू या सींच नहीं सकते हैं। मुझे नहीं पता उसे कैसे सींचा जाता है। एकमात्र एक अवधारणा है। जब आपकी चेतना विस्तार पाती

है, उठती है तो उससे जो निकलता है, वह निस्स्वार्थ प्रेम होता है। आप कहते हैं, मैं यहाँ तुम्हारे लिए हूँ और मैं तुमसे कुछ नहीं चाहता हूँ। यह आपके पास आता है और वह कुछ लोगों के साथ आपके पास आता है, पर कई अन्य लोगों के साथ आपकी कुछ अपेक्षाएँ होती हैं।

सिर्फ एक मुसकान के साथ। इस दुनिया में अज्ञान की जगह भी है। अगर कोई आपको दोष दे रहा है तो अज्ञानता के कारण। और अगर वह अज्ञानता है तो वह दुर्भावना या ईर्ष्या है और मैं इन सारी भावनाओं को अज्ञान के हिस्से के रूप में मिलाता हूँ। इसलिए बेहतर तो यही होगा कि एक जगह चिपके रहने के बजाय आगे बढ़ें, क्योंकि आप दूसरों के विचारों को नियंत्रित नहीं कर सकते और आपको ऐसा करने की जरूरत भी नहीं है—प्रत्येक व्यक्ति के अपने विचार हो सकते हैं। सबसे बढ़िया तरीका है शिक्षित करना और नजरअंदाज करना। वे उसे मानते हैं या नहीं, यह उन पर है। अगर आप आरंभ में नजरअंदाज कर देंगे तो आप केवल अहंकार का प्रदर्शन करेंगे। शिक्षित करना भी एक छोटा सा सशक्त शब्द है। आप कह सकते हैं, बताएँ और नजरअंदाज करें, जो और भी कहीं ज्यादा बेहतर है। शिक्षा में ज्यादा प्रयास करना पड़ता है। क्रोध में लोग कहते हैं कि मैं उसे पाठ पढ़ाऊँगा।

जिस व्यक्ति ने अस्त-व्यस्तता निर्मित की है, वह एक आवरण चाहता है और आवरण में वह हमेशा अपना चेहरा व स्थिति बचाने की बात करेगा। वह कई तरह के स्पष्टीकरण देगा। इसलिए, आप उस स्थिति को समझें—हो सकता है कि जब आप उस स्थिति में हों, आप भी वैसा ही कर रहे हों। लोग क्या कहते हैं, उस पर निर्भर न करें। हमारी अधिकांश समस्याएँ तभी शुरू होती हैं जब हम उनकी भावनाओं या उनकी स्थितियों के बजाय उनके शब्दों पर यकीन करते हैं। एक माँ अपने बच्चे से क्रोध में कुछ बुरा कहती है, लेकिन सच में वह उसका बुरा नहीं चाहती है; पर जो शब्द उसके मुँह से निकलते हैं, वे बहुत ताकतवर होते हैं और अगर बच्चे उन शब्दों को गंभीरता से ले लें तो बिना वजह बच्चा दुःखी हो सकता है। मैं कहूँगा कि आपको शब्दों से परे देखना चाहिए।

आपका संप्रेषण मौखिक से कहीं अधिक होना चाहिए—वह मौखिक संप्रेषण से परे होता है। अगर कोई आपसे सारी बुरी बातें कहे, क्या आप स्वयं को टिकाए रख सकते हैं और अपने दिमाग को शांत रख सकते हैं? फिर, आपने कुछ पा लिया है। आप शब्दों से परे लोगों से संपर्क स्थापित कर सकते हैं।

यह उम्मीद न रखें कि वे भी आपसे संपर्क स्थापित कर पाएँगे। यह हमेशा एकतरफा होता है। मैं कहता हूँ कि संप्रेषण हमेशा एकतरफा होता है। अगर आपके पास निपुणता है तो आप अपनी बात कह सकते हैं और उसी ढंग से उसे प्राप्त भी कर सकते

हैं। उनकी प्रतिक्रियाओं के बारे में चिंता न करें। वे क्या बकवास करते हैं, उसकी परवाह न करें।

वे अकसर कहते हैं कि ये सारे एक-दूसरे को दोष देने के खेल बकवास होते हैं और आप इस दोष देने के खेल में फँस जाते हैं। आप खड़े हों और कहें कि आपके पास मुख्य चाबी है और मैं जानता हूँ कि कौन से बटन को दबाना है और लोग कैसे प्रतिक्रिया करेंगे तथा कैसे चीजें बदलेंगी। आप में इस तरह का आत्मविश्वास होना चाहिए—आपकी आत्मा, आपके अंदर निहित ऊर्जा मुख्य चाबी हैं। यह स्थिति को वैसे ही बदल सकती है जैसा कि आप चाहते हैं। आप में वह विश्वास होना चाहिए। ऐसा पाँच बार न हो, पर छठी बार ऐसा होगा। यह सब आपके विश्वास व धैर्य पर निर्भर करता है। और लोग क्या कहते हैं, इसकी परवाह न करें।

कर्मों के तरीके बहुत गूढ़ हैं। कर्म एक समुद्र की तरह होते हैं। यह एक जीवन नहीं है। कई-कई जीवन में हमने कितने कार्य किए हैं और उन सबके परिणाम भुगतने पड़ते हैं। कौन सा कर्म कौन से बीज से प्रस्फुटित हुआ है और यह कर्म कौन सा फल देगा, यह बताना कठिन है। इसलिए कहा गया है—'गहाना कर्मानुगति'। गूढ़ता कर्म का तरीका है। चूँकि यह कोई जीवन की बात नहीं है, अनेक जीवन की बात है, हमने कई काम किए हैं और किस कर्म का कब फल मिलेगा, यह हम नहीं जानते। इसलिए कर्म के बारे में चिंता न करें, सक्रिय रहें और अपनी अंतरात्मा की बात सुनें।

अपनी अंतरात्मा के साथ कार्य करें।

जब आप उत्तरदायित्व ले रहे हों तो उत्तरदायित्व लें। कर्ता होने का अर्थ है—परिणामों के बारे में विचार करना।

जो कुछ भी हुआ है, जिस क्षण आप उत्तरदायित्व लेते हैं, आप ताकतवर हो जाते हैं, आप वर्तमान में आ जाते हैं। आपने पहले से ही उत्तरदायित्वों को स्वीकार कर लिया है।

जब आप कुछ कार्य कर रहे होते हैं तो कर्ता और कर्ता न होने के चक्कर में न पड़ें, अन्यथा दिमाग उलझन में पड़ जाएगा। जब आप कार्य करते हैं, आप 100 प्रतिशत करते हैं। जब आप किसी कार्य को अपना 100 प्रतिशत देते हैं तो अचानक आपको एहसास होता है कि मैं नहीं कर रहा हूँ, यह अपने आप हो रहा है। कर्ता न बनना एक तरह का अनुभव है। यह वह नहीं है जिसे आप करना चाहते हैं या कुछ पाने का प्रयास कर रहे हैं।

दिमाग एक जगह की तरह है। हमारा स्व शरीर के अंदर और बाहर एक जगह की तरह है। विचार आते हैं, जाते हैं, संवेदनाएँ आती हैं, जाती हैं; पर आप जब अंदर जाते हैं तो वहाँ रिक्त स्थान होता है। जब हम विचारों, भावनाओं और संवेदनाओं के साथ खुद

को जोड़ते हैं, तभी हमें लगता है कि हम ठहर गए हैं। आपका वास्तविक, उदार चरित स्व, अंदर की वह जगह है जहाँ आप पूर्ण रूप से शांति का अनुभव करते हैं। उन क्षणों में जब आप पूर्ण रूप से शांति में होते हैं या पूर्णतया प्यार में होते हैं, आप एक विस्तार का अनुभव करते हैं, ठीक है न? आप मुक्त और असीम महसूस करते हैं और यही हमारा सच्चा स्वभाव है। हम सब उसमें एक होते हैं, कोई द्वैत भाव नहीं होता।

अगर विचार मन में आ रहे हैं तो कोई बात नहीं, आपको पता है। जब आप समझें, आप पुनः वापस आएँ, श्वास पर ध्यान दें और बैठे रहें, बस इतना ही करना है। कुछ बेकार, निरर्थक विचार आएँगे और चले जाएँगे। यह सब तनाव-मुक्ति का हिस्सा है। आपको हो सकता है, कुछ बढ़िया विचार आ जाएँ और कुछ बुरे विचार आ जाएँ। उस समय उनका आकलन न करें। हमें उत्तेजित होने की आवश्यकता नहीं है, रिलैक्स रहें। मेडीटेशन के बाद अगर आपके मन में कुछ अच्छे विचार आएँ तो आप उन्हें लिख सकते हैं। हो सकता है, कुछ अच्छी कविताएँ, कुछ विषय, रचनात्मकता बाहर निकल आए। यह सब ठीक है, इसलिए रिलैक्स रहें। कुछ लोगों को विचार आते हैं, कुछ लोगों को कुछ दिखाई देता है, कुछ रंग, कुछ अनुभव—किसी को खुशबू आती है या किसी चीज का एहसास होता है—पाँच इंद्रियों में से कुछ भी, मैं तो कहूँगा कि यहाँ तक कि छठी इंद्रिय भी मेडीटेशन के दौरान सक्रिय हो सकती है और यह अच्छा है। सारी खोखली और रिक्त मेडीटेशन के साथ स्नायु तंत्र साफ व शुद्ध हो रहा है और इसलिए वह भीतर प्रतिबिंबित हो रहा है।

अगर आपको तुलना ही करनी है तो स्वयं से तुलना करें—आप कल, एक दिन पहले, दो वर्ष पहले कैसे थे—यह उचित है। स्वयं के साथ तुलना करें। ठीक है? देखें, आप प्रभावित होंगे। जब आप खुद के साथ अपनी तुलना करेंगे तो पाएँगे कि आप प्रभावित हो रहे हैं। अपने व्यक्तित्व के बारे में नहीं, वरन् काम में दूसरों के साथ तुलना करना ठीक है। अगर किसी ने अच्छा काम किया है तो आप उनसे बेहतर करने के लिए प्रोत्साहित होंगे। यह ठीक है। आपको अपनी आँखें बंद करके रखने की आवश्यकता नहीं है। अगर किसी ने बिजनेस में आपसे अधिक अच्छा किया है तो आप अपना लक्ष्य बनाएँ, ताकि उनसे बेहतर कर सकें। यह करना ठीक है, यही आपको करना चाहिए। तुलना को आपको प्रेरित करना चाहिए, न कि आपको हतोत्साहित। पहले तो यह स्वीकार करें कि आप नहीं जानते कि आप कौन हैं, आपको नहीं पता कि आप कौन हैं। आप आत्मानुभूति नहीं हैं, यह याद रखें। अगर आप ऐसा सोचते हैं कि ओह, मैं इतना बुरा हूँ, मैं ऐसा हूँ···तो आपको पता नहीं कि आप कौन हैं। आपके भीतर असीमित क्षमताएँ हैं। आप किसी और से दस गुना बेहतर हो सकते हैं; अब जो कर रहे हैं, उससे कहीं बेहतर

कर सकते हैं। इसलिए तुलना को केवल आपको प्रोत्साहित करना चाहिए, न कि हतोत्साहित करना चाहिए। अगर आप सोचते हैं कि आप अपने बारे में जानते हैं और आपको लगता है, आप कमजोर हैं और सोचते हैं कि आपके अंदर क्षमता नहीं है तो वह आपको निराश कर देगा। पर जब आप जान लेंगे कि आपके अंदर असीमित क्षमताएँ हैं, आप नहीं जानते कि आप कौन हैं, तब तुलना केवल आपको प्रेरित करेगी और आप अच्छा काम करेंगे।

भरपूर नींद सोएँ। आपको सुबह 4 बजे उठकर अभ्यास करने की जरूरत नहीं है। आप तब करें जब भरपूर नींद ले चुके हों। जब भी आपकी नींद पूरी हो जाए और आप जागें, तब आप इसे करें। अपने को थकाएँ नहीं। हमारा नियम क्या है? अपने को परेशान करना या थकाना नहीं। आपका भीतरी संपर्क तभी स्थापित हो पाएगा, जब आप बिलकुल शांत और शिथिल होंगे, न कि तब जब आप तनावग्रस्त होंगे।

आजादी का अर्थ है—स्वतंत्रता। फिर आप कह सकते हैं कि मुझे अपने लिए कुछ नहीं चाहिए, मैं पूर्ण हूँ। आजादी तब मिलती है जब आप पूरी सृष्टि को उसी तरह स्वीकार कर लेते हैं जैसे कि वह है। जब आप लोगों को वैसे ही स्वीकार लेते हैं, जैसे कि वे हैं। आजादी पूर्ण शांति है, ऐसी शांति जिसे भंग नहीं किया जा सकता है। और इस तरह की शांति तब आती है जब आप दूसरों को क्षमा करते हैं, तब करुणा भाव रहता है और स्वाभाविकता रहती है। अगर आप यह मान लेते हैं कि आप कुछ हैं तो नहीं कर सकते, अगर आप बुद्धिमान या मूर्ख हैं तो आपके पास आजादी नहीं है। आप न तो बुद्धिमान हैं, न ही मूर्ख; न अमीर हैं, न गरीब—अगर आप सोचते हैं कि मैं तो बहुत गरीब व्यक्ति हूँ, आपको किसी भी तरह से वह नहीं मिल सकती। मैं कुछ नहीं हूँ। हलकेपन और सहजता का यह भाव ही आजादी है। आपको पता है, इसका आम स्वाद तो सबने चखा है, लेकिन कब? जब आपकी परीक्षाएँ खत्म हो जाती हैं। जब आप बच्चे थे और जिस दिन आपकी परीक्षाएँ खत्म हो गई थीं और आप घर आए थे तथा सोफे पर किताबें फेंककर बैठ गए थे—बिलकुल निश्चिंतता के साथ। कैसा महसूस हुआ था? बहुत अच्छा।

जब आप सफलता प्राप्त करते हैं—अगर वह आपका लक्ष्य है—अपना सपना पूरा करना—तो आपको मार्ग में आनेवाली कुछ बाधाओं का सामना करने के लिए तैयार रहना होगा। और आप जानते हैं कि प्रत्येक बाधा आपके अंदर और अधिक निपुणताएँ ही बाहर लाती है। वह आपको अपने लक्ष्य तक पहुँचने से रोकती नहीं है, वरन् उस सपने को पूरा करने के लिए, जो चाहिए वही आपको देती है। मैं जो कह रहा हूँ वह आपको समझ आ रहा है? आपके मार्ग में आनेवाली बाधाएँ अधिक निपुणताएँ लाती हैं और वह आपके लक्ष्य से आपको डिगाती नहीं हैं।

खाने में लंबा समय लगाएँ—बहुत लंबा समय। आप जानते हैं कि आमतौर पर जो लोग अधिक खाते हैं, वे बहुत जल्दी-जल्दी खाते हैं। वे चीजों को इतनी जल्दी-जल्दी भरते हैं, पर अगर आप अपने मुँह में खाना रखें, उसे देर तक चबाएँ, मुँह में खाने को महसूस करें तो पाएँगे कि आप जितना खाना खाते हैं, उससे कम खा रहे हैं।

काम में अपने संवेगों का प्रयोग न करें—काम में बुद्धिमत्ता का प्रयोग करें। पर अपने परिवार व मित्रों के साथ बहुत ज्यादा बुद्धिमत्ता का प्रयोग न करें, अपने संवेगों का प्रयोग करें। अगर आप दोनों को मिला देंगे तो मुश्किल में आ जाएँगे। आप जानते हैं, अपनी पत्नी व बच्चों के साथ अगर आप उन्हें बुद्धिमत्ता के साथ जोड़ रहे हैं और अपना काम अपनी भावनाओं के साथ कर रहे हैं तो आप मुसीबत में आ जाएँगे। आपको घर में हृदय के साथ अधिक रहना होगा। जब आप सेवा करते हैं तो आप उसे हृदय से करते हैं, ठीक है न? पर आप जब काम कर रहे हों तो भावनाओं में नहीं बहना चाहिए। सिर्फ अपने तार्किक दिमाग का इस्तेमाल करें।

□

विवाह पर एक वैचारिक व्याख्या

विवाह में आपको अन्य व्यक्ति को अपना स्वयं का हिस्सा मानना चाहिए हिस्सा—जैसे आपकी बाँह, जैसे आपका शरीर। यह दो शरीर, एक दिमाग, एक आत्मा है। इसलिए आपका साथी जो भी इच्छा करे, उसे आप अपनी इच्छा बना लें, यही करना है। अपने साथी के स्वाद को अपना स्वाद समझें। देखें, शायद बहुत सारे भिन्न स्वाद हों। कई बार आपको कुछ पसंद आता है, कई बार आपको अन्य कुछ पसंद आता है। मतभेद कब उत्पन्न होते हैं? जब आपके स्वाद अलग-अलग होने लगते हैं। आपको यह कहना आरंभ कर देना चाहिए कि तुम्हारा स्वाद मेरा है, तुम्हारा सुख मेरा है। यह कहने की बजाय कि तुम मेरे लिए क्या कर सकते हो, कहें, मैं यहाँ तुम्हारे लिए हूँ। जब हम कहते हैं, ''तुम मेरे लिए क्या करते हो?'' तो दोनों नाखुश हो जाते हैं, पर जब आप कहते हैं, ''मैं तुम्हारे लिए क्या कर सकता हूँ?'' ''मैं हमेशा तुम्हारे लिए हूँ।'' यही एकमात्र मंत्र है। सुखद विवाह क्या होते हैं? मैं हमेशा तुम्हारे साथ हूँ, चाहे अच्छा समय आए या बुरा समय। जीवन में कई बार निराशा आती है, कई बार सफलता मिलती है। दोनों ही स्थितियों में ''मैं तुम्हारे साथ हूँ।'' यह एक बात है। दूसरी चीज है कि अगर एक परेशान है तो दूसरे को उसी समय परेशान नहीं होना चाहिए। परेशान होने के लिए किसी दूसरे समय को चुनें। यह समझें कि 'मेरा साथी परेशान है, कोई बात नहीं।' उसे परेशान होने के लिए समय दें। यह सवाल न करें कि 'तुम परेशान क्यों हो?' अगर कोई परेशान होता है तो दूसरे को क्रोध आ जाता है और वह चाहता है कि वह परेशान न हो। यह बहुत बड़ी गलती है। कोई परेशान है तो उसे उसके हाल पर छोड़ दें। आप जानते हैं, हम में से बहुत लोग यह तक नहीं जानते कि प्यार कैसे पाएँ। कोई आता है और आपको लगातार कहता रहता है कि ''मैं तुमसे प्यार करता हूँ, मैं तुम्हें बहुत प्यार करता हूँ, मैं तुम्हें प्यार करता हूँ।'' अचानक आप जाते हैं, ''अब मैं क्या करूँ? मैं कैसे प्रतिक्रिया करूँ?'' आप पसोपेश में पड़ जाते हैं कि कैसे प्रतिक्रिया करें। आप समझ नहीं पाते कि क्या कहें, इसलिए आप यही कहते रहते हैं कि

"मैं तुम्हें प्यार करता हूँ, मैं तुम्हें प्यार करता हूँ।''' अचानक एहसास होता है कि आप जवाब नहीं दे रहे हैं और वह आपको दोष देना शुरू कर देता है, "देखो, तुम कितने हृदय-विहीन हो। तुम्हें यह तक नहीं पता कि कैसे प्यार करना है। तुमने कभी नहीं कहा कि तुम मुझे प्यार करते हो।" और न जाने क्या-क्या''माँग—माँग प्यार को नष्ट कर देती है। अपने साथी से कभी प्यार की माँग न करें। यह मानकर चलें कि वह आपको प्यार करता है, बस इतनी-सी बात है। जब हम अपने साथी से प्यार की माँग करने लगते हैं और अपने साथी को इसके लिए बाध्य करने लगते हैं तो सब गड़बड़ा जाता है।

बच्चे की तरह व्यवहार करें—बिना जाने, जितना अधिक आप जानते हैं उतना अधिक और जानने के लिए होता है। जानना आपको केवल उस दिशा में ले जाता है कि आप कितना कुछ नहीं जानते हैं। इससे अपमान महसूस होता है। आप समझ रहे हैं न कि मैं क्या कह रहा हूँ?

भगवान् के लिए, अपने अहं के साथ कुछ न करें। उसे हावी न होने दें। अगर आपको लगता है, आप में बहुत ज्यादा अहं है, अपने से बाहर आने की कोशिश न करें। अपने अहं के साथ हस्तक्षेप करने से अहं बहुत बड़ी समस्या बन जाता है। फिर आप कहते हैं, "देखो, मैंने अपना अहं मिटा दिया है।""ऐसा कोई नहीं कर सकता है।" इसे समझें? आप जानते हैं कि अहं से छुटकारा पाना कितना कठिन है। यह ऐसा ही कहना है—"मैं दुनिया में सबसे विनम्र व्यक्ति हूँ। मेरे जैसा विनम्र व्यक्ति आपको और कोई नहीं मिलेगा।" क्या इसके कोई मायने हैं? इसलिए आपको लगे कि कोई अहं है तो उसे खुशी से रहने दें। उससे छुटकारा पाने की कोशिश न करें। सिर्फ मुसकराएँ। आप जानते हैं कि अहं एक कठोरता है। जब आप घर में होते हैं, आप रिलैक्स करते हैं। जब आप सहजता महसूस करते हैं तो वहाँ अहं नहीं होता है। अहं का समाधान केवल स्वाभाविक बने रहना है। या किसी दिन आप मूर्खतापूर्ण व्यवहार करना चाहें तो हो सकता है, उसमें कुछ मदद मिले, क्योंकि आपका सबसे बड़ा भय है कि दूसरे क्या सोचेंगे। दूसरे जो सोचना चाहते हैं, उन्हें वह सोचने की आजादी दें। फिर आप देखेंगे कि आप भीतर से कितनी शांति व राहत महसूस कर रहे हैं।

गुब्बारे में अंदर और बाहर हवा होती है। बरतन के अंदर जगह होती है और बाहर भी जगह होती है। भीतरी जगह है जीव और बाहरी जगह है ब्रह्म। जीव इच्छा है, घृणा है, चाह है। यह सब गुब्बारा है। इसीलिए ईश्वर पृथक् नहीं है, वरन् वह है 'मैं क्या हूँ।' अगर लहर पूछती है, 'समुद्र कहाँ है?' तो क्या कहना चाहिए? लहर खुद समुद्र है। आपको केवल इसे समझना है। इसीलिए कहा गया है कि फूल की डंडी को तोड़ने में अगर क्षण भर लगता है तो ईश्वर को उस क्षण के अंश में ही महसूस किया जा सकता है।

सबसे पशुओं के साथ मित्रवत् व्यवहार करने को कहें। एक बार आप उनके मित्र बन जाएँगे, आप उन्हें नहीं खाएँगे। वैसे ही जैसे आप अपने पालतू पशुओं को खाने में नहीं लेते

हैं। एक बार जब आप रिश्ता बना लेते हैं तो आप उसे खाते नहीं हैं। सारी किस्मों से दोस्ती करने की कोशिश करें—और दुनिया को शाकाहारी बनाने का यही तरीका है।

जब इच्छाएँ सिर उठाएँ तो देखें कि वे आपके लिए फायदेमंद हैं कि नहीं। जब इच्छाएँ उठती हैं और बुद्धि के माध्यम से गुजर जाती हैं तो यह अच्छा है। अगर वह सिर्फ एक अनुचित इच्छा है तो वह समस्या पैदा कर सकती है।

आदतों से छुटकारा पाने के लिए तीन विकल्प हैं। अगर कोई आपको लुभाता है—जैसे आप इस बुरी आदत को 10 दिनों के लिए छोड़ दें और आपको 10 लाख रुपए मिलेंगे। तब आप कर लेंगे। आपकी आदत से कहीं ज्यादा कुछ आपके अंदर लालच पैदा कर सकता है। या कोई आपके अंदर भय पैदा करे—उदाहरण के लिए, एक डॉक्टर कहे कि अगर आप शराब पीएँगे, आपका लीवर खराब हो जाएगा। तो आप इस आदत को छोड़ देंगे। तीसरा रास्ता है प्यार के द्वारा।

लोग बुरे होते हैं, क्योंकि कोई तनाव होता है। एक बार जब वे साधना के मार्ग पर चलने लगते हैं, वे इससे बाहर आ जाते हैं।

संपत्ति का क्या अर्थ है? केवल पैसा ही नहीं; जो भी जीवन को सहयोग देता है, वह संपत्ति है। स्कैनडिनेविया में लोग सूरज के लिए तरसते हैं। जब मैं वहाँ सर्दियों में गया था, वहाँ वैसे ही अँधेरा था जैसा अब यहाँ है। जब मैंने किसी से पूछा कि सूरज कब निकलेगा, तो उन्होंने कहा—जनवरी में। उनके लिए वही संपत्ति है।

आज समाज में आध्यात्मिक लहर की जरूरत है। आध्यात्मिक लहर का अर्थ है जहाँ लोग एक-दूसरे से जुड़ाव महसूस करें, जब अपनापन बढ़े, भ्रष्टाचार घटे।

तीन तरह की समाधि होती हैं—

1 लय समाधि—संगीत सुनते हुए आप उसमें गहरे तक खो जाएँ।

2 साक्षी समाधि—सजग जागरूकता।

अगर आप बहुत ज्यादा करते हैं, वह भी अच्छा नहीं है। इसीलिए शिक्षक के पास बैठकर मार्गदर्शन लेना चाहिए।

जब कोई शरीर छोड़ता है तो हम जीवन की महत्ता को समझते हैं। एक व्यक्ति जो था, वह अब नहीं है। यह बात जीवन की गहराई को समझाती है और हम सोचने लगते हैं कि आखिर जीवन क्या है? इनसान आखिर जाता कहाँ है? यह जीवन को एक गहराई देता है, उस पर दुःखी होने का कोई फायदा नहीं है। यह सच है कि फिर भी आँसू आते हैं, उन्हें रोकने की कोशिश न करें। लेकिन उस पर दुःख मनाने की आवश्यकता नहीं है।

भगवद्गीता में भगवान् श्रीकृष्ण अच्छी विशेषताओं की बात करते हैं। और फिर वे कहते हैं कि वे पहले से ही आप में हैं। बुरी आदतें आप में किसी की बुरी संगति आदि से आ गई हैं। आपको अच्छी आदतें पाने की आवश्यकता नहीं है। जैसे कि एक अणु में

बीज सकारात्मक है और सतह नकारात्मक है, अगर आप अपने भीतर इतनी गहराई से सोचेंगे कि दुःख और क्रोध है तो कभी उससे छुटकारा नहीं पा पाएँगे। इतनी गहराई से कभी मत सोचें कि आपके भीतर दुःख और क्रोध है। आधुनिक मनोविज्ञान कई बार कहता है कि यह दुःख आपके अंदर गहरे तक व्याप्त है। यह गलत है। वे चेतना के बारे में कुछ नहीं जानते। नकारात्मकता शरीर के अंदर व्याप्त नहीं है। जानें कि वह बीज में नहीं है।

भगवान् कृष्ण अर्जुन से कहते हैं, ''तुम जो भी इस दुनिया में देख रहे हो, वह मेरा एक हिस्सा मात्र है। जब भी तुम कोई अच्छाई देखते हो, वह केवल मुझसे आती है। किसी में कोई ज्ञान देखते हो, वह केवल मैं ही हूँ। किसी में कोई साहस देखते हो, वह केवल मैं ही हूँ। पूरा संसार मेरे अंश मात्र में प्रतिबिंबित होता है।''

आप साइकिल कैसे चलाते हैं? क्या आप स्वयं को एक तरफ गिरने देते हैं? जब आप एक तरफ ज्यादा झुकने लगते हैं तो आप संतुलन बनाते हैं। पर एक दृढ़ विश्वास होना चाहिए—मैं सेवा करूँगा, मैं अध्ययन करूँगा, मैं अपने परिवार का ध्यान रखूँगा और बड़ों का आदर करूँगा। ये विरोधी नहीं वरन् पूरक हैं। जब आप सेवा करते हैं, आप ताकत पाते हैं और अच्छाई प्राप्त करते हैं और वह आपको अच्छा भाग्य प्रदान करता है। इसलिए, आध्यात्मिकता शक्ति देती है। मेडीटेशन के द्वारा आप दुनिया में प्रगति करते हैं।

यह विश्वास कि 'मैं सबकुछ कर पाऊँगा,' चमत्कार की तरह काम करता है।

अगर आपको कोई संशय लगे तो जान लें कि वह अस्थायी है। सबसे महत्त्वपूर्ण चीज है एक सशक्त व्यक्तित्व विकसित करना। कॉलेज जाना, जानकारी से अपने दिमाग को भर लेना और परीक्षा पास करना, कोई फायदा नहीं है। कितनी शक्ति और विनम्रता आपने अर्जित की? क्या आप एक पूर्ण व्यक्ति के रूप में पल्लवित हो सके? इसे जाँचना जरूरी है। जागरूकता के साथ उत्साह। सेवा आपके अंदर वह निपुणता लाती है, जो इस बात को प्रभावित करती है कि आप हर तरह के लोगों के साथ स्वयं को जोड़ पाते हैं। सौम्यता और गहनता आप में आएगी। उत्साह के साथ जागरूकता आती है। सबको एक धागे में पिरोया जा सकता है।

साफ दिल बनने के लिए चालाकी को छोड़ दें। मासूमियत स्वाभाविक रूप से हर किसी में होती है, आपको केवल उसे विकसित करना होता है। और ऐसा कैसे किया जाए? सिर्फ मेडीटेशन करें। 'मैं कुछ नहीं हूँ—अकिंचन, मैं कुछ नहीं चाहता हूँ और सब मेरे बहुत अपने हैं। मैं सबको अपनाता हूँ और सब मुझे अपनाते हैं।' जब आप जानते हैं कि सब आपको अपना रहे हैं तो आप स्वाभाविकता के साथ आगे बढ़ते हैं। जब आपको लगता है कि आप जैसे हैं, उस तरह लोग आपको नहीं अपना रहे हैं तो आप अपनापन या स्वीकृति पाने के लिए कुछ करने की सोचते हैं और आप अस्वाभाविक बनने लगते हैं।

जब आपको माँगने के बाद कुछ मिल जाता है तो आपका विश्वास विकसित होता

है। और बिना माँगे भी आपको वह मिल जाता है, जिसकी आपको आवश्यकता है।

अपनी ट्रेन में चढ़ने के लिए आपको प्रयास करने की जरूरत होती है। आप अपना सामान उठाते हैं और सही प्लेटफॉर्म पर जाते हैं। पर ट्रेन पर चढ़ जाने के बाद आप सामान एक तरफ रख देते हैं और निश्चिंतता के साथ बैठ जाते हैं।

आप निरंतर प्रयास करते रहते हैं। एक कहावत है कि तब तक कोशिश करते रहें जब तक कि सफलता हासिल न हो जाए। हो सकता है, आप पहली या दूसरी बार सफल न हों; पर अगर आपके इरादे मजबूत हैं तो सफलता मिलेगी ही।

मान लें कि वह वहाँ है। प्रयास न करें। समर्पण वहाँ है—सिर्फ यही सोचें और आगे बढ़ें।

यह न सोचें कि जो लोग मांसाहारी हैं, वे पापी हैं। जब कोई मांसाहार करता है तो तामसिक प्रवृत्तियाँ जाग उठती हैं। यह उनके लिए, समाज के लिए और दुनिया के लिए अच्छा नहीं होता है। बंधुओ, अपने पेट को कब्रगाह न बनाएँ।

विश्वास व ज्ञान आपस में संबंधित हैं क्योंकि जब ज्ञान होता है तो विश्वास होता है, और जहाँ विश्वास होता है, वहाँ ज्ञान होता है। चूँकि आपके पास विश्वास है इसलिए आप माँग रहे हैं। आपको विश्वास है कि मैं इसका उत्तर दे दूँगा और तुम मेरा उत्तर स्वीकार कर लोगे। इसलिए ज्ञान व विश्वास आपस में संबंधित हैं।

नियति का एक हिस्सा अटल है और कुछ चीजें बदली जा सकती हैं।

सबसे पहले क्रोध को काबू में करना आवश्यक है। इसे समझें—जब मन इतना प्रसन्न व संतुष्ट हो, जब आप मेडीटेशन कर रहे हों और त्रुटियों व गलतियों के लिए जगह छोड़ दें, आप एकदम क्रोधित नहीं होते हैं। यह समझ लें कि कोई भी गलती क्रोध से सुधारी नहीं जा सकती है। केवल सजगता द्वारा किसी भी चीज को सुधारा जा सकता है।

अगर आप उन फायदों पर नजर डालें, जो मेडीटेशन आपके जीवन में लाता है तो आप पाएँगे कि वे कितने सारगर्भित हैं। प्राचीन समय में मेडीटेशन का उपयोग स्वयं को पाने, ज्ञानोदय के लिए किया जाता था। दुःख व समस्याओं से उभरने का मेडीटेशन एक तरीका था। यह अपनी क्षमताओं को विकसित करने का एक तरीका है।

अगर आप चाहते हैं तो ज्ञानोदय को एक तरफ रख दें। आज समाज में व्याप्त तनाव को देख मेडीटेशन की अनिवार्यता को नकारा नहीं जा सकता है। अगर आप ज्यादा उत्तरदायित्व लेते हैं तो ज्यादा मेडीटेशन की आवश्यकता है। जितने ज्यादा उत्तरदायित्व और महत्त्वाकांक्षाएँ आपकी होंगी उतनी ही ज्यादा मेडीटेशन की आवश्यकता बढ़ जाएगी। अगर आपके पास करने को कुछ नहीं है तो आपको अधिक मेडीटेशन की आवश्यकता न पड़े।

आप जितने ज्यादा व्यस्त होंगे उतना कम समय आपके पास होगा, अधिक

इच्छाएँ और महत्त्वाकांक्षाएँ होंगी—उतनी ही अधिक मेडीटेशन की जरूरत होगी। क्योंकि मेडीटेशन न केवल आपको तनाव व परेशानियों से राहत दिलाती है, वह आपकी क्षमताओं को भी बढ़ाती है, आपके स्नायु तंत्र व मन को भी मजबूत बनाती है। यह न केवल तनाव दूर करने में मदद करती है, बल्कि शरीर से विषाक्त कण दूर कर दिमाग को शांत करती है। यह आपको अधिक योग्य भी बनाती है, हर तरह से आपको बेहतर बनाती है। इससे अधिक और आप क्या चाहते हैं?

मैं तो कहूँगा, अगर आप खुश और स्वस्थ रहना चाहते हैं तो मेडीटेशन करें।

हजारों वर्षों से लोग इस तकनीकी ज्ञान को बाँटते आ रहे हैं। आमतौर पर अधिकांश गुरु मेडीटेशन सिखाने से पहले अपने छात्र का परीक्षण करते थे। वे उसी को यह ज्ञान देते थे, जो इसके योग्य होता था। वे इस ज्ञान को बाँटने के लिए सही छात्र के आने की प्रतीक्षा करते थे। पुराने समय में यह बहुत कठिन होती थी, गुरु से कुछ सीखने से पहले आपको उसे खुश करना पड़ता था।

मैंने बिलकुल भिन्न रास्ता अपनाया। मैंने सारे दरवाजे खोल दिए। इसे सबको बाँटा। मैं चाहता हूँ कि अपनी ईमानदारी और क्षमता के अनुसार हर व्यक्ति प्रगति करे।

आप अपने लिए शल्य-चिकित्सक नहीं हो सकते हैं। आप शल्य-चिकित्सक हो सकते हैं, पर अपने शल्य-चिकित्सक नहीं हो सकते हैं। इसलिए आपकी माँ आपकी पहली गुरु है। एक माँ आपको सिखाती है। निस्संदेह गुरु वह होता है, जो अपनी सोच और आपके प्रति निस्स्वार्थ भाव रखता हो। आप जब दूसरों की मदद करते हैं या विवेक के साथ उसकी देखभाल करते हैं तो आप भी उनके लिए गुरु की भूमिका निभा रहे होते हैं।

अगर आप इस सोच के साथ कि मैं कुछ नहीं चाहता, मैं सिर्फ तुम्हारी प्रगति चाहता हूँ, किसी की मदद करते हैं तो आप उनके लिए गुरु हैं। आप उनसे स्वयं को गुरु मानने की अपेक्षा नहीं रखते हैं। एक वास्तविक गुरु कुछ नहीं माँगता, किसी से कृतज्ञता की अपेक्षा भी नहीं रखता।

भ्रष्टाचार तीन स्तरों पर है—एक लोगों के बीच है, लोग अकसर भ्रष्टाचार को जीवन का तरीका मान लेते हैं; दूसरा है नौकरशाही और तीसरा राजनीतिज्ञ। हर वर्ग में अच्छे लोग हैं। और कम अच्छे लोग भी हैं। उन्हें हम आर्ट ऑफ लिविंग कोर्स में लाते हैं और श्वसन की तकनीकी सिखाते हैं। वे बेहतर इनसान बनते हैं।

हिंसा का मुख्य कारण तनाव व क्रोध है। और तनाव व क्रोध को कम करने का एकमात्र तरीका, जो मैं जानता हूँ, वह है मेडीटेशन, प्राणायाम और सुदर्शन क्रिया। यह एकमात्र तरीका है। आप आयुर्वेद के साथ कुछ कर सकते हैं, खाने की आदतों में बदलाव कर सकते हैं···आप ये सब कर सकते हैं; पर ये बाद की बातें हैं।

क्या आप जानते हैं कि ज्ञान व तर्क और संगीत हमारे मस्तिष्क के दो भिन्न भागों

में बनते हैं और ये दोनों अनिवार्य हैं। इससे हमारे शरीर में एक संतुलन आता है। संगीत अनिवार्य है।

सब संभव है···उन्हें जानना तब संभव है जब वे अब जीवित हों और उसे आप महसूस कर सकते हैं? क्या आपको नहीं लगता है कि आप कहीं जाते हैं और अचानक आपको लगता है कि कोई किसी के बहुत करीब है? आपके अंदर एक एहसास जागता है। यह सब संभव है। हम किसी-न-किसी समय एक-दूसरे से किसी-न-किसी तरह से जुड़े हुए थे। पिछले जन्म में हम सब एक-दूसरे से संबंधित थे। हम अब भी जुड़े हुए हैं। चाहे हम इसे मानें या न मानें, हम सब एक-दूसरे से जुड़े हुए हैं।

जब आप कहते हैं, 'मैं कुछ नहीं चाहता।' वही खुशी है। जब आप खुश होते हैं और आपसे पूछा जाता है, 'क्या आपको कुछ चाहिए?' आप कहते हैं, 'नहीं, मुझे कुछ नहीं चाहिए।'

अपने मन में उठे संशय से कैसे निबटा जा सकता है? संशय को समझें—संशय हमेशा उसके बारे में होता है, जो अच्छा है। कोई आपसे कहता है, 'मैं तुमसे प्यार करता हूँ।' आप उनसे पूछते हैं, 'सच में?' और वे कहते हैं, 'मैं तुमसे घृणा करता हूँ।' आप कभी नहीं पूछते, 'सच में?' इसलिए, संशय हमेशा किसी अच्छी चीज के बारे में होता है। आप हमेशा अपनी क्षमताओं पर संशय करते हैं, कमजोरियों पर नहीं । आप खुशी पर संशय करते हैं, पर दुःखों पर नहीं। कोई भी अपने अवसाद पर संशय नहीं करता है। पर पता नहीं मैं खुश हूँ या नहीं, पर मैं यकीन से नहीं कह सकता। इसलिए जब आप यह समझ लेते हैं कि संशय हमेशा किसी अच्छी बात के लिए होता है तो आपका दिमाग एक स्तर पर चला जाता है, एक बिलकुल ही भिन्न स्तर पर। संशय वास्तव में एक निम्न प्राण है। अगर आप अधिक प्राणायाम करते हैं तो आप पाएँगे कि आप इन सबसे परे उठ गए हैं।

भक्त बनने के लिए अधिक प्रयास न करें। प्रतिबद्धता के साथ जुड़ा प्यार ही भक्ति है। बुद्धिमानी के साथ प्यार भक्ति है।

बिना बुद्धिमानी के प्यार नकारात्मकता में बदल सकता है—आज प्यार करें, घृणा को कल के लिए छोड़ दें। आज प्यार करें, ईर्ष्या को कल के लिए छोड़ दें। आज प्यार करें, अधिकार भावना को कल के लिए छोड़ दें।

बुद्धिमानी के साथ जुड़ा प्यार एक परमानंद है और वही भक्ति है। भक्ति एक मजबूत बंधन है, अपनेपन की एक भावना। हर कोई इसके साथ जन्म लेता है। यह दुबारा बच्चा बनने जैसा ही है।

आपको बीमारी से कुछ सीखने की आवश्यकता नहीं है। आगे बढ़ते रहें। यह जीवन का हिस्सा है। शरीर किसी-न-किसी बीमारी का शिकार हो ही जाता है। इसके कई कारण हो सकते हैं। यह पिछले जन्मों के कर्मों के कारण हो सकता है, परिवार के जींस के कारण हो सकता है। यह प्रकृति के नियमों को तोड़ने, बहुत अधिक खाने के कारण हो सकता

है और यह उस सारी तकनीक के कारण हो सकता है, जो आज हमारे पास है जो इतनी ज्यादा विकिरण फैलाती है। तो क्या वह हमें बैठकर यह सोचने के लिए नहीं कहती कि हमें इससे क्या सीखना चाहिए।

एक विश्वास, एक ज्ञान, महानता की एक भावना के साथ आगे बढ़ते रहें। हम खुश हैं कि हम इस धरती पर हैं। जब तक हम यहाँ हैं, हमें कुछ अच्छा करते रहना चाहिए। एक दिन हम सब चले जाएँगे। यकीनन हम सब चले जाएँगे।

जीवन इन दो चीजों के बीच का संतुलन है—उत्तरदायित्व लेना और न लेना। यह दोनों है। यही उत्कृष्ट संतुलन है। वर्तमान व भविष्य के लिए उत्तरदायित्व लें और अतीत के लिए जान लें कि वह ऐसा ही होना था और आगे बढ़ जाएँ। अकसर हम इसका उलटा करते हैं। हम सोचते हैं कि अतीत मुक्त इच्छा थी और हम पछतावा करते हैं और हम सोचते हैं कि भविष्य नियति है और उसके लिए हम कुछ नहीं कर सकते हैं।

पर बुद्धिमान क्या करते हैं, क्या आप जानते हैं? वे भविष्य को मुक्त इच्छा मानते हैं, अतीत को नियति और वे वर्तमान में खुश रहते हैं। इसलिए आप अतीत के बारे में पछतावा न करें और आप जानते हैं कि भविष्य में क्या करना है और आप उसे कर सकते हैं।

आनंद तांडव-सृष्टि के नृत्य में विलीन होते हुए मेडीटेशन करना। शिव चेतना का अर्थ है—जो पवित्र व पूर्ण है। जब ध्वनि व मौन, संगीत व ध्यान के दोनों तटों को जीवन में शामिल कर लिया जाता है, तभी उत्कृष्टता आती है। अब हम कुछ देर के लिए मेडीटेशन करेंगे। मेडीटेशन के तीन नियम हैं—कुछ समय के लिए मैं कुछ नहीं करता, मैं कुछ नहीं चाहता और मैं कुछ नहीं हूँ। आपको जो भी चाहिए, उसके बारे में बाद में सोचें। मैं न तो बुद्धिमान हूँ, न ही मूर्ख; मैं न तो अमीर हूँ, न गरीब; मैं न तो पापी हूँ, न ही पवित्र आत्मा—अकिंचन, अच्छा और अप्रयत्न।

योग कुछ न करने की कला है। पूर्ण शांति और सुकून की अवस्था में रहना ही योग है और योग हमें ऐसी मनःस्थिति में ले जाता है। शारीरिक योग तमोगुण को कम करने के लिए होता है। काम करने से पहले और बाद में किया गया थोड़ा सा अभ्यास इतनी शक्ति देता है और दिमाग से अनेक विकारों को दूर कर देता है। जितने ज्यादा विकार होंगे उतने ही ज्यादा दुःखों का अनुभव व्यक्ति करेगा।

अतीत पर क्रुद्ध होने से क्या कोई लाभ मिलेगा? व्यापारिक बुद्धि रखनेवाला व्यक्ति ऐसा कभी नहीं करेगा।

मुल्ला नसीरुद्दीन की एक कहानी है। उसका बेटा एक महँगा बिजली का उपकरण उठाने ही वाला था, उसने अपने बेटे को एक चाँटा मार दिया। पूछने पर उसने कहा, इसके टूटने के बाद चाँटा मारने का क्या फायदा होता। अतीत में घटी किसी बात पर क्रोधित होना मूर्खता की निशानी है। लोग मुझसे पूछते हैं कि क्या मुझे क्रोध नहीं आता, लेकिन मैं किस पर क्रोधित होऊँ? वह अतीत, जो गुजर चुका है।

आप उस बात पर क्रोधित होते हैं, जो वर्तमान में घट रही है। पर क्रोध की प्रतिक्रिया क्रोध से करना—कैसी मूर्खता है। अगर कोई बार-बार गलती करता है तो आप क्रोध दिखा सकते हैं, पर उसके साथ बहें नहीं। आरोग्यवर्धक गुस्सा—स्वस्थ क्रोध वही होता है जो उतने ही समय तक रहता है जितने समय के लिए पानी पर खिंची लकीर।

इसका अर्थ यह नहीं कि किसी की गलती पर क्रोधित न होएँ, पर उसके साथ बहना मूर्खता होगी। साधना मन को किसी भी तरह के विकार से बचाती है (विकार व्यक्ति को स्वयं से ही दूर कर देते हैं)।

आपके विश्वास को डिगाने के लिए प्रकृति बेशक अनेक विकल्प रखे। सत्संग, सही संगत मदद करेगी। सही संगत कौन सी है? वह, जो आपको सुकून दे, वह जो एहसास कराए कि जैसा आपने सोचा था, उसकी तुलना में समस्या बहुत ही छोटी है। वह सत्संग नहीं है, जो आपकी समस्या को बढ़ा-चढ़ाकर देखने के लिए मजबूर करे।

प्रकृति मार्ग में हजारों बाधाएँ डालती है, पर आप दृढ़ व्यक्तित्व के साथ मुसकराते हुए उससे बाहर आ जाते हैं। विश्वास को दृढ़ करने का प्रकृति का यह एक अन्य तरीका है। आप में अनंत शक्ति पैदा हो जाती है। ईश्वर में आपका विश्वास ईश्वर के प्रति कोई एहसान नहीं है। जिसने भक्ति का स्वाद चखा है, वह इसे जानता है। भक्ति के साथ संकल्प कई गुना बढ़ जाता है। जब आपकी भक्ति की जड़ें मजबूती से जमी होती हैं तो प्रकृति आपकी बात सुनती है।

खुशी कृपा से आती है, आनंद कृपा से आता है और यहाँ तक कि भक्ति कृपा से आती है। जीवन में जो भी कुछ व्यक्ति पाता है, वह कृपा से आता है। प्रत्येक बात के लिए ईश्वर के प्रति हम कृतज्ञ होते हैं कि वह हमें और दूसरों को लाभ दे रहा है।

ऐसा जीवन जीएँ, जो खुशबू फैलाए, जो आपको और दूसरों को भी खुशी दे।

ये सेलफोन इतने ताकतवर हैं कि इनके माध्यम से आप दुनिया में किसी के पास भी पहुँच सकते हैं। तो क्या वह दिमाग, जिसने इन सेलफोन को बनाया होगा, इनसे अधिक ताकतवर नहीं होगा? अगर ये विकिरण ऐसा प्रभाव उत्पन्न कर सकती हैं तो मानव विकिरण क्या प्रभाव उत्पन्न करेंगी?

समाज की भलाई के लिए व्यक्ति जो संकल्प लेता है, वह अवश्य ही पूरा होता है। अपनी चिंताएँ छोड़ दें और ईश्वर आपका खयाल रखेगा। समर्पण की मासूम अवस्था में आ जाएँ।

कोई प्रयास न करें। उसे उसका सहज रूप ले लेने दें। कभी भी खुशी, आनंद और प्रेरणा को रोकने की कोशिश न करें। जब आप कोशिश करते हैं तो वह और तेजी से भागती है।

क्वांटम भौतिकी के सामने आने से पहले और प्राचीन वैदिक ज्ञान के पुनर्जीवित होने

से पहले रैखिक विचारधारा में बहुत सारे विचार थे। रैखिक विचारधारा के अनुसार हर चीज का आरंभ है और हर चीज का अंत होता है। पर हम गोलाकार विचारधारा के हैं—कोई आरंभ नहीं, कोई अंत नहीं; अद्वैत अस्तित्व।

यहाँ हर चीज कंपन पैदा करती है और वे कंपन आपके आस-पास चीजों को घटने में मदद करते हैं।

पहली और सबसे महत्त्वपूर्ण पहचान यह है कि आप दैवत्व के भाग हैं। आप सुंदर मानव हैं। फिर आप हिंदू, मुसलमान, ईसाई, इंजीनियर, अध्यापक या कुछ भी हो सकते हैं। सारी पहचान बाद में आती हैं।

जीवन में हर तरह की समृद्धि होनी चाहिए—आमतौर पर पैसे को समृद्धि के साथ जोड़ा जाता है। संतुष्टि वास्तविक संपदा है। हवा, पृथ्वी और समय भी संपदा हैं। समय का सही सदुपयोग बहुत महत्त्वपूर्ण है। ज्ञान में संपदा है। उसका अमृत हमारी चेतना में होना चाहिए। जो भी हमारे पास है, जो भी हम दे सकते हैं, उसे बाँटना चाहिए। हमें दान देने की आदत अपनानी चाहिए।

जितनी ज्यादा खुशी हम दूसरों के साथ बाँटते हैं, उतनी खुशी हमें मिलती है। क्या आप इससे सहमत हैं? ऐसे ही 'हाँ' मत कहें। पहले आप सोचें और फिर अगर सहमत हों तो उसे मानें। पूरी दुनिया में यात्रा की जा सकती है, पर केवल भारतीय परंपरा में आप पाएँगे कि जब जानते-बूझते कहा जाता है, एक व्यक्ति कहता है, आप इसके बारे में सोच लें। अगर आपको सही लगे, तभी मानें।

भगवद्गीता के 18 अध्यायों को सुनाने के बाद भगवान् कृष्ण अर्जुन से कहते हैं, "तुम इसके बारे में सोचो, विश्लेषण करो। अगर यह तुम्हारे मन को सही लगे और अगर तुम सहमत हो तो ही इसे मानना।" इसका अर्थ हुआ कि शक्ति हमारे ही भीतर है, आत्मा की ताकत जो हमें आजादी देती है। अब हमें सही दिशा में उसका उपयोग करना है। इसलिए जब भी हम खुश और आनंदित हों, हमें उस खुशी और आनंद को कम-से-कम दस अन्य लोगों में फैलाने का प्रयास करना चाहिए। क्या आप ऐसा करेंगे? हर कोई? मेरे विचार से प्रत्येक व्यक्ति में हजार लोगों को खुशी देने की क्षमता है। आप में से प्रत्येक व्यक्ति हजार या उससे अधिक लोगों के जीवन में रोशनी ला सकता है।

जैसा कि मैंने कहा, आध्यात्मिकता ही एकमात्र मार्ग है, जिसके द्वारा हम अवसाद से मुक्त हो सकते हैं। चाहे हमारे समाज को दुर्व्यवहार, भ्रष्टाचार, अन्याय से आजादी मिलती है कि नहीं, हमें अध्यात्म को फैलाना चाहिए। प्रत्येक घर में हमें लोगों को ध्यान लगाने के लिए कहना चाहिए, साथ मिलकर सत्संग करने को कहना चाहिए। जिस भी गाँव में लोगों ने साथ मिलकर सत्संग किया, सारी नकारात्मकता चली गई। महात्मा गांधी ने कभी एक ईमानदार समाज की इच्छा की थी, जो आज भारत के कई गाँवों में एक हकीकत बन गई है। यहाँ तक कि गुजरात में भी, कई गाँवों में, वह कार्य चल रहा है जहाँ लोगों ने शराब,

नशीली दवाओं का सेवन करना छोड़ दिया है व बहुत आनंद और प्यार के साथ वे दूसरों की सेवा कर रहे हैं।

एक महत्त्वपूर्ण बात, जो आपको याद रखनी है, वह है—रोजमर्रा के जीवन में आप यहाँ-वहाँ कुछ कमी महसूस करेंगे। आप परेशान हो जाएँ या किसी की आँखों में आँसू आ जाएँ—यह सब जीवन का हिस्सा हैं, जो घटता रहता है। जीवन में सब एकदम ठीक, आदर्श या सब अच्छा होना जैसा कुछ नहीं होता। ऐसा कभी कुछ नहीं होता, पर समस्याओं से जूझने के लिए हमें ताकत व सहनशीलता की आवश्यकता होती है, जो साधना से आता है। जीवन को साधना से अलग नहीं मानें। आपका जीवन तो स्वयं ही एक साधना है। इसे समझें और आगे बढ़ें। यह न समझें कि कुछ क्षणों के लिए अपनी आँखें बंद कर लेने और कुछ करने से साधना हो जाती है। नहीं। आप जो भी करते हैं—चलना, बढ़ना, बैठना या उठना, हँसना या क्रोधित होना, आप जो भी जीवन में करते हैं, वह साधना है। हमें इसी तरह सोचना चाहिए और फिर हमें बहुत राहत महसूस होगी। जब आप स्वयं को जान लेते हैं तो राहत व शांति की यह ठंडी हवा बहने लगती है। तब आप देखेंगे कि कैसे आपके आस-पास के लोग भी वैसा ही महसूस करने लगते हैं। पहले से ही बहुत सारे लोग ऐसा अनुभव कर रहे हैं। है न?

कहा जाता है कि भक्ति का जन्म तमिलनाडु में हुआ, परवरिश कर्नाटक में और विकास गुजरात में हुआ। इसलिए यहाँ गुजरात में भक्ति विकसित हुई और पूर्ण हो गई। भक्ति का पल्लवित होना कहाँ है? यह सेवा में है। हम जितनी ज्यादा सेवा कर सकते हैं, हमें करनी चाहिए। इसका मतलब यह नहीं है कि हमें वह करना चाहिए, जो हम कर नहीं सकते हैं। नहीं, हमें अपने लिए जितना ज्यादा संभव हो, करना चाहिए और सेवा छोटी या बड़ी नहीं होती है, सारी सेवाओं का फल समान होता है। हमें यह नहीं सोचना चाहिए कि मुझे वह सेवा करनी है, जो बड़ी या महत्त्वपूर्ण है। नहीं, महत्त्वपूर्ण है दूसरों की मदद करने की भावना होना और हम उस भावना के साथ सेवा करते हैं। मदद करना आपके स्वभाव में है और ऐसा करके आप मदद कर रहे हैं। बस, इतना ही।

अगर आप में कोई यह सोच रहा है कि मैं इतनी सेवा कर रहा हूँ तो उसे आज ही अपने मन से निकाल दो। आप किसके लिए सेवा कर रहे हैं? बिना कुछ किए हम जी नहीं सकते हैं। इसलिए हम कुछ कर रहे हैं और अगर हमारे कुछ करने से दूसरों को लाभ हो रहा है तो यह बहुत अच्छी बात है। इसलिए हमें अपनी सेवा या अच्छी आदतों पर घमंड नहीं करना चाहिए। इसे ही हमें ज्ञान की अग्नि को अर्पित करना है। इसलिए अपनी नकारात्मक विशेषताएँ अर्पित करें, अपनी अच्छी आदतें व अच्छे कर्म भी अर्पित करें तथा मुसकराते हुए, बिलकुल हलका महसूस करते हुए जीवन जीएँ और साथ ही ज्ञान की गहराइयों में डूब जाएँ।

अपने जीवन में प्यार व शांति पाने के लिए आपको बहुत कड़ी मेहनत करने की जरूरत

नहीं है। यह विश्रांति की अवस्था में आसानी से पाई जा सकती है और ऐसी विश्रांति का अनुभव तब होता है जब मन में छोटी-छोटी बातें नहीं घूम रही होतीं। तब आप गहन विश्रांति का अनुभव करते हैं, और इच्छाएँ तभी मन-मस्तिष्क में चक्कर लगाती हैं जब आप में विश्वास नहीं होता। जब आप प्यासे होते हैं, तभी पानी पीने की इच्छा उत्पन्न होती है; पर तब क्या होगा जब आप सारे दिन बैठे-बैठे पानी के बारे में ही सोचते रहेंगे? आप समझ रहे हैं न, मैं क्या कह रहा हूँ? इच्छा का अर्थ क्या है? विश्वास की कमी कि जो मुझे चाहिए वह मुझे मिलेगा। इसलिए सत्संग, सेवा और साधना के साथ हमारा विश्वास बहुत सुदृढ़ हो जाता है, और सारे काम हो जाते हैं, जैसे कि वे आपके जीवन में अब हो रहे हैं।

आप में से कितने लोगों ने अनुभव किया है कि जो आपने चाहा, वह पूरा हो रहा है? इसलिए आपकी जो भी इच्छा पूरी हो रही है तो आपको बड़ी इच्छाओं की चाह करनी चाहिए। छोटी चीजों की चाह करने का क्या फायदा? उसमें कुछ आनंद नहीं है।

मैं यह नहीं कह रहा हूँ कि यह करो, वह करो; मैं कह रहा हूँ, कुछ मत करो। अभी पाँच मिनट पहले मैंने कहा था कि खुशी फैलाओ, अब मैं कह रहा हूँ, आपको कुछ करने की जरूरत नहीं है। केवल रिलेक्स करें···इन दो अवस्थाओं के बीच विरोधाभास ही केवल जीवन है। इसलिए अगर आप 'गीता' पढ़ेंगे तो आप समझेंगे कि हर चीज विरोधाभासी है। 'गीता' हमारा जीवन है, वह केवल पवित्र ग्रंथ ही नहीं है। 'गीता' सबके लिए है। वह हमारा जीवन है और जीवन में विरोधाभास होते हैं।

आप अपना 100 प्रतिशत दें। जो आप कर सकते हैं, करें और अगर फिर भी कोई अधिक की अपेक्षा रखे तो यह उसकी समस्या है।

जैसे-जैसे आपके दिमाग का विकास होता है, ज्ञान के नए पहलू आप में विकसित होते हैं। ज्ञान की संरचना चेतना में हुई है।

□

श्रीमद्भगवद्गीता के अध्याय 7 को समझना

जब एक योगी सोता है, प्रत्येक व्यक्ति जाग रहा होता है और जब सब लोग सो रहे होते हैं तो योगी जाग रहा होता है। यही भगवान् कृष्ण 'गीता' में कहते हैं। आप पहले भी इसे सुन चुके हैं। इसका क्या अभिप्राय है? इसका सीधा-सा अर्थ है कि जब बाकी लोग परेशान व चिंतित होते हैं, योगी आराम से सोता है। योगी जानता है कि जो भी होगा, अच्छे के लिए होगा और समस्त घटनाएँ सबकी भलाई के लिए होंगी। योगी के पास यह आत्मविश्वास होता है। और जब बाकी सब सो रहे होते हैं, जीवन के सच के बारे में सो रहे होते हैं तो योगी जाग रहा होता है, यानी जब सब सो रहे होते हैं, योगी जीवन के सच के बारे में अवगत होता है। कोई नहीं सोचता, 'मेरा अंत क्या होगा? मैं कहाँ जाऊँगा? जीवन क्या है? मैं कौन हूँ?' जब इनमें से कोई भी प्रश्न लोगों के दिमाग में नहीं उठता तो वे सो रहे होते हैं।

लोग फिल्म देखने और वीडियो गेम्स खेलने में मग्न हो जाते हैं। ऐसे भी लोग हैं जो बहुत बड़ी उम्र में वीडियो गेम्स खेलना शुरू करते हैं। आदमी यह नहीं देखता कि मृत्यु नजदीक आ रही है···वह यह नहीं सोचता कि 'कैसे मैंने अपने मन को इतनी चाह और घृणा से भर लिया है। और मैंने अपने मन को साफ व धोने के लिए कुछ नहीं किया।' अगर आप प्रभावों के दिमाग को साफ नहीं करेंगे तो आपको मृत्यु के बाद उसी दिमाग व उन्हीं प्रभावों को साथ ले जाना पड़ेगा।

इसलिए जब आप मरें तो आपका मन प्रसन्न व आनंदित होना चाहिए। जो व्यक्ति सो रहा है, वह अपने मन में सारा कूड़ा ले रहा है। योगी सजग व जाग्रत् होता है। वह अपने मन में किसी से कोई कूड़ा नहीं लेता है—उस व्यक्ति ने मुझे यह क्यों कहा? उस महिला ने मुझे यह कहा?

दूसरों की त्रुटियों के बारे में सोचकर आपका मन पूर्णतया नष्ट हो जाता है। दूसरों की त्रुटियों को दूसरों के पास छोड़ दें। उनको उन्हें सँभालने दें। आप अपने मन को

सँभालें, अपनी त्रुटियों को सँभालें, वही काफी है। क्या आप में दूसरों की गलतियों को स्वीकारने का धैर्य है? आपको दूसरों की गलतियाँ स्वीकारनी होंगी? जितना सुधार सकते हैं, सुधारें। अगर आप बहुत ज्यादा करुणामय हैं, तभी आप सुधारें, अन्यथा प्रकृति पर छोड़ दें। वे अपना रास्ता खुद ढूँढ़ लेंगे। पर अगर आप में करुणा है तो करुणा के साथ उसे सुधारें और तब वह आपके सिर व दिमाग में नहीं चढ़ेगी।

आप कब क्रोधित और परेशान होते हैं? जब आप किसी दूसरे के कार्य में त्रुटियाँ देखते हैं। क्या आप इस तरह से किसी और के कार्य को ठीक कर सकते हैं? उसका कार्य त्रुटिपूर्ण है, पर अब उसके बारे में सोचकर आपका दिमाग त्रुटिपूर्ण हो गया है। कम-से-कम अपने दिमाग की रक्षा करें। दूसरे गलत मार्ग पर गए हैं, पर आप क्यों अपने दिमाग को गलत मार्ग पर जाने दे रहे हैं? तभी वह कहते हैं, जब सब सो रहे होते हैं तो योगी जाग रहा होता है। जब आप सो रहे होते हैं तो आप दूसरों के कूड़ों को अपने दिमाग में घुसने देते हैं। पर योगी ऐसा नहीं होने देते। वे अपना दिमाग तरोताजा रखते हैं।

आपका मन कहाँ जाता है? यह सुंदरता, रोशनी, ताकत की ओर जाता है···भगवान् कृष्ण कहते हैं, "आपका मन जहाँ भी जाए, उसमें मुझे देखें। अगर कुछ सुंदर है तो इसलिए कि उसमें जीवन है। यह वही चेतना है। इसलिए मन स्रोत की ओर वापस जाता है। सूरज में रोशनी मैं हूँ। मैं पानी में तरलता हूँ।"

मैं पृथ्वी पर खुशबू हूँ। मैं अग्नि में अग्नि हूँ।

हम उसी पदार्थ से बने हैं जिससे सूरज बना है। अगर सूरज नहीं होगा तो पृथ्वी नहीं होगी। अगर पृथ्वी नहीं होगी तो आप भी नहीं होंगे।

अगर आप आज क्वांटम भौतिकी की बात करेंगे तो भी वह यही बात कहेंगे—प्रत्येक चीज एक लहर क्रिया से बनी है।

वही बात भगवान् कृष्ण ने कही है—मैं प्रत्येक में जीवन हूँ।

अंदर की ओर अपने मन को घुमाएँ और उस जीवन शक्ति को देखें, जो हम हैं।

जीवन में, यह मैं हूँ।

जीवन ईश्वर है। ईश्वर जीवन से बाहर नहीं है। जीवन दैवी है।

इस शरीर में जीवन दैवी है। मन किस चीज की चाह कर रहा है? वह सुख, यह सुख। इस समय जीवन को देखें। यह नहीं कि केवल मेरा जीवन ईश्वर है। हर जगह जीवन वही आत्मा है।

सातवाँ अध्याय बहुत सुंदर है।

भगवद्गीता में अध्याय एक-एक करके खुलते हैं।

विषादयोग के अध्याय में अर्जुन बहुत घबराहट महसूस कर रहे हैं। वह काँप रहे हैं।

सांख्ययोग में भगवान् कृष्ण अर्जुन को कहते हैं, "जागो, तुम्हारी आत्मा को कुछ नहीं हुआ है। खुशी और दुःख आते हैं, जाते हैं।"

कर्मयोग में भगवान् कृष्ण कहते हैं, "कर्म करो। आप बिना कर्म के कुछ नहीं कर सकते। अगर आप बैठना और खड़ा होना चाहते हैं, उसके लिए कर्म करना होगा, इसलिए कुछ करो।"

कर्मयोग के बाद ज्ञानयोग है—आप जो कर रहे हैं, उसे समझें।

ज्ञान व कर्म के बाद आता है ध्यान, जहाँ भगवान् कृष्ण कहते हैं—"कर्म करने से पहले मेडीटेशन करो। काम खत्म करने के बाद मेडीटेशन करो।"

इस तरह से एक-एक करके अध्याय खुलते हैं।

वर्तमान क्षण को देखें—अब, अब, अब। अब जागो। बाकी सब चीजें मूर्खतापूर्ण हैं। जो घट चुका है वह शून्य में चला गया है। प्रत्येक चीज शून्य में विलीन हो जाती है। आपका संपूर्ण अतीत साफ हो जाता है। आपने जिन सारी चीजों को महसूस किया, वे चली गई हैं। अच्छा या बुरा, वे सब चले गए हैं। इसलिए वर्तमान क्षण के सच को जानो। ईश्वरत्व वर्तमान क्षण है। यही योग है। योग क्षण में स्थापित होता है।

सूर्य पूर्व में उगता है। इसलिए सुबह पूर्व की ओर मुँह करके मेडीटेशन करें। पर शाम को पश्चिम की ओर मुँह करें, क्योंकि सूर्य पश्चिम में डूबता है। ऊर्जा वहीं से बहती है, जहाँ सूर्य होता है। इसलिए जब आप सूर्य के सम्मुख होते हैं तो आप संतुलित होते हैं। प्रार्थना व मेडीटेशन के लिए आपको संतुलन की आवश्यकता है—मन का संतुलन, मुद्रा का संतुलन...जब तक आप एक दिशा की ओर मुँह करके बैठे हैं और मेडीटेशन कर रहे हैं, इससे कोई फर्क नहीं पड़ता कि जब मेडीटेशन कर रहे हैं तो सामने कौन सी दिशा है।

ईश्वर ने इतने सारे नक्षत्र, सार्वभौम, लोग क्यों बनाए हैं? उसका उद्देश्य क्या था?

उसे इससे बेहतर काम और कोई करने को नहीं मिला था।

यह स्पष्ट है—आप किसी सोसर खेलनेवाले से पूछें। जब इतने सारे लोग उस छोटी-सी बॉल के लिए लड़ रहे होते हैं, अगर कोई अजनबी आता है और एक बॉल पर 22 लोगों को झगड़ते देखता है तो वह पूछेगा, 'इस दुनिया में इतनी सारी चीजें हैं, तुम प्रत्येक खिलाड़ी को एक-एक बॉल क्यों नहीं दे देते? वे एक-दूसरे पर गिर रहे हैं और उस एक बॉल को नेट में डाल रहे हैं और इतने सारे लोग इसे देख खुश रहे हैं। इतना हल्ला करने की क्या आवश्यकता है? उन्हें एक बॉल दे दो और नेट में डालने दो।'

एक अजनबी व्यक्ति के लिए यह मूर्खतापूर्ण और उद्देश्यहीन हो सकता है। पर सोसर के दीवाने कहेंगे—ओह, हमें तो बहुत आनंद आ रहा है। मानव ने हर चीज का जो

एक उद्‌देश्य बनाया है, वह है खुशी। एक उद्‌देश्य के लिए ईश्वर ने यह सब बनाया है। और वह उसी तरह उसका आनंद उठा रहा है, जैसे वह सोसर का खेल देख रहा हो। कोई और उद्‌देश्य नहीं है।

प्यार सारे रिश्तों को तय कर सकता है। इससे कोई फर्क नहीं पड़ता कि लोग समझें कि आप गधे हैं। इससे कोई फर्क नहीं पड़ता। उन्हें दुत्कारें नहीं, पर गलत साबित कर दें। अपनी तरफ से बिलकुल शांत व सौम्य रहें। किसी से भी कुछ अपेक्षा न रखना खुश रहने का तरीका है। जब हम अपेक्षा करने लगते हैं तो हम दुःखी हो जाते हैं।

जब आप दुःखी या परेशान होते हैं तो दुःख के कारण का त्याग करने की शक्ति लाएँ। आप यह प्रार्थना कर सकते हैं कि जब मैं खुश हूँ तो मैं सेवा करूँगा, जब मैं दुःखी हूँ तो मुझमें समर्पण करने की शक्ति आ जाए।

एक बार एक महिला ने पूछा, ''ईश्वर ने इस जगह को इतना खराब क्यों बनाया है?'' ताकि तुम्हारा ध्यान उस ओर जा सके। दुनिया में इतने दुःख हैं, फिर भी आप उसे छोड़ नहीं सकते। क्या आप कल्पना कर सकते हैं कि अगर सब अच्छा होता तो क्या होता? आपको सृजन के द्वारा सृजक को देखना पड़ता, सृजन के अंदर सृजक को पहचानना पड़ता। यह एक होलोग्राम की तरह है।

दुःख के क्षणों में हमें त्याग की शक्ति चाहिए। खुशी के क्षणों में हमें अपनी खुशी बाँटनी चाहिए।

जब आप आलस से भरे हों तो आपके पीछे पड़ने के लिए किसी को पैसे दें। उन्हें कहें, अगर मैं आलस दिखाऊँ तो मुझे बैठने व लेटने न देना। मुझे छड़ी से मारना। जब आपके पीछे कोई लगा होता है तो आलस्य भाग जाता है।

आलस्य से भागने के तीन तरीके हैं—

पहला, लालच। अगर आप किसी के लिए लालची हैं तो वह आपको आलस से बाहर निकाल देगा। अगर कोई आपको कहे कि तुम 40 दिनों के लिए यह प्राणायाम करो, तुम्हें 1 करोड़ डॉलर मिलेंगे। आप कहेंगे, मैं 45 दिनों तक करूँगा, पर पैसे मिलने चाहिए।

दूसरा, डर। डर लोगों को धोखे में फँसने के लिए मजबूर करता है। कई धोखे तो कर्मों तक शुद्ध करने का दावा करते हैं। जब आप मेडीटेशन करते हैं तब कर्म चले जाते हैं। जब आप प्यार में होते हैं और सेवा करते हैं तो कर्म मिट जाते हैं। यह दुर्भाग्य की बात है कि लोग आध्यात्मिकता के बारे में कुछ नहीं जानते हैं—उन्हें न तो अनुभव है और न ही उन्होंने पौराणिक ग्रंथ पढ़े हैं। यहीं पर आकर वैदिक परंपरा की महत्ता बढ़ जाती है। कितने ही महात्माओं ने नियम निर्धारित किए। फिर यह आश्वस्त करने के लिए

ये भ्रम नहीं हैं, उनकी सचाई का परिचय दिया। पर लोग फिर भी डर के कारण धोखे का शिकार होते हैं।

तीसरा, प्यार। जब आप गहराई तक प्यार में डूबे होते हैं तो आलस का प्रश्न ही नहीं उठता है।

यह सच कि आप समझदार व्यक्ति और एक अच्छे इनसान हैं, काफी है और सारे इनसान अच्छे हैं।

दुर्भाग्यवश, कई वैज्ञानिक यह दावा करते हैं कि इनसान के अँधेरे व रोशनी दो पक्ष होते हैं। इसलिए अवधारणा यह है कि आपका आधा हिस्सा अंधकारपूर्ण है और आधा रोशन। ऐसा लेकिन नहीं है। कल्पना करें कि कोई आपके पास आकर कहे, "आप अँधेरे से घिरे हैं या आप बुरे हैं। आप हत्यारे हो सकते हैं।" आप कहेंगे, "मैंने तो ऐसा करने के बारे में कभी सपने में भी नहीं सोचा।" फिर आप सोचने लगेंगे, "हो सकता है, ऐसा कुछ मेरे भीतर हो···" फिर आप वह बीज अपने अंदर डाल लेंगे और उसका पोषण करने लगेंगे, जो चीज पहले वहाँ नहीं थी।

संत कबीर का एक सुंदर पद्य है—'मैं सार्वभौम में एक बुरे व्यक्ति को ढूँढ़ने गया और मुझे कोई नहीं मिला।' लोगों में नकारात्मक प्रवृत्तियाँ होती हैं, पर वह उनका मूल स्वभाव नहीं है। वह केवल ऊपरी सतह पर होता है। कोई व्यक्ति नकारात्मक ढंग से व्यवहार क्यों कर रहा है? क्योंकि वे आहत हुए हैं। एक प्रसन्न, आनंदित, केंद्रित व्यक्ति किसी को नुकसान नहीं पहुँचाएगा, यहाँ तक कि पशुओं को भी नहीं। शेर भी तभी शिकार करता है, जब वह भूखा होता है, हमेशा नहीं। वह भी वे गुस्से में दूसरे पशुओं का शिकार नहीं करते हैं, वे आवश्यकता के लिए करते हैं।

इसलिए, यह अवधारणा कि व्यक्ति में अच्छा व बुरा पक्ष होता है, मानव-निर्मित ही है। वह वास्तविकता से कोसों दूर है। आत्मा में जाएँ—सच्चिदानंद—सत्य, परमानंद—चेतना।

ट्रेन पकड़ने के लिए आपको जल्दी करनी पड़ती है, सामान पैक करना पड़ता है, रेलवे स्टेशन जाना पड़ता है और ट्रेन में बैठना पड़ता है या प्लेन लेने के लिए एयरपोर्ट जाना पड़ता है। पर एक बार जब आप प्लेन में बैठ गए हैं तो रिलैक्स हो जाएँ। अपना सामान पकड़े हुए प्लेन में इधर-उधर भागते हुए आप अपने गंतव्य पर जल्दी नहीं पहुँच जाएँगे। एक बार जब मार्ग मिल गया तो तनाव-मुक्त हो जाएँ।

भगवान् कृष्ण अर्जुन को यह बताने के बाद कि उसे क्या करना है, अर्जुन से कहते हैं, "यह सब छोड़ दो, मैं तुम्हें तुम्हारे सारे पापों से मुक्त कर दूँगा।" इसके बजाय लोग अपने पापों से मुक्त होना चाहते हैं। ऐसा कभी नहीं होता। ईश्वर तुम्हें तुम्हारे पापों से मुक्त कर देता है।

आपको सिर्फ यह करना है कि उन सारी चीजों को छोड़ देना है, जो आपके पास हैं। वह सुंदर है। भगवान् कृष्ण अर्जुन को समझाते हैं कि धर्म क्या है। अर्जुन को सबकुछ छोड़ देने के लिए कहा जाता है। भगवान् कृष्ण कहते हैं, ''मेरी शरण लो, केवल मेरी। मैं तुम्हें तुम्हारे सारे पापों से मुक्त कर दूँगा।''

बिलकुल स्वाभाविक रहो। भगवान् के लिए तनावरहित रहो। हमेशा जागरूक रहने का प्रयास न करो। जागरूकता अनिवार्य है, पर उसे आदत न बनाओ। यहाँ तक कि 'गीता' में कहा गया है कि किसी भी चीज की अधिकता नहीं होनी चाहिए। सिर्फ तनावरहित रहो।

पूरी तरह से जागरूक रहते हुए संगीत सुनने की कल्पना करें। नहीं, संगीत का आनंद रिलैक्स करते हुए उठाया जाना चाहिए। करना हमेशा सीमित होता है। यह बात हर उस चीज पर लागू होती है, जो आप करते हैं, यहाँ तक कि मेडीटेशन भी। इसीलिए मेडीटेशन वह है, जो केवल घट जानी चाहिए।

सारी तकनीकें अनुभव करने और उसकी सीमाओं से परे जाने के लिए, मन के लिए स्थिति निर्मित करती हैं। यहाँ तक कि जागरूकता को बढ़ाने के लिए संगीत एक वातावरण निर्मित करता है। संगीत 'लय योग' है। लय विलीन हो जाती है। यह समाधि का उच्चतम प्रकार है (ईश्वर के साथ एकात्मकता), जो होना चाहिए।

जागरूकता और इस विलय के बीच एक संतुलन लाएँ।

हिंदुत्व एक जीने का ढंग है और यह करोड़ों वर्षों से है। बहुत सारे प्रयोग मात्र अन्तर्वेशन या जोड़े गए हैं। कल्पना करें कि सर्दी में आपके पास कोट है। आप घर आते हैं और घर में प्रवेश करने से पहले कोट को टाँग देते हैं। यह फिर एक आदत बन जाती है और नियम बन जाता है कि आप गरमी में तभी घर में प्रवेश कर सकते हैं जब आपके पास टाँगने के लिए कोट हो। यही बात यहाँ लागू होती है। जानवरों की बलि चढ़ाने की कोई धर्मग्रंथ-सम्मत अनुमति नहीं है। यही बात जीभ छेदन पर लागू होती है। यहाँ तक कि भगवान् कृष्ण कहते हैं कि केवल मूर्ख ही अपने शरीर को इस तरह से कष्ट दे सकता है।

जब ज्ञान दृढ़ता से आपके हृदय में समा जाता है तो वही विवेक कहलाता है।

आत्मानुभूति की इच्छा सबसे उच्चतम इच्छा है, एकमात्र ऐसी इच्छा, जिसके लिए प्रयास करते रहना चाहिए। चाहे आप इसे मानें या न मानें, पर हर व्यक्ति इस इच्छा के साथ इस धरती पर आया है। अगर आपने इसे समझ लिया है तो बहुत अच्छी बात है।

आपके अनुसार ईश्वर क्या है? कोई जो स्वर्ग में बैठा है? नहीं। ईश्वर वह रूप है जिससे कुछ नहीं बच सकता है। जब मन पूर्णतया तनाव-मुक्त होता है, वह ईश्वर में

विलीन हो जाता है, वह ईश्वर में विश्रांति का अनुभव करता है। उस सुकून देनेवाली चेतना में मन को विश्रांति देना ही प्रमुख बात है। जब लहर सतह पर होती है तो वह लहर होती है। पर जब वह स्वयं को समुद्र की गहराई में विलीन कर देती है तो वह समुद्र बन जाती है।

ईश्वर प्यार है और वह हम में से प्रत्येक के अंदर है।

भय डर है, ऊपर से नीचे।

प्यार, वही आप हैं।

चाह प्यार तक ले जाने की स्थिति है।

आप कह सकते हैं कि प्रत्येक नुकसान एक बड़े लाभ की पहले की स्थिति है।

विश्वास को समझने के लिए आपको संशय को जानना होगा।

कृपा कृतज्ञता के साथ आती है। अगर आप जीवन में कृतज्ञ महसूस करते हैं तो आपके जीवन में कुछ आता है—और वही कृपा है।

ओंकार की ध्वनि के पीछे एक विज्ञान है। वैज्ञानिकों ने पता लगाया है कि अपनी कक्षा के चारों ओर घूमती पृथ्वी की आवृत्ति ओइम् के समान है। दो आवृत्तियों के लिए बना ग्राफ समान है। इसलिए, जब भी हम ओइम् का उच्चारण करते हैं, पृथ्वी की प्राकृतिक आवृत्ति, प्राकृतिक नियम के साथ हमारे कंपन मेल खाते हैं।

आपके पास मन है और मन समय के माध्यम से गुजरता है। आप उसे देखते क्यों नहीं? आपकी मन:स्थिति सुबह अलग होती है, दोपहर में अलग, शाम को अलग और रात को अलग। ऐसा ही होता है न?

सूर्योदय के समय सजगता और हम जाग्रत् होते हैं। मुझे नहीं लगता कि कोई भी भोर, झुटपुटे या दोपहर में रोमांटिक गाने सुनना पसंद करता है। अगर आपकी नई-नई शादी हुई है या किसी से प्यार हो गया है तो बात अलग है।

सुबह के समय दिमाग ज्ञान, सजगता और जाग्रत् अवस्था में होता है।

दोपहर में वह कार्य में संलग्न होता है और शाम को एकदम आराम करने की स्थिति में होता है।

जो दु:खी रहना चाहता है, वह हर समय दु:खी रह सकता है और जो खुश रहना चाहता है, वह पूरे दिन खुश रह सकता है।

एक मूर्ख हर समय दु:खी रहेगा और एक अक्लमंद व्यक्ति बदलते मनोभावों के बावजूद खुश रहेगा। इसी तरह मौसम भी मन को प्रभावित करता है।

निश्चित तौर पर मन और समय का एक अनोखा संबंध है। अगर आप मन से आगे बढ़ गए हैं तो हमेशा खुशी रहेगी, एक शाश्वत सुकून और शांति छा जाएगी।

अपनी जड़ों को गहरा करने का अर्थ है—स्वयं को अच्छे से विकसित और तैयार

करना। यह किसी विशेष धर्म या संस्कृति की बात नहीं है। अपनी जड़ों को गहरा करने का अर्थ है—विकसित व स्थिर करना।

गलती करना सही है। गलती करना जीवन का एक हिस्सा है। कई बार एक गलती हो जाती है, वह हो जाती है। ठीक है, उसे स्वीकार लें और आगे बढ़ें। उसी गलती को बार-बार करने का दर्द ही उस गलती से आपको बाहर निकालने के लिए काफी है। दर्द व चोट को सहना ही आपको उससे बाहर निकाल लाएगा। पर कभी अपनी गलती को उचित ठहराने की कोशिश न करें।

जटिलता को न जानें। एकत्व पर अपनी नजर रखें। संस्कृत में कहा जाता है—अंतर्मुखी सदा सुखी। अगर आपका मन अंतर्मुखी रहता है तो वह सदा प्रसन्न रहता है। जटिल क्या है? लोगों का मन। वे अपनी जटिलता से परेशान रहते हैं, आप भी उसी से परेशान क्यों रहें? लोग जटिल हैं और वे उससे बाहर निकल जाएँगे। धैर्य व करुणा रखें।

सारे खगोलीय तथ्यों के लिए समाधान है। आप जानते हैं क्या? ओइम् नमः शिवाय। इस मंत्र का जप हमारे इर्द-गिर्द एक कवच निर्मित कर देता है और संपूर्ण शरीर-मन जटिलता की रक्षा व उसे ऊर्जा देता है।

प्यार में उठो। प्यार में, बदले में आप किसी चीज की अपेक्षा नहीं करते हैं। अगर आप बदले में कुछ चाहते हैं तो उसे प्यार न कहो। फिर वह जरूरत होती है। किसी रिश्ते में जरूरत हो सकती है, पर प्यार में कोई जरूरत नहीं होती है। प्यार करना आपका सहज स्वभाव है। अगर अभी यह बहुत ज्यादा दार्शनिक लगे तो इसे पीछे रखकर रिलैक्स करें। एक दिन आप समझेंगे, जब आपका दिल टूटेगा या जब आपको एहसास होगा कि आपने बहुत ज्यादा अपेक्षा की थी, आपके मन के पीछे से कुछ उभरकर आएगा और आपको बचाएगा।

मान लें कि फिल्म में केवल एक नायक है और कोई खलनायक नहीं है। जब फिल्म में हर तरह के रोमांच हों, तभी वह चलती है। अगर उसमें एक नायक-नायिका हों, उनकी शादी हो जाती है और वे सुख से रहते हैं, बस इतना ही। वह फिल्म कैसी होगी? वह एक नाटक है। इसलिए हर तरह की चीजें घटती रहती हैं।

आत्मा शाश्वत है। यह दुनिया हमेशा बदलती रहती है, भिन्न-भिन्न बदलाव होते रहते हैं। इस बात को समझते हुए सिर्फ तनाव-मुक्त रहें। सेवा करते रहें। जब भी किसी को जरूरत हो, उसकी सहायता करने में जुट जाएँ। सेवा करना हमारा स्वभाव है और हम उसके बिना नहीं रह सकते हैं। सेवा किसी भारी वजन की तरह नहीं होनी चाहिए, बल्कि एक फूल की पत्ती की तरह होनी चाहिए—आसान व स्वाभाविक।

विपदा तब विपदा है जब आप उससे प्रभावित होते हैं। कई घटनाओं का कोई स्पष्टीकरण नहीं होता है। दुर्घटनाएँ क्यों होती हैं? लोग क्यों मरते हैं? इन्हीं क्षणों में

आप कहते हैं, 'आखिर मैं ही क्यों?' क्या आपको पता है कि मन क्यों दु:खों से जुड़ा है और कैसे आश्चर्य व प्रसन्नता से जुड़ा है?

जब यह प्रश्न कि 'यह समस्या मेरे साथ ही क्यों?' मन में उठता है या यह किसी अन्य के मन में उठता है तो कुछ न कहना ही ठीक होगा। कुछ न कहें। उसका कोई तर्क, कोई स्पष्टीकरण पर्याप्त नहीं होगा। उन क्षणों के लिए आपको इन प्रश्नों को छोड़ देना होगा। समय आपको इनसे बाहर ले जाएगा। समय आपको उस स्थिति से पार ले जाने में मदद करेगा। उन्हें उत्तर या सांत्वना देने की हमारी प्रवृत्ति है, पर मुसकान या क्षण भर की चुप्पी ठीक रहेगी। कोई तर्क, कोई सिद्धांत कभी कुछ नहीं कर सकता है। मैं ऐसा ही सोचता हूँ।

कान छेदना वैज्ञानिक लगता है, क्योंकि वे सारे स्नायु, जो मस्तिष्क में बोध उत्पन्न करते हैं, वे लोलकी पर जाकर खत्म होते हैं। इसलिए प्राचीन समय के लोग ऐसा ज्यादा ध्यान पाने के लिए किया करते थे।

जो मैंने सुना है वह है—

'विवाह से पहले—एक युगल एक-दूसरे के लिए पागल होता है।

विवाह के दौरान—वे एक-दूसरे के लिए बने होते हैं।

और फिर—वे एक-दूसरे पर पागल होते हैं।

कुछ समय बाद—वे एक-दूसरे की वजह से पागल हो जाते हैं।'

किसी ने इसे बनाया है।

मैं एक बात जानता हूँ—विवाह धैर्य, त्याग, एक-दूसरे का खयाल व बाँटने की संस्था है। अगर एक परेशान है तो दूसरे को चुप रहना चाहिए और अपने परेशान होने की बारी का इंतजार करना चाहिए। अगर दोनों एक ही साथ, एक ही समय पर परेशान हो जाएँगे तो दिक्कत होगी। पर बच्चों के सामने सभ्यता से रहना चाहिए।

कौन कहता है कि इनसान हमेशा अपूर्ण होता है? इनसान के अंदर अच्छाई निहित है। उस अच्छाई को जगाओ। एक उत्कृष्टता से दूसरी पर जाओ, न कि अपूर्णता से अपूर्णता की ओर। या तो आप हर चीज में बुराई देख सकते हैं, जैसे दूध खराब होकर दही बन गया और दही खराब होकर मक्खन बन जाता है। आप केवल अपूर्णताओं के बारे में बात कर सकते हैं या आप उत्कृष्टता से उत्कृष्टता जाते हुए देख सकते हैं।

स्वभाव में विश्वास और सजगता पूर्णतया विपरीत प्रतीत होती हैं। जब आप सजग होते हैं तो विश्वास नहीं होता और आप बेचैन व असुरक्षित महसूस करते हैं। जब विश्वास होता है तो मन सुरक्षित व सुकून में होता है और आप सजग नहीं होते हैं।

तीन प्रकार के विश्वास होते हैं—

तामसिक विश्वास, जो उदासी की वजह से होता है। जैसे जब आप उत्तरदायित्व

नहीं लेना चाहते या कुछ काम नहीं करना चाहते और आप कहते हैं, 'ओह, कोई फर्क नहीं पड़ता, वैसे भी इन बातों का खयाल ईश्वर रख लेगा।'

राजसिक विश्वास, जो इच्छाओं और महत्त्वाकांक्षाओं की तीव्र बाध्यता के द्वारा आता है। महत्त्वाकांक्षा विश्वास को जीवंत रखती है।

सात्त्विक विश्वास सच्चा है और चेतना की पूर्णता से उत्पन्न होता है।

विश्वास और सजगता हालाँकि स्वभाव में एक-दूसरे से विपरीत हैं, वास्तव में एक-दूसरे के पूरक हैं। विश्वास के अभाव में विकास नहीं होता और सजगता के बिना सही समझ नहीं आती। विश्वास आपको संतोषजनक बना सकता है, सजगता आपको तनावग्रस्त बनाती है।

अगर विश्वास या आस्था न हो तो डर होगा। और अगर सजगता नहीं होगी तो व्यक्ति सही ढंग से कुछ सोच या व्यक्त नहीं कर सकेगा। दोनों का संयोजन होना अनिवार्य है।

ज्ञान में (विवेक की अवस्था) बिना तनाव के सजगता और आत्मसंतुष्टि के साथ विश्वास होता है। शिक्षा का उद्देश्य विश्वास से उदासीनता हटाना और सजगता से डर के तत्त्व को हटाना होना चाहिए। यह एक अनोखा व दुर्लभ संयोजन है। अगर आप में एक साथ विश्वास व सजगता है तो आप सच्चे ज्ञानी बन जाएँगे।

हमारा मन शाम को सुबह के विपरीत सोचता व महसूस करता है। ग्रहों की स्थिति भी मन पर असर डालती है। कई बार मन में विश्वास पैदा होता है, कई बार घृणा मन को ढक लेती है। मन में अलग-अलग तरह के संवेगों की लहरों का उठना स्वाभाविक है। मैं इन सबसे पृथक् हूँ, मैं आत्मा हूँ, इस पर संतोष करना बुद्धिमत्ता की निशानी है।

चलिए, मैं आपको अपना परिचय देता हूँ। क्या मैं ऐसा करूँ? मैं एक बच्चा हूँ, जो बड़ा नहीं होना चाहता। यह मेरा एक पंक्ति का परिचय है। और मैंने देखा है, हम सब में बच्चे जैसी वह समानता है, पर वह अतीत के ढेरों या भविष्य की चिंताओं के नीचे दबी है। हमारा काम या उसका काम जो समाज का भला चाहता है, इन ढेरों को हटाना है और प्रकृति ने जो हमें यह सरलता, स्वाभाविकता, करुणा के मानवीय मूल्य और मैत्रीपूर्ण व्यवहार करने का सुंदर उपहार दिया है, उसे अपने अंदर पल्लवित व पुष्पित करना है। इन्हें पैदा करने की आवश्यकता नहीं है। वे हमारे अंदर निहित हैं और केवल उन्हें पोषित करना है तथा फिर से सामने लाना है। और मैं इसे आध्यात्मिकता कहूँगा।

हम सब पदार्थ व आत्मा दोनों से बने हैं। पदार्थ—एमीनो एसिड, कार्बोहाइड्रेट्स, प्रोटीन आदि। आत्मा है प्यार, करुणा, अपनेपन की भावना, अपने, अपने जीवन व दुनिया के बारे में एक विस्तृत सोच। इसी से आत्मा बनी है और जो भी चीज आत्मा व आत्मिक मूल्यों को उठाती है, उसे मैं आध्यात्मिकता कहूँगा। आप क्या कहते हैं? यह

किसी तरह का कोई मत या मत संप्रदाय नहीं है। यह उससे भी परे कुछ है। यह अच्छे मानव का सार है। वस्तुतः ऐसा कोई भी व्यक्ति नहीं है, जो अपने जीवन में खुशी, प्यार या करुणा न चाहता हो। इस तरह से हर कोई आध्यात्मिक है, चाहे वह इसे पहचाने या न पहचाने।

प्राचीन भारत में एक कहावत प्रचलित थी—बुद्धिमत्ता की पहली निशानी है कि बिलकुल कुछ न कहा जाए। और मान लें कि आप पहली निशानी पर खरे न उतर पाएँ तो बुद्धिमत्ता की दूसरी निशानी है कि तब बोला न जाए, जब प्रश्न न पूछा जाए।

□

भारत को एक आध्यात्मिक देश बनाना...

क्या आप जानते हैं कि प्रश्न का एक ही उत्तर है। पर कुछ प्रश्नों का उत्तर नहीं दिया जाना चाहिए। उसे मार्ग बनाना चाहिए। एक सड़क को कई बार पार किया जा सकता है। इस प्रश्न की तरह हमें विभिन्न स्थितियों में बार-बार पूछना चाहिए। क्यों कोई ईमानदार नहीं है? देखा जाए तो यह अपनेपन की कमी के कारण है। आपको पता है कि भ्रष्टाचार अपने होने की भावना की सीमा के बाहर आरंभ होता है। कोई भी अपने परिवार के साथ तथा अगर इसे थोड़ा और विस्तृत करें तो अपने प्रियजनों के साथ भ्रष्टाचार नहीं करता है। वे अपने मित्रों के साथ भ्रष्टाचार नहीं करते हैं, पर जब वे उन मित्रों के दायरे से परे एक सीमा लगा देते हैं, जब व्यक्ति सोचता है कि केवल ये लोग मेरे हैं, तब लोग फिर अपने नहीं रहते। तब भ्रष्टाचार आरंभ होता है। हमें अपनेपन की भावना का विस्तार करने के लिए लोगों को शिक्षित करना चाहिए। भ्रष्टाचार का दूसरा पहलू है असुरक्षा। जिन लोगों के मित्र नहीं होते, वे पैसे में सुरक्षा ढूँढ़ने की कोशिश करते हैं। वे नहीं जानते कि पैसा उन्हें सुरक्षा नहीं देगा। सही लोगों का साथ उनकी जिंदगी में सुरक्षा लाएगा। अगर आप किसी स्कूल जानेवाले लड़के या लड़की से यह पूछेंगे कि उनके कितने मित्र हैं तो वे अंगुलियों पर गिनकर कहेंगे—2, 3, 4, 5। और मैं उनसे पूछूँगा कि तुम रोज 50-100 बच्चों की कक्षा में 5-8 घंटे गुजारते हो और तुम क्या सबके साथ मित्रता नहीं कर सकते हो? और तुम जब स्कूल और कॉलेज से बाहर आ जाओगे, तब दुनिया के अरबों लोगों, 6 अरब लोगों के साथ अपना जीवन बिताओगे। इसलिए, मित्रवत् व्यवहार करने की मूल विशेषता हमारे बच्चों के लिए एक तरह से अजनबी है। फिर क्या होता है? असुरक्षा उपजती है। और इस असुरक्षा से बचने का एक ही तरीका सूझता है कि मेरे पास अधिक-से-अधिक धन हो। तो, किसी तरह से आप जब धन अर्जित करते हो, आप भ्रष्टाचारी बन जाते हो। इसलिए, पहले हमें राजनीति को आध्यात्मिक बनाना है, व्यापार का समाजीकरण करना है और धर्म को निरपेक्ष

बनाना है। अगर हम ये तीनों चीजें कर सकते हैं तो समाज रहने का एक बेहतर स्थान बन सकता है।

प्रत्येक नेता को अपने समुदाय और लोगों से परे देखना चाहिए। उन्हें संपूर्ण मानव जाति के बारे में सोचना चाहिए। हिंदू पुजारी को केवल हिंदुओं के लिए प्रार्थना नहीं करनी चाहिए। उसे प्रत्येक मानव के लिए प्रार्थना करनी चाहिए। उसी तरह एक मुसलमान या ईसाई पादरी को संपूर्ण मानवता के बारे में सोचना चाहिए, तभी हम धर्म के सही मायने को प्राप्त कर पाएँगे।

इसलिए मैं कहूँगा, धर्म को निरपेक्ष करें और व्यापार का समाजीकरण करें। अगर प्रत्येक व्यापारिक संस्थान ग्रामीण क्षेत्रों के विकास के लिए अपने लाभ का 1, 2, 3, 10 या जितना भी प्रतिशत लगाने का सामाजिक उत्तरदायित्व ले लेता है तो मैं कहता हूँ कि इस धरती पर कोई भूखा नहीं रहेगा, कोई बीमार नहीं रहेगा, कोई अशिक्षित नहीं रहेगा। क्योंकि सरकार अकेले यह नहीं कर सकती है। यह गैर–सरकारी संगठनों और व्यापारिक संगठनों का सामाजिक दायित्व है। वे बहुत कुछ कर सकते हैं। इसलिए व्यापार का समाजीकरण करें, सामाजिक सम्मिलित दायित्व को लाएँ और फिर राजनीति का आध्यात्मिकीकरण करें। राजनेताओं की बात करें तो महात्मा गांधी के समय में उनमें बहुत अधिक निष्ठा थी, उनका अत्यधिक सम्मान किया जाता था। आज स्थिति बिलकुल विपरीत है।

क्या आपको पता है, हमें राजनीति को आध्यात्मिक बनाने की आवश्यकता है। राजनीतिज्ञों को लोगों का खयाल रखना चाहिए। मैं आपको अपने दादा और दादी की एक कहानी सुनाना चाहता हूँ। जब मेरे दादाजी महात्मा गांधी से मिले, वह उनके साथ 20 वर्षों तक सेवाग्राम में रहे। मेरी दादीजी ने 10.5 किलोग्राम सोना दिया। मेरी दादी बहुत ही सुंदर महिला थीं। उस जमाने में महिलाएँ सिर से पैर तक सोने से लदी रहती थीं । मंगलसूत्र और चूड़ियों के अलावा उन्होंने खुशी से अपना सारा सोना दे दिया और कहा, 'मैं बच्चों का खयाल रखूँगी, आप देश की सेवा करने के लिए जाएँ।' इसलिए वह महात्मा गांधी के आश्रम में जाकर रहे। क्या आप जानते हैं, योगदान और देने की उस भावना का आज अभाव है। अगर वह आ जाए तो बहुत फर्क पड़ेगा। देने का गर्व, अहिंसा का गर्व आज की शिक्षा में नहीं है। आप फिल्मों में देखते हैं कि जो आक्रामक होते हैं, जिनका अपने गुस्से पर काबू नहीं होता, उन्हें हीरो की तरह दिखाया जाता है। वह व्यक्ति, जो शांत होता है, हर चीज मान लेता है और अपना दूसरा गाल आगे कर देता है, उसे हीरो नहीं माना जाता है। इस सोच में परिवर्तन आना आवश्यक है। मैं अभी अमेरिका से ही वापस आ रहा हूँ, जहाँ शिकागो में स्कूली बच्चों के लिए हमने एक प्रोग्राम किया था।

वह सबसे बदनाम स्कूल था। पिछले वर्ष वहाँ 268 अपराध हुए थे और फिर हमने मेडीटेशन, सरल प्राणायाम तथा प्रतिदिन नए मित्र बनाने एवं दूसरों की सहायता करने के लिए आगे आने जैसे सरल मूल्यों को उन्हें सिखाया। इस वर्ष अपराध की दर 268 से घटकर 60 रह गई है। वे हैरान रह गए और स्कूल का जिला काउंसलर मुझे धन्यवाद देने आया। शिक्षा के 50 शिक्षा अधिकारियों ने कहा कि जो तकनीकें हमने सिखाई हैं, उनसे वास्तव में एक बदलाव आया है। अन्यथा, वहाँ के लोग सुरक्षित महसूस नहीं करते, यह नहीं पता कि कल वहाँ क्या हो जाए, बच्चा सुरक्षित वापस लौटेगा भी कि नहीं, या उसका कोई अंग कटा होगा। हमें इसे वापस लाना है। अपनेपन की भावना, दूसरों का खयाल तथा बाँटने की भावना और देने की खुशी महसूस करने का गर्व।

'गीता' को इस तरह समझना चाहिए आप कड़ी मेहनत करो, अपना 100 प्रतिशत दो, अपने लक्ष्यों की ओर केंद्रित करो, लक्ष्य पाने की कोशिश करो। पर उसके साथ-साथ आप में भरोसा, विश्वास होना चाहिए और आप तनाव-मुक्त रहें।

कुछ भी पाने के लिए आपको तीन प्रकार का विश्वास चाहिए। सबसे पहले अपने ऊपर विश्वास, तब आपको किसी तरह की चिंता नहीं होगी। इस मुद्दे को सँभालना मेरे लिए बहुत आसान है। मैं इसे कर सकता हूँ। दूसरा अपने आस-पास के समाज, लोगों पर विश्वास। अगर आप जानते हैं कि आपकी टीम अच्छी है और वह लक्ष्य प्राप्त कर लेगी और अगर प्रणाली पर आपको भरोसा है कि प्रणाली नियमित है और आपको न्याय मिलेगा, अगर आपने अच्छा काम किया है तो आपको उसका परिणाम भी अच्छा मिलेगा।

पर अगर प्रणाली पर आपको भरोसा या विश्वास नहीं है तो, अगर वह बहुत खराब है तो आप कुछ नहीं कर सकते हैं। इसलिए प्रणाली के प्रति हमारे अंदर भरोसा व विश्वास होना ही चाहिए। तीसरा है उस ताकत पर विश्वास जो स्नेहमयी है, दयामयी है—उच्चतम ताकत, उच्चतम तत्त्व और यह भरोसा कि वह हमेशा लोगों का भला ही करेगी। ये तीन प्रकार के विश्वास हमें चिंता-मुक्त कर देंगे। इसके लिए मैं कहूँगा कि कुछ समय अपने लिए निकालें, रिलैक्स करें और पीछे मुड़कर देखें। इससे पहले आप कितनी बार तनावग्रस्त हुए हैं? आप असफल हुए हैं? आपने कुछ असफलताएँ पाईं और कुछ सफलताएँ पाई हैं? इसी तरह से अब भी आप सफल होंगे। यह आपको वह आंतरिक शक्ति देगा जिसकी उस समय सबसे अधिक आवश्यकता होती है।

मैं तो कहूँगा कि यह सेलफोन जैसा है। आप जानते हैं कि सेलफोन के लिए आपको सिम कार्ड चाहिए होता है। और चार्ज करने के लिए बैटरी चाहिए होती है और आपको टावर के नजदीक रहना होता है, (हँसते हैं) पहुँच में रहना होता है। अगर इनमें

से एक भी चीज नहीं है तो आप डायल करते रहें, हैलो बोलते रहें, पर कोई जवाब नहीं मिलेगा।

तनाव से दूर रहने के मैं आपको तीन सुझाव देता हूँ। पहला, अपने साथ 10-15 मिनट बिताएँ। वह क्या है, जो आप चाहते हैं? 50-60 वर्ष पहले जीवन कैसा था, मैं कहाँ था और 50 वर्षों बाद मैं कहाँ होऊँगा? मेरा मूल क्या है? मेरी परिभाषा क्या है? तुरंत उत्तर की प्रतीक्षा न करें। केवल अपने बारे में यह प्रश्न पूछना कि जीवन क्या है, जोश को बढ़ा देता है। इसे ही मैं ज्ञान कहूँगा। ज्ञान में मग्न रहते हुए कभी आप योग वासिष्ठ, अष्टावक्र गीता या भगवद्गीता जैसे ग्रंथ पढ़ सकते हैं। कुछ पंक्तियाँ या अन्य ज्ञान बढ़ानेवाली पुस्तकें। और फिर 10-15 की मिनट की मेडीटेशन। 10-15 मिनट की मेडीटेशन आपको इतनी ऊर्जा देगी कि वह आपके मस्तिष्क में ताजगी भर देगी, आप में उत्साह भर देगी और शरीर को ऊर्जावान बना देगी। बढ़िया है न? और तीसरी चीज है किसी तरह की दयालुता का काम करना, उसे दिनचर्या बनाने की आवश्यकता नहीं है। कुछ समय इसके लिए निकालें। ऐसे ही किसी की मदद करें। कुछ समय संगीत व कला में गुजारें। ये तीन चीजें आपको पूर्णता का एहसास कराएँगी और तनाव से दूर रखेंगी।

कल्पना करें कि अगर दुनिया में हर कोई इस तरह चले—असुरक्षित महसूस करता, अवसादग्रस्त, दुःखी, अकेलापन महसूस करता हुआ। यह किस तरह का साथ होगा? हम किस तरह की दुनिया में होंगे? वह किस तरह की संस्था होगी? क्या आप किसी तरह की तरक्की कर पाएँगे? सबसे पहले आपको विश्वास निर्मित करने की आवश्यकता है। यही प्रबंधन का रहस्य है, और वह विश्वास होने के साथ आरंभ होता है। जब आप इस सोच के साथ रहते हैं कि मैं तुम पर विश्वास नहीं करता, मैं तुम पर विश्वास नहीं करता, मैं तुम पर विश्वास नहीं करता, वही चीज वापस आपके पास आती है। जब हम यह पसंद नहीं करते कि लोग हम पर शक करें तो हम क्यों हर किसी पर शक करते हैं?

आपको पता है कि बैंक उधार देता है, मैं सिर्फ श्रेय लेता हूँ। आप देखते हैं कि लैंप जल रहा है, पर केवल लैंप ही नहीं, बत्ती और तेल भी जल रहे होते हैं; पर सारा श्रेय लैंप ले जाता है, ठीक है न? कोई भी सफलता, कोई भी चीज जो आश्चर्यजनक है, वह बहुत लोगों के सम्मिलित प्रयास का परिणाम होती है। और आप देखेंगे कि सम्मिलित प्रयास में एक प्रेरणा, एक लहर, एक ऊर्जा, एक ईश्वर होता है, जो सहयोग देता है और तरक्की करने में मदद करता है। जीवन के उस तत्त्व को आध्यात्मिक तत्त्व कहते हैं। आध्यात्मिक तत्त्व की कमी के कारण ही व्यक्ति या तो हिंसा की राह पर चलता है या अवसाद या आत्महत्या करने की प्रवृत्ति की ओर झुकता है।

आपने इस बात पर गौर किया है कि जब आप सुन रहे होते हैं, आपके दिमाग में भी एक संवाद चल रहा होता है—हाँ, नहीं, ऐसा कैसे संभव है? हम सात तत्त्वों से बने हैं—शरीर, साँस, दिमाग—वह कक्ष, जिसके माध्यम से आप सोचते हैं। बुद्धि—वह जो सहमत व असहमत होती है, आपके अंदर का निर्णायक पहलू। याददाश्त, जो अकसर नकारात्मक बातों से चिपकी रहती है। 10 सकारात्मक टिप्पणियाँ दो और 1 नकारात्मक, आपका दिमाग उसी एक नकारात्मक के बारे में सोचता रहेगा। फिर अहंकार—वह जो आपको दूसरों से अलग कर देता है और वह, जो आपको कुछ करने के लिए प्रेरित करता है और फिर जीवन में सारे बदलावों के संदर्भ-बिंदु, वह चीज जो कभी नहीं बदलती—जीवन की सात परतें। जीवन की प्रत्येक परत थोड़ा-बहुत बदलाव लाती है और यही है आर्ट ऑफ लिविंग में।

नेतृत्व उदाहरण के साथ आरंभ होता है। लोग मुझसे पूछते हैं कि मैं इतनी यात्रा करता हूँ, क्या उससे थकता नहीं हूँ। पिछले पखवाड़े मैं चार रातें सोया नहीं। हर रात मैं यात्रा कर रहा था और सुनामी-प्रभावित क्षेत्रों में जा रहा था। मैंने सोचा, अगर मैं चौथी रात भी नहीं सोया तो हो सकता है कि मैं परेशान होकर चिढ़ने लगूँ। पर हैरानी की बात तो यह है कि ऐसा कुछ नहीं हुआ। जब लोग मुझसे पूछते हैं कि इतनी सारी चीजों को करने से मैं थकता नहीं हूँ तो मैं कहता हूँ कि मैं ऐसा कुछ नहीं करता, जो मेरे स्वभाव में नहीं है।

उदाहरण सहित जीना नेतृत्व का पहला गुण है और पूरी तरह से खुला और ईमानदार होना। अगर आपने गलती की है तो मानें कि मैंने गलती की है। जब आप एक गलती छिपाने की कोशिश करते हैं तो वह अनेक गलतियों का कारण बनती है। एक गलती दूसरी गलती करवाती है। वह आपके पूरे तंत्र को, आपकी कार्यशैली, आपके वातावरण को कमजोर कर देती है। इसलिए एकदम स्पष्टवादी, ईमानदार और खुले रहें।

अकसर हम किसी दूसरे की गलती पर ध्यान दिलाते हैं। जानते हैं क्यों, क्योंकि उनकी गलती हमें दुःख पहुँचाती है। आप जो कर रहे हैं, आपको नहीं करना चाहिए, क्योंकि इससे मुझे तकलीफ होती है। यही बात अकसर सुनते हैं। जब आप इस सोच के साथ किसी की गलती को सुधारना चाहते हैं तो वह कभी नहीं ठीक होती। तो आपको क्या करना चाहिए? आप जो कर रहे हैं, उससे आपको तकलीफ पहुँचेगी, इसलिए आपको यह नहीं करना चाहिए। इसलिए नहीं, क्योंकि इससे मुझे तकलीफ हो रही है, पर बाद में इससे आपको तकलीफ होगी, इसलिए ठीक यही होगा कि आप बदल जाएँ। यह परिवर्तन लाता है।

मैं तो कहूँगा कि हमें तीन सीखों पर ध्यान देना चाहिए। सबसे पहले अपने जीवन को समय व काल, ब्रह्मांड विज्ञान के संदर्भ (कांटेक्ट) में देखें। यह सृष्टि कितनी

विशाल है? यह सार्वभौम कितना बड़ा है और हमारा जीवन कितना छोटा है? अरबों वर्ष गुजर गए हैं और अरबों वर्षों को अभी गुजरना है। इस संदर्भ में मेरी स्थिति क्या है? आप इस समय 6 अरब लोगों के साथ इस धरती पर जी रहे हैं। क्या आपको लगता है कि वे सब आपके हैं? क्या आपको हर किसी के साथ एक सहजता महसूस होती है? जब आपके अंदर वह अपनापन आ जाए, आपके अंदर वह भावना जाग्रत् हो जाए, जान लें कि आपने हर जगह ग्राहक बना लिये हैं। वस्तुत: वे आपका परिवार बन जाते हैं, एक बहुत बड़ा परिवार। किसी भी समाज में अपनेपन की भावना बहुत महत्त्वपूर्ण है। चाहे वह निकाय हो, गैर-सरकारी संगठन हो, सामाजिक संगठन, धार्मिक संगठन हो और एक नेता को उस अपनेपन, उस उत्तरदायित्व की भावना को निर्मित करना है।

अर्जुन को भगवद्गीता के 18 अध्याय सुनाने के बाद भगवान् श्रीकृष्ण कहते हैं, ''तुम इसके बारे में सोचो, विश्लेषण करो, अगर यह तुम्हारे मन को सही लगे और अगर तुम सहमत हो तब इसे मानो।'' इसका अर्थ है कि वह शक्ति, जो हमारे भीतर है, आत्मा की शक्ति ही हमें यह स्वतंत्रता देती है। इसलिए अब हमें इसका प्रयोग सही दिशा में करना चाहिए। इसलिए, जब भी हम खुश और आनंदित हों, हमें कम-से-कम दस लोगों के बीच इस खुशी और आनंद को फैलाने का प्रयास करना चाहिए। क्या आप ऐसा करेंगे? हर कोई?

आश्रम एक ऐसी जगह है, जहाँ कोई श्रम या प्रयास नहीं करना होता। मन को शांत रखना होता है और आपके अंदर से दैवत्व का बहना बिना किसी प्रयास के होता है। और ऐसा कब होता है? जब आप अपने और अपने परिवेश में सहज होते हैं। और यही वस्तुत: आश्रम की महत्ता है—जहाँ आप घर में होते हैं। जब आप आंतरिक शांति का अनुभव कर लेते हैं तो या तो आश्रम की कोई महत्ता नहीं रहती या फिर हर जगह आपके लिए आश्रम बन जाती है। फिर भी, तब तक आश्रम और उसकी तरंगों का प्रभाव पड़ता है। इसलिए आश्रम की 30वीं सालगिरह के अवसर पर—चाहे घर पर हों, चाहे आश्रम में—अपने मन में शांति रखें। आप जहाँ भी हों, उसे आश्रम बना दें। हर घर आश्रम बन जाए, यही हमारी इच्छा होनी चाहिए।

कृष्ण कहते हैं, ''तुम अपने कर्तव्य निभाओ, मैं तुम्हारे पापों को देख लूँगा। तुम केवल समर्पण कर दो। अगर तुम समर्पण कर देते हो तो तुम्हारे पापों का ध्यान रखना मेरी जिम्मेदारी है। चिंता मत करो।'' यही बात मैं कहता हूँ। आओ और आकर योग, मेडीटेशन व सत्संग में हिस्सा लो, तुम्हारे जीवन में कोई परेशानियाँ नहीं रहेंगी। सिर्फ ध्यान लगाओ व विश्वास करो कि तुमने अपने पाप यहीं छोड़ दिए हैं।

भारत में एक कहावत प्रचलित है—''काम सत्त्व से पूरा होता है, न कि भौतिक

चीजों से।'' इसलिए कुछ काम करने के लिए सतोगुण का उत्पन्न होना अनिवार्य है। और सतोगुण को बढ़ाने के लिए एक व्यक्ति को क्या करना चाहिए? सही आहार, सही आचरण और कुछ समय के लिए अपने मन को शांत करना—पहला चरण है; दूसरा, अगर इसके बावजूद आपको हार का सामना करना पड़ता है तो सतोगुण आपके उत्साह को बिखरने नहीं देगा और जब वह प्रेरक शक्ति वहीं होगी तो आप उसे छोड़ने की बात सोचेंगे तक नहीं। जैसे कि अगर जुआरी एक बार जीत जाता है, उसे जीतने की आदत हो जाती है। और वह जीतने की इच्छा के साथ बार-बार खेलता है और कभी हारता भी है तो भी वह बीच में खेल छोड़ने की बात सोचता तक नहीं है। हार के दौरान भी कुछ अच्छा पाने का विश्वास बना रहता है और वह विश्वास तभी होता है जब कार्य के प्रति आपके मन में समर्पण हो। जैसे कि, काम में उत्साह और मन में शांति के साथ लोग दो शताब्दियों से आजादी के लिए संघर्ष कर रहे हैं।

जो लोग आजादी के लिए लड़ रहे हैं, उन्हें कोई धन नहीं मिलता। वे किसी चीज को चुराते नहीं हैं, पर क्या वे अपना काम करना छोड़ देते हैं?

और तीसरा पक्ष है—हार के कारण के बारे में जानें। प्रत्येक हार सफलता की ओर उठा कदम है। एक कारण स्वयं में कोई कमजोरी या व्यवस्था, तंत्र आदि में कोई कमजोर पक्ष। स्वयं में कमी—जैसे कोई सही ढंग से काम को प्रस्तुत न कर पाए। उदाहरणतया, अगर आप इंटरव्यू देने जाते हैं और कुछ बेकार की बातें करते हैं तो साक्षात्कारकर्ता को यह संशय होता है कि आप वह काम कर भी पाएँगे या नहीं। इसलिए अपनी कमजोरी के कारण किसी को नौकरी नहीं मिल पाती है। अपनी कमजोरी से छुटकारा पाने के लिए अपनी क्षमताओं को बढ़ाएँ।

प्रत्येक हार सफलता की ओर उठा एक कदम है। इसलिए विश्लेषण करें कि आपने उससे क्या सीखा? क्या आप संवेगों के साथ बहे? आपने उन लोगों से राय नहीं ली, जो पहले से ही इस पेशे में हैं? आपको उन पर विश्वास नहीं है या आप अपने साथ विश्वसनीय लोगों को नहीं रखते हैं। ये सारे कारण हो सकते हैं। इसलिए किसी भी तरह की कमजोरी से बाहर निकलें, अपनी क्षमताओं का विकास करें और उस क्षेत्र के ज्ञान की गहराइयों में जाएँ, जिसमें आप आगे बढ़ना चाहते हैं। व्यवस्था या तंत्र में संशोधन करें। यह एक अकेले व्यक्ति के हाथ में नहीं है। अगर भ्रष्टाचार को दूर करना है तो क्या आप अकेले उसके खिलाफ लड़ सकते हैं? समूह में रहें। उसके लिए लोगों में विवेक पैदा करें। लोगों को अपने साथ आगे बढ़ने के लिए प्रेरित करें—''संघे शक्तिः कलियुगे।''

कलियुग में ताकत साथ चलने में है। लोग कहते हैं कि इस समय कलियुग चरम

पर है और जैसे कि सत्य पीछे रह गया है, अगर आपको ऐसा लगता है तो मिलकर काम करें। कुछ लोगों को अपने साथ लेकर चलें और फिर देखें कि काम पूरा होता है या नहीं। क्षमताओं को बढ़ाने के लिए आपको खुद कुछ करना होगा, अपने भीतर झाँकना होगा। अधिक लोगों को साथ लेकर चलने के लिए दुनियावी के साथ रहें और अपनी क्षमताएँ बढ़ाने के लिए अपने साथ रहें। दोनों बातों को साथ में लेकर चलने से आपको निश्चित ही सफलता मिलेगी। अगर आप सारी कोशिशें कर चुके हैं तो काम को अपना 100 प्रतिशत दें और अगर तब भी आपको सफलता नहीं मिलती है तो कोई बात नहीं। कोई और काम अपने हाथ में ले लें। पर अगर पहली और दूसरी बार असफलता मिले तो मैदान छोड़कर भागें नहीं।

अगर जीवन में दु:ख के कुछ क्षण आ जाएँ तो सबसे पहले ज्यादा-से-ज्यादा खुश रहने की कोशिश करें—उन्हें स्वीकार लें। इसलिए दु:खी न हों, क्योंकि आप पहले कभी परेशान थे और तब आप हमेशा खुश रहेंगे।

जीने के लिए हिंसा का मार्ग अपनाना बहुत स्वाभाविक है—यह स्वाभाविक प्रवृत्ति है। पर अगर ऐसे व्यक्ति के अंदर आत्मविश्वास और दूरदृष्टि व्याप्त हो तो आप पाएँगे कि वह व्यक्ति जीवित रहने की समस्या के डर के बिना आत्मविश्वास के साथ एक दूरदृष्टि लेकर चलेगा।

जीवन का सार क्या है? कम-से-कम आप उस रोमांच के लिए भीतर अन्वेषण करना आरंभ करें। आपको मैंने पहले क्या बताया था? संपूर्ण जीवन किसी रस, किसी खुशी की तलाश में है। जहाँ आपको खुशी महसूस होती है, वहाँ तनाव-रहित होकर समय बिताएँ। और जब आप भीतर देखते हैं तो आपको वह खुशी मिलती है। मेडीटेशन वैसी ही एक खुशी है। जब थकान दूर हो जाती है तो आपको वह आराम व खुशी मिलती है, जिसकी आप तलाश कर रहे होते हैं।

हर उलझन विकास की निशानी है। हर बार एक व्यवस्था टूटती है। ऐसी स्थिति में तनाव-मुक्त रहें। जब आप तनाव-रहित होते हैं तो आपकी आंतरिक अनुभूति काम करती है। उस पर भरोसा करें।

मान लीजिए, आप यहाँ विभिन्न आकारों के कई बरतन रखते हैं। उनकी अलग-अलग क्षमताएँ हैं—एक में दो लीटर आम आ सकता है, एक में दस लीटर आ सकते हैं और एक में पाँच लीटर आ सकते हैं। पर जगह समान है। प्रत्येक बरतन की क्षमता अलग-अलग हो सकती है। तो क्या? पर वह वही जगह है, जो अंदर, बाहर और हर जगह है। हम जो हैं, उसके सामने अलग-अलग चीजें करने की हमारी क्षमता, भिन्न-भिन्न चीजें करने की हमारी ऊर्जा का कोई महत्त्व नहीं है। और यह क्षमता, यह ऊर्जा पूरे जीवन समान नहीं रहती है। जब आप बच्चे थे तो आपकी क्षमताएँ अलग थीं; देखा जाए

तो थीं ही नहीं । आप खुद की मदद तक नहीं कर सकते थे। और तब क्या होता है जब आप बूढ़े हो जाते हैं? तब भी आपकी क्षमताएँ अलग होती हैं। इसलिए आप जो वास्तव में हैं, उसके सामने हमारी क्षमताओं का बदलना महत्त्वहीन है। आप केवल स्थान हैं, प्यार हैं, शांति हैं और यह पहचान जीवन की बाकी सारी जटिलताओं को दूर कर देती है। अन्यथा आपको हमेशा लगेगा कि कोई दूसरा आपसे कहीं अधिक योग्य है और कोई कम योग्य है। आप कहीं दूसरों से बेहतर हैं, पर कहीं नहीं हैं। जब आप दुनिया में किसी अन्य के साथ अपनी तुलना करते हैं, चाहे आप जीवित हों या मृत और भविष्य में जन्म लेने वाले हों, हमेशा एक अंतर रहेगा। यह दुनिया का हिस्सा है, सार्वभौम का हिस्सा है।

आपको पता है, आपके पास एक ही नीति होनी चाहिए। हम वह नहीं करेंगे, जो बहुत कठिन है। सहजता से जीवन जिएँ, हमेशा खुश रहें। आपको संघर्ष करने की आवश्यकता क्या है? अगर दु:खी रहना आसान है तो वैसे ही रहें। अगर परेशान रहना आसान बात है और खुश रहना बहुत कठिन तो आपको खुश रहने के लिए संघर्ष करने की क्या आवश्यकता है? समझ आया। सरल चीज को अपनाओ, और दु:खी रहना सबसे आसान है? नहीं। सबसे सरल, आसान चीज है तनाव-मुक्त और खुश रहना। अगर आप कहते हैं कि ऐसा करना इतना कठिन क्यों है, हमें इसे थोड़ा-बहुत ठीक करना होगा और जो चीज इसे ठीक करती है वह है ज्ञान। समझ आया? और मैं कहता हूँ कि यह आसान है।

आप जो कहते हैं, ठीक वैसा ही हो रहा है। आपने कह दिया। वह गुजर जाएगा, वह निश्चित ही गुजर जाएगा।

आपको पता है कि अगर आप थके हुए हैं तो या तो आपने पर्याप्त मात्रा में पानी नहीं लिया है या बहुत कम चीनी का सेवन किया है। या तो बहुत कम ऊर्जा या बहुत ज्यादा ऊर्जा या आपके तंत्र में कोई गड़बड़ी है या तनाव बाहर निकलने का कोई तरीका नहीं है। इनमें से कोई भी वजह हो सकती है। जब आप ध्यान में गहरे तक चले जाते हैं तो क्या होता है? तनाव बाहर निकल आता है। जब वह बाहर आ जाता है तो या तो आप थकान महसूस करते हैं या आपका दौड़ने का मन करता है। यह सब संभव है। अगर आप कुछ साँसें लेते हैं या ताज़ा बर्फ पर चलते हैं, उससे फायदा होता है। और पर्याप्त मात्रा में पानी, तरल पदार्थ, सब्जियाँ व फल लें। इन सबसे फायदा होगा।

आप जो कह रहे हैं, वही हो रहा है। आपने कहा था। वह गुजर जाएगा, वह निश्चित ही गुजर जाएगा।

अगर आप मेडीटेशन करना आरंभ ही कर रहे हैं तो बेचैनी महसूस होगी या आपको नींद आने लगेगी। जब आपके शरीर के अंदर से तनाव बाहर निकलने लगता है

तो ऐसा होना आम बात है। जब तनाव बाहर निकलता है तो वह रासायनिक प्रकार, जिसमें तनाव जमा होता है, खाली हो जाता है, आपको इस तरह के अनुभव होंगे। आपका एंडोक्राइन सिस्टम पुनः आपको ठीक करता है, क्योंकि हमने अनगिनत बार अनेक तरीकों से अपने शरीर का उल्लंघन किया है। हमने संतुलन नहीं बनाकर रखा, हमने अपने शरीर का आदर नहीं किया, इसलिए ऐसे झटके तो मिलेंगे। कितने लोगों को ऐसे झटके मिले हैं? हो सकता है, भावनाएँ सिर उठाने लगें और आप दुविधा में अपने को पाएँ। ऐसा हो सकता है। ऐसा नहीं है कि ऐसा होगा ही। कई बार ऐसा नहीं होता है और आप कह सकते हैं कि आपका तनाव बाहर नहीं निकल रहा है। उस व्यक्ति का तनाव तो बाहर निकल रहा है और मैं इतना शांत हूँ। किसी अन्य के साथ अपने अनुभव की तुलना न करें। हम सब एक-दूसरे से बहुत भिन्न होते हैं। हर किसी का स्नायु तंत्र भिन्न होता है। और अलग-अलग समय पर, अलग-अलग अनुभव अलग-अलग लोगों को आते हैं। इसलिए कभी भी दूसरों के अनुभवों के साथ अपने अनुभवों की तुलना कर न तो उदास हों, न खुश।

आपको पता है, सिजोफ्रेनिया के शिकार लोग पीड़ा नहीं भोग रहे हैं, वे अपने में आनंद का अनुभव कर रहे हैं। मैं ऐसे कितने लोगों को जानता हूँ, जो इस बीमारी का शिकार हैं। कई बार वे अपनी दवाइयाँ लेना छोड़ देते हैं, क्योंकि उन्हें उनसे आनंद आना बंद हो जाता है। जब उन्हें कोई आनंद, कोई ऊर्जा नहीं मिलती तो वे दवाई लेना छोड़ देते हैं। हमने ऐसा अनुभव किया है। कई बार माता-पिता या साथी उन्हें यहाँ आश्रम में छोड़कर चले जाते हैं। इसलिए हमने उनके व्यवहार को देखा है। मैं बता रहा हूँ, वे दुःखी नहीं हैं। वे अपनी ही दुनिया में रहते हैं। वे इस दुनिया में इसलिए हैं, ताकि आप उनकी सेवा कर सकें। और धैर्य रखें, वे आपका धैर्य बढ़ा देंगे। वे आपको आपकी वास्तविकताओं से अच्छी तरह से परिचित करा देंगे। यह उनके साथ एक अलग ही अनुभव होगा। क्योंकि उनका दिमाग दो दुनिया के बीच में है—यह दुनिया और दूसरी दुनिया। उनकी वास्तविकताएँ समाहित व दुविधाग्रस्त हैं। वे आपके भीतर से बहुत अधिक करुणा को जगा सकते हैं। और यही आप भी कर सकते हैं। हाँ, वे कुछ योग, नृत्य कर सकते हैं, संगीत का आनंद उठा सकते हैं और सैर कर सकते हैं। इन चीजों में आप उन्हें व्यस्त कर सकते हैं।

□

सपनों को समझना...

पिछली यादें। आपको पता है कि सपने पाँच तरह के होते हैं। क्या आपको उनके बारे में पता है? आप में से कितने लोगों को नहीं पता है? एक तो आपके पूर्वजन्म की यादें सपनों की तरह आपके दिमाग में आती हैं; दूसरा आपकी इच्छाएँ, आकांक्षाएँ, सपने, सपनों की तरह आपको आते हैं। आपकी अपूर्ण इच्छाएँ आपको सपने की तरह आती हैं। जैसे कि आप गरम चॉकलेट खाना चाहते हैं और आप सो जाते हैं, आप सपने में उसे खाते हैं। क्या आपको इस तरह का सपना आया है? तीसरी तरह का सपना है पूर्वाभास। भविष्य में क्या होगा, आपको सपने में आ जाता है। हर किसी को कभी-न कभी ऐसे सपने आते हैं—पूर्वाभास। चौथे प्रकार के सपने को आपसे कुछ लेना-देना नहीं है, बल्कि आप जिस स्थान पर हैं, उससे है। मान लें कि आप जाते हैं और फ्रांस में जाकर सो जाते हैं, आपको ऐसा सपना आता है जिसमें हर कोई फ्रांसीसी में बात कर रहा होता है; ऐसे शब्द सुनाई व चेहरे दिखाई देते हैं, जो आपने पहले कभी नहीं देखे होते हैं या कई बार वे लोग जो उस जगह पर थे या जगह के निशान आपके सपने में आते हैं। पाँचवें प्रकार के इन सबके मिश्रण होते हैं—गड्डमड्ड। ऐसे ही अधिकांश सपने होते हैं। 90 प्रतिशत सपने इसी तरह के होते हैं। आप घोड़े पर सवार हैं और अचानक घोड़ा ट्रेन में घुस जाता है। इसमें कोई तार्किकता नहीं है और वह सब एकदम सही तथा वास्तविक प्रतीत होता है। अचानक एक ट्रेन नाव में बदल जाती है और नाव ट्रेन में। ये सब हो सकता है। सपनों में ऐसा होना संभव है। बहुत सारी संभावनाएँ, क्योंकि ये सबका मिश्रण हैं—आपकी इच्छाएँ, पूर्वजन्म की बातें, भविष्य में क्या होगा और फिर स्थान। इसलिए आपको बहुत ज्यादा विश्लेषण करने की आवश्यकता नहीं है। यह तनाव बाहर निकलने का एक और तरीका है। जागो।

यहाँ तक कि यह लिखा है। आप जो यह प्रश्न पूछ रहे हैं, यह भी लिखा है, समझ आया? पर मेरा इसका उत्तर देना नहीं लिखा है।

अब देखिए, पशु सहज अनुभूति से हर काम करते हैं। उनके पास और कोई विकल्प नहीं है। वे ऐसे ही बनाए गए हैं। पर मानव जीवन यह और वह की संभावनाओं से चालित होता है। मानव जीवन के विकल्प भी तैयार किए गए हैं। पर पशुओं के पास अपनी पसंद का कुछ नहीं है। मैं क्या कह रहा हूँ, आपको समझ आ रहा है न? तैयार किए गए संचालनों में यह तय है कि मानव के पास विकल्प हैं। मानव तंत्र में विवेक है, जो विकल्प तय कर सकता है। इसका अर्थ हुआ कि वहाँ स्वतंत्रता भी है। समझ आया?

□

अपने होने को समझना

एक बात याद रखें। आपके अस्तित्व के केंद्रीय तत्त्व में केवल सकारात्मकता है। सारी अपूर्णता केवल ऊपरी सतह पर है। इसलिए भीतर से तो आप पवित्र और मासूम हैं, आप सुंदर हैं और आपका इस बात में पूर्ण विश्वास होना चाहिए। यही करना है। मैं पूर्णतया 100 प्रतिशत पवित्र हूँ, 100 प्रतिशत सकारात्मक हूँ। आपके अंदर एक बहुत ही आदरणीय, बहुत प्यार करनेवाला व्यक्ति व्याप्त है। आपके मन में इसके प्रति जीरो संशय होना चाहिए। और जो भी अपूर्णता आप अपने में या दूसरों में पाते हैं, वह केवल बाहरी सतह पर है। आध्यात्मिक विकास में यह विश्वास होना बहुत आवश्यक है। अन्यथा कोई दोष देता है और आप उसे मान लेते हैं और उसमें ही जलते रहते हैं। जब आप में यह भरोसा होता है तो कोई आपसे कुछ कहता है तो आप परवाह नहीं करते हैं और उन्हें देख मुसकराने लगते हैं। आप फिर किसी भी समय भावनात्मक रूप से टूटते नहीं हैं, क्योंकि आप स्वयं में इतने मजबूत और परिपक्व होते हैं। और यही है सारा आध्यात्मिक अभ्यास। शुद्धोहम्, बुद्धोहम्—आप पवित्र हैं, स्फटिक की तरह एकदम साफ और मजबूत। यह भरोसा आपको बहुत शांति प्रदान करता है। अगर आपको प्रकृति ने बनाया है तो आप पूर्ण हैं। प्रकृति में हर चीज पूर्ण है। विचारों का केवल एक ही वाद है, जो मानता है कि अपूर्णताओं को ढूँढ़ो। एक अन्य विचारवाद कहता है कि पूर्णता से और अधिक पूर्णता की ओर बढ़ो। यही हम समझ पाते हैं। एक-दूसरे की प्रशंसा करना और अपनी प्रशंसा करना, हर समय अपने मनोबल को ऊँचा उठाए रखना। आलोचना करना छोड़ दें और आलोचना के खिलाफ खड़े हों। अगर कोई आपकी आलोचना करता है तो उसका स्वागत करें। यह समझ लें कि आलोचना जो भी है, वह उनकी सोच या आपके खुद को वैसे दरशाने का हिस्सा है। अपूर्णता और कुछ नहीं, सिर्फ दरशना और सोच है। अपनी तरफ से आपने दूसरे व्यक्ति को ऐसा ही दिखाया है या उस व्यक्ति ने आपके बारे में ऐसा सोचा है। अपूर्णता और कुछ नहीं, सिर्फ दूसरों को आप क्या हैं, यह सही तरह से

दिखाने की आपकी अयोग्यता या आपके प्रति दूसरे व्यक्ति की धारणा है। बस यही बात है, समझ आया? आप ऐसा सिर्फ इस अवस्था तक पहुँचने के लिए करते हैं—सोच में सुधार, अवलोकन और अभिव्यक्ति। बस, यही बात है। यह कभी भी 100 प्रतिशत नहीं हो सकता है। यह आपस में संबंधित है, बस यही बात है। सोच और अभिव्यक्ति में हमेशा सुधार करने की गुंजाइश रहती है, पर अपने होने में सुधार करने की कोई गुंजाइश नहीं रहती।

जब मन बाहर की ओर लगा होता है और किसी बाहरी घटना पर जाकर अटक जाता है, आपको उसे वापस लाना होता है। यही आपको करना है। या तो कुछ अच्छा होता है या बुरा। वह कुछ समय के लिए दिमाग में रहता है, आपकी चेतना में एक छाप पैदा करता है। पर कुछ भी लंबे समय तक कायम नहीं रहता है। वह समय के साथ मिट जाता है। जागने की निशानी ही यही है कि आप लंबे समय तक उसे पकड़े नहीं बैठे रहते हैं। साधना, मेडीटेशन उसके लिए सबसे बेहतरीन माध्यम है।

आध्यात्मिकता का यही अर्थ है कि यह जानना कि वह एक चेतना है, एक दुनिया का परिवार—यह विचार भारत से आया है। एक तरफ वहाँ गंदी बस्तियाँ हैं तो दूसरी ओर धाँधली और कांड। हमें गंदी बस्तियों को हटाना है। उसके लिए हमें सबसे पहले शराब की लत को छुड़ाना है। गरीब व्यक्ति की लगभग 60 प्रतिशत आय शराब में चली जाती है।

योग हमारी विशेषताओं को बढ़ाता है—योग योग्यता लाता है। जो भी हम सोचते हैं, वह होना आरंभ हो जाता है। पूरी दुनिया के लोगों ने इस रहस्य को पहचानना आरंभ कर दिया है। यहाँ तक कि चीन में, जहाँ वे ईश्वर में विश्वास नहीं करते हैं, उन्होंने हमसे योग के ज्ञान को फैलाने के लिए कहा।

भगवान् कृष्ण कहते हैं कि "अपना कर्म करो, मैं तुम्हारे पापों का ध्यान रखूँगा। तुम सिर्फ समर्पण कर दो। अगर तुम समर्पण कर देते हो तो तुम्हारें पापों का ध्यान रखना मेरा उत्तरदायित्व है।" चिंता मत करो। मैं भी यही कहता हूँ। आओ और आकर मेडीटेशन, योग और सत्संग में शामिल हो, आपके जीवन में भी चिंता नहीं रहेगी। सिर्फ मेडीटेशन करो और मानो कि आपने अपने सारे पाप यहीं छोड़ दिए हैं।

मानव की जिम्मेदारियाँ और आवश्यकताएँ हैं। अगर आवश्यकताएँ ज्यादा हों और जिम्मेदारियाँ कम तो वह कोई समृद्ध जीवन नहीं होता है। मेडीटेशन और योग हमारे शरीर और मन को सक्रिय बनाता है, हमारे जीवन को समृद्ध बनाता है। हमारे जीवन का एक लक्ष्य होना चाहिए, एक आनंदमय जीवन होना चाहिए।

अगर हमारे जीवन में आनंद नहीं है तो हम किसी भी तरह से दूसरों का खयाल नहीं रख सकते हैं। इसीलिए हमें योग, आयुर्वेद और सिद्ध तकनीकों का प्रयोग करना चाहिए।

मेरा एक सपना है—सबके पास रहने के लिए एक मकान होना चाहिए।

दूसरा कि जातिभेद को मिटा देना चाहिए। हमें मानव प्राणियों के बीच प्यार बढ़ाना चाहिए। हम इन चीजों को भूल गए हैं और इन्हें पुनः जीवित करने का समय आ गया है।

अगर आपको कोई चिंता है तो उसे आपको यहीं छोड़ना होगा, यही सत्संग का नियम है। आप अपनी चिंताओं को अपने साथ वापस नहीं ले जा सकते हैं। आप तभी यहाँ से जा सकते हैं, जब आप उन्हें यहीं छोड़ दें।

अगर आप अपने मन को जीत सकते हैं तो आप सारी दुनिया को जीत सकते हैं। इसके लिए मेडीटेशन अनिवार्य है। मानव जीवन का उद्देश्य है यह जानना कि आप कौन हैं। यही आध्यात्मिकता है।

अगर बुरी ताकतें न हों तो अच्छी ताकतों की कोई कद्र नहीं करेगा। खलनायक की उपस्थिति ही नायक को नायक बनाती है। इसलिए, जीवन केवल एक खेल है।

अगर कोई बुराई नहीं होगी तो हम अच्छाई को कैसे पहचानेंगे?

तकनीक एक वरदान है। हम उसका इस्तेमाल कैसे करते हैं, वह उसे अभिशाप बना सकता है।

एक आम चीज की बात करते हैं। एक ही ईश्वर मुझमें और पूरी दुनिया में है। ऐसा कोई स्थान नहीं है जहाँ ईश्वर व्याप्त नहीं है। संस्कृत में कहते हैं—ईश्वरो गुरु ोर अत्मेती मूर्ति भेदा विभागिनी, गुरु, ईश्वर और मुझमें कोई अंतर नहीं है। तीनों में सामान्य क्या है—मैं क्या हूँ?

खेलते-खेलते एक बच्चा अपनी माँ के पास जाकर खेलता है या रोता है। यही समर्पण है। बच्चे के मन की अवस्था समर्पण है। इसे देखने का एक और तरीका है कि क्या ऐसी कोई चीज है जिसे बरदाश्त करना या उससे निपटना अब संभव नहीं है। हम उसे सर्वोच्च ताकत पर छोड़ देते हैं। यही समर्पण है।

इतने सारे दुःख के साथ हम दुनिया में उसे छोड़ने को तैयार नहीं होते तो अगर वह केवल खुशियों से भरा हो तो उसे हम कैसे जाने देंगे। इसलिए दुःख में समर्पण कर दो और आनंद में सेवा करो।

कुछ कर्मों को हमें भोगना पड़ता है और कुछ को हम बदल सकते हैं। जैसे कि, जब हम कोई मिठाई बनाते हैं तो ज्यादा मीठा हो जाने पर हम उसमें थोड़ी सी सूजी मिला लेते हैं, अगर कम हो तो हम उसमें मीठा मिला सकते हैं। पर एक बार जब आप सूजी को आँच पर चढ़ा देते हैं, आप उसे वापस नहीं निकाल सकते हैं। इसी तरह से कुछ कर्मों को बदला जा सकता है, कुछ को नहीं।

अतीत को एक सीख की तरह लें और देखें कि आप भविष्य में क्या कर सकते हैं। इसलिए हमें अतीत को नियति और भविष्य को मुक्त इच्छा की तरह लेना चाहिए, यही बुद्धिमत्ता है।

विश्व शांति व्यक्ति की शांति के साथ आती है। अगर लोग शांतिप्रिय बन जाएँ तो समुदायों में शांति स्थापित हो जाए। तब दुनिया के नेता भी शांतिप्रिय बन जाएँ और विश्व में शांति हो सकती है। जब लोगों में पूरी दुनिया के लिए विस्तृत सोच होती है, तभी विश्व शांति संभव है। हमें राजनीति को आध्यात्मिक, व्यापार का समाजीकरण और धर्म को निरपेक्ष बनाने की जरूरत है।

आपको पता है कि दुनिया भर में बच्चे इतने आकर्षक क्यों होते हैं? क्योंकि उनका होना बहुत पवित्र है। उनकी उपस्थिति, उनकी तरंगें इतनी सकारात्मक व साफ हैं। जैसे-जैसे हम बड़े होते जाते हैं, हम यह भूल जाते हैं कि हमें अपनी तरंगों को कैसे अधिक सकारात्मक बनाना है। हमारी उपस्थिति में, हमारी तरंगों में तनाव और चिंताएँ हैं। और यहीं श्वास तकनीकें, सुदर्शन क्रिया, प्राणायाम, मेडीटेशन मदद करती हैं—ये सब बातें हमारे मनोबल को बढ़ाती हैं, हमें सकारात्मक बनाती हैं।

हम सब एक हिंसा-मुक्त समाज, रोग-मुक्त शरीर, उलझन-मुक्त दिमाग, पूर्व-धारणा मुक्त विवेक, आघात-मुक्त याददाश्त और दु:ख-मुक्त आत्मा चाहते हैं।

हम सबको जाग्रत् होने की जरूरत है। जब हम गहराई तक तनाव-मुक्त होते हैं तो हमें एहसास होता है कि हम इस सारी दुनिया से जुड़े हुए हैं। हम इस सार्वभौम का हिस्सा हैं। आपको पता है, मैं दुनिया में कहीं भी जाता हूँ तो मुझे अपनापन महसूस होता है। मुझे इस धरती पर सबके साथ अपनापन महसूस होता है। मुझे यकीन है कि हर किसी में यह योग्यता है। हर बच्चा ऐसा करता है। और हमें अपने दिलों में बच्चे जैसी मासूमियत को जगाना है। ऐसा करने के लिए सबसे पहले हमारे दिमाग में संशय उपजते हैं। दिमाग कहता है, क्या ऐसा होना संभव है? हाँ, संभव है। और फिर संशय होता है—क्या मैं कर सकता हूँ? शायद मैं नहीं कर सकता। शायद यह मेरे लिए नहीं है। मैं कहूँगा, आप असंभव के बारे में सोचें। क्या आपको पता है, अगर हम असंभव के बारे में सोचते हैं तो एक दिन हम उसे संभव बना सकते हैं?

जब मैं पहली बार '80 के दशक में हैम्बर्ग गया था, हम लगभग 200 लोगों के साथ मेडीटेशन कैंप कर रहे थे। और मैंने कहा था, ''चलिए, हम सब मिलकर यहाँ एक संकल्प करते हैं—पूर्व व पश्चिम जर्मनी एक हो जाएँ। हम यहाँ सीमाओं, डर और तनाव को नहीं चाहते हैं। हम लोग यही संकल्प करते हैं।'' उस सत्र के अंत में मैंने कहा था, ''आप कुछ वर्षों में देखेंगे कि वे एक हो गए हैं। दो वर्षों में ही पूर्व व पश्चिम एक होंगे। उस समय डॉ. एबर हार्ट, कार्ल, फेटरा, रिकेटा सब वहाँ थे। उन्होंने कहा, यह असंभव

है। सबने सोचा कि गुरुजी तो भारत से हैं, वह नहीं जानते कि स्थिति क्या है। यह करना एक असंभव बात है। पर मैंने कहा, ''यह दो वर्षों से पहले ही हो जाएगा।'' और संकल्प अपने आप में पूरा हो गया। इसलिए हमें अपना संकल्प करना होगा। जब हमारे दिल साफ व शांत स्थिति में होते हैं, हम कोई संकल्प करते हैं और उस पर सारा ध्यान लगा देते हैं, वह अवश्य ही पूरा होता है। प्रकृति ने इस तरह की तकनीक हमारे दिमाग, हमारी चेतना में दी है। भारत के प्राचीन ऋषि इसे संकल्प-सिद्धि कहते थे। इसका अर्थ है—एक संकल्प का फलना, एक संकल्प का पूरा होना। यह कैसे संभव है? जब मन बिलकुल शांत, स्थिर और सुकून में हो, संकल्प फलते हैं। और हम सब में यह योग्यता है। पर हमने दिमाग को शांत करना नहीं सीखा है। हालाँकि यह ज्ञान प्राचीन लोगों को पता था। वे इसे रहस्य की तरह रखते थे। उसे दुनिया में हर किसी को नहीं दिया जाता था। वे किसी योग्य छात्र के आकर सीखने की प्रतीक्षा किया करते थे। मुझे लगता है, इसे हर किसी को दिया जाना चाहिए, क्योंकि यह हर किसी को सकारात्मक बना देगा। मुझे लगता है, कोई भी चीज जो लोगों के लिए उपयोगी है, वह एक समुदाय या देश की संपत्ति नहीं होनी चाहिए। वह पूरी दुनिया के लिए होनी चाहिए।

आप जानते हैं कि विश्व स्वास्थ्य संगठन ने घोषणा की है कि यूरोप का 30 प्रतिशत हिस्सा अवसाद से पीड़ित है। और उन्होंने कहा कि दुनिया के अगले दशक में सबसे बड़ा हत्यारा अवसाद ही होगा। स्टॉक मार्केट के नीचे गिरने, पैसे की कीमत घटने, हर क्षेत्र में अनियमितता के चलते अगले दस वर्षों में यह 50 प्रतिशत बढ़ जाएगा…इतनी घबराहट और अनियमितता है हर तरफ। लोग नहीं जानते कि किस तरह से मन को सँभालें। इसीलिए ज्ञान अनिवार्य है। मेडीटेशन, श्वास और मन के इस ज्ञान के साथ अपने को हर समय खुश रखा जा सकता है। चाहे जो हो जाए। क्या ऐसा नहीं है?

आपको ताकत की जरूरत कब होती है? आपको ताकत की जरूरत तब होती है जब आपके चारों ओर हर चीज बिखर रही होती है। वह ताकत आती है अपने श्वास पर, अपने मन पर ध्यान देने से। यह बहुत ही उपयोगी है। जब लोग अपनी खुद की साँस के बारे में सीख जाते हैं तो वे एक परिवर्तन महसूस करते हैं, परमानंद महसूस करते हैं, यह महसूस करते हैं कि हम सबका उत्तरदायित्व है।

आनंद दो तरह के होते हैं। एक आनंद वह होता है, जो आपको कुछ मिलते समय प्राप्त होता है। बच्चे होने पर हमेशा कुछ चाहते हैं। कुछ पाना आपको खुशी देता है। हम टॉफी, खिलौने चाहते हैं, विभिन्न जगहों पर जाना चाहते हैं…पर बड़े होने पर खुशी वह होती है जो कुछ देने से मिलती है। जब आप बाँटते हैं, आपको खुशी मिलती है। जब आप एक अच्छी फिल्म देखते हैं, आप सबको बाध्य करते हैं—यह बहुत अच्छी फिल्म

है, इसे अवश्य देखना। आप सबको बोलते हैं। फिल्म बनानेवाले आपको कोई कमीशन नहीं दे रहे होते हैं। पर आपको अच्छा लगता है, क्योंकि आपने एक अच्छी फिल्म देखी होती है और आप चाहते हैं कि आपके प्रियजन भी वह अनुभव उठाएँ। बाँटने का आनंद कहीं ऊँचा है और दुनिया उस बाँटने की खुशी को भूल रही है, विशेषकर युवा। ऐसा नहीं है क्या? हमें उन्हें इस बारे में अवगत कराना होगा। सब में यह प्रवृत्ति होती है। सिर्फ उन्हें प्रोत्साहित करने की आवश्यकता होती है।

वह, जिसे आप अभिव्यक्त न कर सकें—प्यार है।

वह, जिसे आप अस्वीकार या फेंक न सकें—सौंदर्य है।

वह, जिसे आप नजरअंदाज न कर सकें—सच है।

जब हम खुश होते हैं तो हम पूर्णता की तलाश नहीं करते। अगर आप पूर्णता की तलाश कर रहे हैं तो आप प्रसन्नता के करीब नहीं हैं। खुशी एक एहसास है कि ज्ञान से कभी अवकाश नहीं मिलता। ऊपर से दुनिया अनगढ़ लगती है, पर नीचे से सब पूर्ण है। पूर्णता छिपती है, अपूर्णता अपने को प्रदर्शित करती है। ज्ञानी सतह पर नहीं रहते हैं, बल्कि गहराई में जाते हैं। आप जिन चीजों को देखते हैं, वे धुँधली नहीं हैं। यह आपकी सोच है, जो धुँधली है। चेतना की संपूर्णता में असीमित क्रियाएँ निहित होती हैं और फिर भी चेतना पूर्ण रहती है, अनछुई रहती है। इसे अब समझें और सहज बने रहें।

एक व्यक्ति आत्महत्या दुःखी होने पर करता है और शरीर को समाप्त करने की कोशिश करता है। खुशी की तलाश में व्यक्ति ऐसा करने की कोशिश करता है, जो दुःख से बोझ से लदी हुई है। पर आत्महत्या करने का अर्थ है ठंड लगने पर कोट उतारना। आत्महत्या के बाद सिर्फ पछतावा होता है और व्यक्ति नया शरीर पाने के लिए संघर्ष करता रहता है। इस शरीर को समाप्त करने की कोशिश न करो और साथ ही इसे बहुत कसकर भी न पकड़ो।

आंतरिक खुशी और सच्ची प्रसन्नता ही समाज में व्यग्रता को रोक सकती है, जो इच्छाओं से पैदा होती है।

हमारे जीवन में सबसे भाग्यपूर्ण घटना तब घटती है जब हमें लगता है कि मैं कुछ नहीं चाहता, और मैं यहाँ तुम्हारे लिए हूँ। आरंभ से ही इस तरह से सोचने के अच्छे भाग्य के साथ मुझे फलीभूत किया गया है। मेरी इच्छा है कि ज्यादा-से-ज्यादा लोग इस तरह से सोचें। कल्पना करें कि अगर समाज का प्रत्येक सदस्य इसी तरह से सोचे तो समाज कैसा होगा। यह भावना, यह गुण पहले से ही सब में मौजूद है, पर वह कहीं गहराई में छिपा हुआ है।

जब किसी देश का नेता इस ढंग से सोचता है, तभी देश प्रगति करता है और जब

वह देश और उसके लोगों के विकास पर ध्यान केंद्रित करता है तो यह असंभव है कि नेता की जरूरतें पूरी न हों। पर अगर हम केवल अपनी जरूरतों पर केंद्रित रहते हैं तो हम अपने को और अपनी क्षमताओं को विकसित होने का अवसर नहीं देते हैं। हमें हमेशा यह मानना चाहिए कि हमारी जरूरतें पूरी होंगी।

इसका मतलब यह नहीं कि जब आपकी कुछ जरूरतें हों, आप यह कहकर उन्हें दबा दें कि मैं कुछ नहीं चाहता। यह वह भावना है, जो संतोष या पूर्णता की अवस्था में उत्पन्न होती है, न कि अपनी जरूरतों की अवहेलना या उन्हें दबाकर, और पूर्णता प्राप्त होती है आध्यात्मिक ज्ञान से। जब आप उच्चतम ज्ञान पर ध्यान केंद्रित करते हैं तो आपकी जरूरतें समय से पहले ही पूरी हो जाती हैं।

आंतरिक खुशी और सच्ची प्रसन्नता ही समाज की व्यग्रता को रोक सकती है, जो इच्छाओं से पैदा होती है। इस तरह की आंतरिक खुशी व प्रसन्नता ज्ञान से ही प्राप्त की जा सकती है। यह खुशी की बात है कि आर्ट ऑफ लिविंग दुनिया के विभिन्न समुदायों को एक कर रहा है। प्रत्येक धर्म व संस्कृति का सार प्यार है और आर्ट ऑफ लिविंग भी प्यार के सरल सिद्धांत पर टिका है—मैं कुछ नहीं चाहता और मैं यहाँ तुम्हारे लिए हूँ। दुनिया भर के अधिक-से-अधिक लोगों को यह कहने की योग्यता विकसित करनी चाहिए।

अगर हर कोई इस तरह सोचना शुरू कर देगा तो यह दुनिया स्वर्ग बन जाएगी। अगर हर कोई दूसरे से कुछ लेने की ही बात सोचेगा तो हम दुनिया की वर्तमान स्थिति को ही देखते रहेंगे।

हम स्वर्ग बनाने के लिए दुनिया का विकास कर रहे हैं और ऐसा होते देखना बहुत अच्छा लगता है। इसलिए हर दिन हम इस विश्वास के साथ आगे बढ़ते हैं कि मैं तुम्हारा हूँ। इस ज्ञान में प्यार, कार्य, मनोरंजन और उत्सव सब विद्यमान हैं। यह सब ज्ञान से आता है।

सफलता के लिए या कार्य को संपन्न होने के लिए पाँच चीजों की आवश्यकता पड़ती है। सबसे पहले उस व्यक्ति का संकल्प या दृढ़ता है जो कर रहा है, फिर उन साधनों और चीजों की उपलब्धता का होना, जिससे वह काम होना है; तीसरा काम करने की इच्छा या मन होना, फिर सही समय पर काम करना, काम करने का एक निर्धारित समय होता है। अगर आप सही समय पर नहीं करते हैं तो कोई फायदा नहीं है। अगर आप फरवरी में बीज बोएँ तो कुछ फायदा नहीं है। तब आप यह नहीं कह सकते कि मैंने बीज डाले थे, पर कुछ भी उगा नहीं। आपको बारिश के बाद अप्रैल आने तक का इंतजार करना होगा और तब आप बीज डालें और परिणाम देखें। इसलिए समय सबसे महत्त्वपूर्ण

कारक है। जब हम इस आश्रम में आए थे तो सारी भूमि बंजर थी। इस भूमि पर एक भी पत्ता या पेड़ तक नहीं था। आज देखिए, यहाँ कितने सारे पेड़ व पौधे हैं और ये पेड़ एक दिन में नहीं उग गए, बहुत सारे लोगों ने प्रयास किए और कुछ समय बाद ये पेड़ उगे। इसलिए समय एक महत्त्वपूर्ण कारक है और फिर कृपा। दैवी कृपा के बिना कोई सफलता नहीं मिलती, इसलिए आप सेवा, सत्संग और साधना करते हैं और समय पर आपको अपने सारे प्रयासों के फल मिलते हैं। आपका कोई भी प्रयास व्यर्थ नहीं जाता है। अगर अभी परिणाम नहीं मिलते तो कुछ समय बाद मिल जाते हैं।

संपत्ति का अर्थ केवल धन होना नहीं है। आपके पास बड़ी सारी रकम हो सकती है, आपके पास बहुत सारी जमीन हो सकती है; पर अगर अपना चेहरा देखने से आप तनावग्रस्त और दुःखी लगते हैं, आपको कोई भी संपन्न नहीं कहेगा। संपन्नता का अर्थ सिर्फ बैंक में बड़ी पूँजी होना नहीं होता। संपन्नता का अर्थ है—जीवन की विशालता को पहचानना, जीवन का सम्मान करना। किसी व्यक्ति का आत्मविश्वास उसकी संपन्नता को दरशाता है। उसका धन से क्या लेना-देना। आत्मविश्वास को बढ़ाएँ, पर अगर संपत्ति ने कमजोरी पैदा कर दी है तो वह संपत्ति नहीं है; अगर संपत्ति ने बीमारी पैदा कर दी है तो वह संपत्ति नहीं है। अगर संपत्ति ने मतभेद पैदा कर दिए तो वह संपत्ति नहीं है। इसलिए एक प्रकार की संपत्ति ज्ञान है, ज्ञान संपत्ति है, स्वास्थ्य संपत्ति है, आत्मविश्वास संपत्ति है, पराक्रम संपत्ति है। अगर आप में आत्मविश्वास है, आप कुछ भी सँभाल सकते हैं। आप किसी भी स्थिति को सँभाल सकें, वही संपत्ति है।

वह चेतना की अवस्था है, जहाँ आप महसूस करते हैं कि आपके प्रयासों के कारण चीजें नहीं हो रही हैं। वह किसी नियम के कारण हो रही हैं, सृष्टि में किसी ताकत के कारण हो रही हैं, जो हर चीज कर रहा है। जब आप शारीरिक व बौद्धिक ढंग से अपना सौ प्रतिशत देते हैं तब आपको एहसास होता है कि आप नहीं कर रहे हैं, बल्कि चीजें घट रही हैं।

यह इसी तरह है जैसे कि पूछना कि क्या मुझे प्यास लगनी चाहिए? अगर आपको प्यास लगेगी तो आप पानी माँगेंगे। मैं पानी माँगूँ का कोई अर्थ नहीं है, चूँकि आप पहले से बता चुके हैं कि आप प्यासे हैं। अगर प्रार्थना आती है, उसे आने दें। वह आ जाती है। मैं ऋषियों के शहर में होने के कारण कृतज्ञ महसूस कर रहा हूँ। सिख परंपरा के दस गुरुओं ने इतने सारे महत्त्वपूर्ण योगदान दिए हैं और मानव जाति के लिए अपने जीवन का बलिदान दिया है। गुरुओं की कृपा—श्री गुरु नानक देव से लेकर श्री गुरु गोबिंद सिंह तक—इस शहर पर बरस रही है। कीर्तन करके हम पुरानी परंपरा का सम्मान करते हैं। आज प्यार की आवाज को सुदृढ़ करना बहुत आवश्यक है। एक साफ दिल और

उत्साह से भरा व्यक्ति ही ऐसा कर सकता है। पंजाब की भूमि पूरे भारत का चेहरा है। फिर भी वह पवित्र भूमि नशीली दवाइयों के सेवन व कन्या भ्रूण-हत्या के कारण आघात सह रही है। यह देखकर मन में संकल्प उठता है कि पंजाब नशे से मुक्त हो जाए—बच्चे, बड़े व हर कोई व्यसन की आदत से मुक्त हो जाए और मन को ईश्वर में सच्ची शांति व नशा प्राप्त हो जाए।

एक और मुद्दा, जिसे रोशनी में लाने की बेहद आवश्यकता है, वह है भारतीय बीजों को सुरक्षित रखना। आप में से कितने लोग शरीर के दर्दों से परेशान हैं? (बड़ी संख्या में लोगों ने हाथ खड़े किए।) ऐसा कीटनाशक मिले खाद्य पदार्थों को खाने से होता है। इसलिए स्थानीय बीजों का संरक्षण और जैविक खेती अपनाना ही निदान है।

धर्म के वास्तविक सार से युवाओं को अवगत होना होगा। हम कहीं आध्यात्मिकता या धर्म के वास्तविक राहत देनेवाले और सौम्य पहलू को दिखाने में असफल रहे हैं।

अगर जड़ खराब हो जाए तो पेड़ सूख जाता है। हमें अपनी परंपराओं, अपनी जड़ों का सम्मान करने की जरूरत है। सिख का अर्थ है, वह व्यक्ति जो सीखता है और हम सभी सबसे कुछ-न-कुछ सीख सकते हैं। हम जापानियों से मेहमाननवाजी, जर्मनों से उत्कृष्टता, अंग्रेजों से सलीका, अमेरिकावासियों से व्यावसायिकता और भारतीयों से मानव-मूल्य सीख सकते हैं।

प्यार भाषा से परे है। जब दिल को राह मिल जाती है तो भाषा फिर बाधा नहीं रहती। फिर भी प्यार को समझने के लिए हमें अपने दिलों से नाखुश होने के पट्टे को हटाना होगा। मैं खुश नहीं हूँ—हम अपने ऊपर इस पट्टे को लगा लेते हैं और इसे बढ़ावा देते हैं। और हम ऐसा क्यों करते हैं? उससे उत्पन्न होनेवाले तनाव व विषमताओं के कारण। हमें प्रत्येक घर को तनाव-मुक्त करने का कार्य करना है। पर उससे पहले हमें अपने को उन उलझनों से दूर करना है, जो हमारे मन में चल रही हैं। यह आत्म-ज्ञान है। जब तनाव होता है, हमें क्रोध आता है; हम अपने को और दूसरों को दुःखी बना देते हैं। बिलकुल जड़ों से तनाव को दूर करने के लिए हमें कुछ समय के लिए रोज मेडीटेशन करनी चाहिए। जब आप कीर्तन सुनने बैठें तो पूरी तरह से उसमें मग्न हो जाएँ। लेकिन जब आप कीर्तन का आनंद उठा रहे हों तब भी आपका मन आपको परेशान करता हुआ इधर-उधर दौड़ रहा हो, तब प्राणायाम, योग व मेडीटेशन मदद करते हैं।

हिंसा-मुक्त समाज, रोग-मुक्त शरीर, कंपन-मुक्त श्वास, उलझन-मुक्त मन, आशंका-मुक्त विवेक, आघात-मुक्त याददाश्त, दुःख-मुक्त आत्मा और अहंकार जो घेरे रहता है, वे सब पृथ्वी पर सबके जन्मसिद्ध अधिकार हैं। हमें सदियों से ज्ञान प्राप्त है, पर दुःखद बात यह है कि हम अपनी परंपरा को नहीं जानते। तमिलनाडु में कोई भी दस गुरुओं के बलिदान के बारे में नहीं जानता। बच्चों ने श्री गुरु नानक देव और श्री गुरु

गोबिंद सिंह के बारे में पाठ्यक्रम में बहुत थोड़ा सा ही पढ़ा है। उसी तरह, यहाँ कोई नहीं जानता कि तमिलनाडु में 63 महान् संत हुए हैं। कितने सारे देशों में अनगिनत संत हुए हैं। पाँच वर्ष पहले हमने दस गुरुओं के बारे में एक प्रदर्शनी लगाई थी और उससे कुछ जागरूकता आई। हमारी धरोहर क्या है? हमारी जड़ें क्या हैं? हमारी प्राचीन परंपरा का सबल आधार आत्म-ज्ञान है। विज्ञान का मूल आधार आध्यात्मिकता है, हमारे धर्मग्रंथों का प्राचीन ज्ञान।

भ्रष्टाचार हर क्षेत्र में फैल चुका है। यह एक ऐसा ज्वलंत मुद्दा है, जिस पर ध्यान देने की आवश्यकता है। समाज जो करता है, उसे हम आनेवाली पीढ़ी के लिए छोड़ना चाहते हैं। अगर हम उन्हें अपने से बेहतर समाज नहीं दे पाते हैं तो हम अपना उत्तरदायित्व निभाने में चूक जाते हैं।

सत् श्री अकाल, उस सच का सम्मान करना, जो समय से परे है और उस संपदा का सम्मान करना, जो हममें से प्रत्येक के भीतर है, दुनिया का सबसे बेहतरीन अभिवादन है। जब आप अपने भीतर निहित संपदा को पहचान जाते हैं तो सांसारिक संपन्नता स्वतः बहने लगती है। वैसे भी आंतरिक समृद्धि यहाँ है, पर उस संपदा को अभी पहचानना है। ओंकार की ध्वनि के पीछे एक विज्ञान है। वैज्ञानिकों ने पता लगाया है कि अपनी धुरी पर घूमती पृथ्वी की आवृत्ति ओइम् के समान है। दोनों आवृत्तियों के लिए बने ग्राफ समान हैं। इसलिए, जब भी हम ओइम् का उच्चारण करते हैं, हमारी तरंगें पृथ्वी की प्राकृतिक आवृत्ति के साथ मेल खाती हैं, प्राकृतिक नियम के साथ ।

यही बात हमारे प्राचीन ऋषियों ने भी कही है। महर्षि पतंजलि ने कहा था, "अगर तुम दुःख से छुटकारा पाना चाहते हो तो उस सिद्धांत, ईश्वर पर ध्यान लगाओ। उस परमानंद के बारे में सोचो, जो ईश्वर है।" 'जपजी साहिब' एक ओंकार के साथ शुरू होता है। उस एक सिद्धांत पर ध्यान लगाने से सारे दुःख दूर हो जाते हैं, संशय बिखर जाते हैं और आपको स्वास्थ्य प्राप्त होता है। इसीलिए बौद्ध, जैन, सिख और हिंदू धर्म में ओइम् का विशेष स्थान है। यही बात ताओजिम और शिंतोजिम में भी है। यहाँ तक कि इसलाम और ईसाई धर्म में भी हमें आमीन और आमेन में ओइम् दिखाई देता है।

जब आप संतुष्ट होते हैं और अपनी जरूरतों से घिरे नहीं होते हैं, आप आशीर्वाद देने की क्षमता प्राप्त कर लेते हैं और हमें उस संतुष्ट रहने की निपुणता को सीखना जरूरी है। ऐसा केवल मेडीटेशन से हो सकता है। हमारे पास इतनी सुंदर परंपरा है कि सारे समारोहों या उत्सवों में हमें अपने से बड़ों का आशीर्वाद प्राप्त करने का अवसर मिलता है। यह बहुत ही वैज्ञानिक है। देखा जाए तो बड़ों से संतुष्ट रहने की अपेक्षा की जाती है और इसलिए उनमें आशीर्वाद देने की क्षमता होती है। फिर भी, आज वह चीज कहीं खो गई है। और संतुष्टि का अर्थ आलसी होना या काम न करना नहीं है और संतुष्ट होने के

लिए किसी को बुजुर्ग बनने का इंतजार नहीं करना चाहिए। मन में संतुष्टि की लहर फैलनी चाहिए। अपना काम करते रहो, पर मन में संतुष्टि की भावना रखो। कभी जीवन में व्यक्ति इस अवस्था पर पहुँच सकता है, मैं संतुष्ट हूँ। बिना संतुष्टि के वह ताकत आपके भीतर जाग्रत् नहीं होगी। कई लोगों ने, जिन्होंने ब्लेसिंग कोर्स किया है, ने यह अनुभव किया है कि जो भी अच्छा वह दूसरे के लिए सोचते हैं, वह पूरा हो जाता है। कितने लोगों ने ऐसा अनुभव किया है? (फिर से बहुत सारे हाथ खड़े हो गए) अपने जीवन का उत्सव और आनंद साधना, सेवा और सत्संग करते हुए मनाएँ। खुश रहें और दूसरों को खुश रखें।

इस दुनिया में अज्ञानी के लिए भी जगह है। अगर कोई आपको दोष दे रहा है तो वह अज्ञानता के कारण ऐसा कर रहा है और अगर अज्ञानता नहीं है तो वह दुर्भावना या ईर्ष्या है और मैं इन सारी भावनाओं को अज्ञानता के एक भाग की तरह ही देखता हूँ। इसलिए, ठीक यही होगा कि आप अपना काम करते जाएँ और केवल इसलिए नहीं ठहर जाएँ, क्योंकि दूसरों की राय पर आपका कोई नियंत्रण नहीं है और आपको करने की आवश्यकता भी नहीं है—हर किसी की अपनी राय या विचार हो सकता है। सबसे सही फॉर्मूला है—शिक्षित करना व नजरअंदाज करना।

मेरे जीवन में प्रकाश, उत्साह और ज्ञान हमेशा मुझे घेरे रहे। मैं जीवन के प्रकाश को अपने अंदर लेता हूँ। मैं ज्ञान व प्यार को स्वीकार करता हूँ।

पूजा क्या है? ईश्वर जो हमारे साथ कर रहा है, उसका जवाब देना। ईश्वर सूर्य और चंद्रमा को हमारे चारों ओर घूमना संभव बनाता है; फूल, बारिश और फल बरसाता है। दैवी अभिव्यक्ति की नकल को पूजा कहा जाता है। अपनी कृतज्ञता को दिखाने का प्राकृतिक तरीका है पूजा।

ईश्वर हवा की तरह सब जगह है। फिर भी, आप हवा पंखे के पास ही महसूस करते हैं। उसी तरह ईश्वर हर जगह है, पर आपको पंखे के पास ज्यादा महसूस होती है। ज्ञान, यज्ञ और गुरु पंखे की तरह होते हैं। इनके पास आप ईश्वर की उपस्थिति महसूस करते हैं।

आप अपना शरीर साफ करने के लिए सुबह नहाते हैं, उसके बाद आप सारी दैनिक क्रियाएँ करते हैं। आपको पूरे दिन नहाने की आवश्यकता नहीं है। यह इसी तरह है। आप मेडीटेशन करते हैं और अपने मन को शांत करते हैं, फिर अन्य गतिविधियों को करते हैं। अपने को अशांत न रखना आसान नहीं है; पर अगर आप नियमित ढंग से अभ्यास करते हैं तो ऐसा हो सकता है। फिर अपने को शांत रखना आसान हो जाता है।

आप जानते हैं, आपको कोई भी देने के लिए बाध्य नहीं कर सकता है; पर आपका देना कुछ तो संतोष प्रदान करता ही है।

मैं कहता हूँ कि जीवन में दो चीजें आपके पास होनी चाहिए—एक तो बहुत ज्यादा मुसकराओ; जितनी अधिक सेवा आप कर सकते हैं, करें और चिंता न करें।

दूसरों के सामने असहज महसूस करना अहंकार है। आत्मविश्वास का अर्थ है सहज महसूस करना। सहज रहना अहंकार का समाधान है और सहज रहना आत्मविश्वास का पूरक है। यह आत्मविश्वास के साथ ही चलता है और उससे अलग नहीं किया जा सकता है। जब आप में आत्मविश्वास होता है, आप सहज होते हैं। अगर आप सहज होते हैं तो आपमें आत्मविश्वास होता है।

इसमें कोई संदेह नहीं कि जीने के लिए आपको कुछ धन की आवश्यकता होती है। पर पैसा खुशी नहीं खरीद सकता। केवल ज्ञान या विवेक ही आपको खुशी प्रदान कर सकता है।

आप जानते हैं, यह हमारा ब्रांड चिह्न है। हमारा चिह्न है हँसना। अगर किसी को देखें और वह हँस नहीं रहा है और वह कहे कि उसने आर्ट ऑफ लिविंग किया हुआ है तो उस पर विश्वास मत करना। मुझे यकीन है, सब लोग जो यहाँ हैं, जिन्होंने सचमुच इसे किया है, वे मेरी बात से सहमत होंगे।

आप जानते हैं कि जीवन में हमारा एक लक्ष्य होना चाहिए। मेरा लक्ष्य है अधिक-से-अधिक लोगों के जीवन में खुशी लाना। अगर हम हर समय अपने बारे में ही सोचते रहेंगे, हम अवसाद से घिर जाएँगे। हमें देखना चाहिए, मैं किस तरह सेवा के काम आ सकता हूँ? मैं किस तरह से दूसरों के काम आ सकता हूँ? यह विचार बहुत उपयोगी है, बहुत-बहुत उपयोगी।

आर्ट ऑफ लिविंग हर किसी को साथ मिलकर कुछ सेवा करने के लिए एक मंच प्रदान करता है। जब संयुक्त राष्ट्र ने घोषणा की, खड़े हो जाओ और काम करो—वे पेड़ लगाना चाहते थे—आर्ट ऑफ लिविंग के स्वयंसेवकों ने पूरी दुनिया में 55 करोड़ पेड़ लगाए।

हम सब मिलकर कुछ सेवा कार्य कर सकते हैं। हिंसा को घटाओ, तनाव को घटाओ, अपनेपन की भावना निर्मित करो और शांति व प्यार की सकारात्मक तरंगें फैलाओ। क्या हम सब मिलकर ऐसा करें? क्या हर कोई ऐसा करने के लिए कटिबद्ध है?

अद्वैत क्वांटम भौतिकी है। क्वांटम भौतिकी कहती है कि यह सब अणु है या यह सब तरंग का कार्य है, एक तरंग है। यही बात अद्वैत कहता है। इसलिए पूरा सार्वभौम एक ही पदार्थ से बना है। और उस पदार्थ की प्रकृति है आनंद। यही अद्वैत है।

उसी अनुभव की झलक मात्र ही आपको इतनी ताकत और स्थिरता देती है कि कोई आपको हिला नहीं सकता है, कि कोई आपसे हँसी नहीं छीन सकता है।

अद्वैत—यह जानना कि आपके अंदर कुछ है, जो बदल नहीं सकता है। मौन, शांत रहने और मेडीटेशन का थोड़ा सा अनुभव आपको अंदर से ही अत्यधिक साहस देगा।

जब हमने इसे भारत में आरंभ किया था तो यह बहुत छोटा प्रोग्राम था। हमारे पास न तो संसाधन थे और न ही लोग। पर हमारे पास एक स्वप्न था—हमें दुनिया में बहुत सारे लोगों तक पहुँचना है। इसलिए, इन 30 वर्षों में हम करोड़ों लोगों तक पहुँचे हैं। इसलिए यह संभव है।

आप जानते हैं कि सेलफोन पूरी दुनिया में पहुँच चुका है। अगर सेलफोन पूरी दुनिया में पहुँच सकता है तो आपको लगता है कि ज्ञान और करुणा पूरी दुनिया तक नहीं पहुँच सकती है? हमें प्रयास करना चाहिए। ठीक है?

कुछ पाने के लिए प्रयास न करें। अपने दिल की आवाज सुनें। किसी का विश्वास कभी नहीं खोना चाहिए। जितना अधिक संभव हो, संशय करें, पर सच हमेशा संशय के आगे आ खड़ा होता है। सच इतना ताकतवर है कि संशय उसे नष्ट नहीं कर सकता है। इसलिए संशय करना अच्छा है। और वह सच जो संशय से होकर गुजरता है, वह वास्तविक सच होता है।

हमने दो वर्ष पहले नारियल का एक पेड़ लगाया था और आज वह बड़ा हो गया है। उसी तरह, जब तक आपके मन में आपके पूर्वजन्मों के कर्मों की छाप रहेगी, कर्म वहीं रहेंगे। वह छाप केवल मेडीटेशन, प्राणायाम और सेवा से ही मिटाई जा सकती है। वे सब मन में हैं। कर्म कुछ नहीं होते, केवल मन पर अंकित छाप होती है। जब आप जागते हैं और देखते हैं कि मन आपका ही एक हिस्सा है और यह आपका मन है, पर आप अपना मन नहीं हैं और आपका एक अनछुआ अस्तित्व है, जो आपके मन से कहीं ज्यादा बड़ा है, तब स्वत: ही सारे कर्म विलीन हो जाते हैं।

हमें अज्ञानता की बुराई के विरोध में लड़ना है। आज समाज में कई परेशानियाँ हैं—भ्रष्टाचार, पर्यावरण को दूषित करना, भूख, आध्यात्मिकता का विरोध करती ताकतें और मानव-विरोधी ताकतें। इन सबको हराना है।

काल से परे? मैं।

'गुरु ग्रंथ साहिब' बहुत ही पवित्र ग्रंथ है। हर किसी को उसका सम्मान करना चाहिए। गुरु कोई व्यक्ति नहीं होता है, गुरु ज्ञान है, चाहे धर्मग्रंथों में हो, चेतना में या व्यक्ति में हो। उस गुरु तत्त्व का आदर और विश्वास करना चाहिए। हमारा मन केवल जटिलताएँ पैदा करता है, अन्यथा कोई दुविधा नहीं है। 'गुरु ग्रंथ साहिब' में सारे धर्मग्रंथों का निचोड़ है। इसलिए धर्मग्रंथ का आदर करें। यहाँ चुनने का प्रश्न नहीं उठता है।

माँ पहली गुरु होती है।

स्कूल टीचर हमारा दूसरा गुरु होता है।

फिर संगीत का शिक्षक भी हमारा गुरु है।

और जो सच का ज्ञान देता है, वह सतगुरु है।

जब जीवन में गुरु तत्त्व जाग जाता है तो वह आंशिक तौर पर नहीं जागता है, वह पूर्णतया रहता है। इसलिए सहज ढंग से रहें, प्यार और खुशी में रहें।

अधिक-से-अधिक पाने की यह दौड़ हमें मार रही है। अधिक और अधिक—हमें अधिक कैसे मिल सकता है? आप चैन से रहें। हमारे पास जो है, उसका आनंद उठाने का भी हमारे पास पर्याप्त समय नहीं है। हमें सोचना चाहिए कि हम कैसे समाज के लिए उपयोगी हो सकते हैं, मैं कैसे अधिक-से-अधिक सेवा कर सकता हूँ? वह व्यक्ति जो हमेशा पाने के बारे में सोचता रहता है, वह भिखारी के समान होता है। उसके पास हर चीज आती है, जो यह सोचता है कि वह कैसे अधिक-से-अधिक समाज को योगदान दे सकता है। ऐसे व्यक्ति के लिए कोई कमी नहीं रहती।

चर्चित होना आसान है, पर गुरु बनना मुश्किल है। गुरु की जिम्मेदारी हो जाती है।

हम पदार्थ व आत्मा दोनों से बने हैं। आत्मा को आध्यात्मिकता की जरूरत होती है। शरीर (पदार्थ) की कुछ भौतिक जरूरतें होती हैं और हमारी आत्मा आध्यात्मिकता से पोषित होती है। हम बिना आध्यात्मिकता के जीवन नहीं जी सकते हैं। क्या आप शांति चाहते हैं? क्या आप खुशी चाहते हैं? क्या आप आनंद चाहते हैं? हम सोचते हैं कि आध्यात्मिकता का अर्थ है मंदिर, मसजिद या चर्च जाना। आध्यात्मिकता मानवीय मूल्य है। बिना मानवीय मूल्यों के जीवन अर्थहीन है। अगर कोई पूछे कि आपको मानवीय मूल्यों की आवश्यकता क्यों है, तो आप कहेंगे कि यह मूर्खतापूर्ण प्रश्न है। जब आप मानव हैं तो पशु की तरह रहने का क्या फायदा। मानवीय मूल्यों के साथ रहना मानव होना है।

मानव की कुछ आवश्यकताएँ हैं और वह उत्तरदायित्व लेता है। जब आवश्यकताएँ कम और उत्तरदायित्व अधिक होता है, जीवन अच्छा होता है। जब-जब आवश्यकताएँ अधिक और उत्तरदायित्व कम होते हैं, जीवन अच्छा नहीं होता। कुछ आवश्यकताएँ हो सकती हैं, पर अगर आप बहुत कम उत्तरदायित्व लेते हैं, तब आप दुःखी होते हैं। यह आध्यात्मिक जीवन नहीं है। भारतीयार, कामराज और गांधी ने पूरे देश का उत्तरदायित्व लिया और देखिए, वे कैसे रहे—उनकी आवश्यकताएँ न्यूनतम थीं ।

अधिक उत्तरदायित्व लें। अगर पिता अपने बच्चों और उनकी आवश्यकताओं का उत्तरदायित्व नहीं लेगा, क्या वे उसकी बात सुनेंगे? केवल वही जो उत्तरदायित्व लेते हैं, अधिकार पाते हैं। राजनीति में आए लोगों को पूरे देश का उत्तरदायित्व लेना चाहिए। पर

अगर वे गलत तरीकों से ताकत में आते हैं, उनका पतन निश्चित है। जब हम ज्यादा उत्तरदायित्व लेते हैं, हम उन्हें कैसे पूरा करते हैं? अपनी क्षमता से परे उत्तरदायित्व लेना और उन्हें पूरा करने की क्षमता अध्यात्म से आती है।

अगर आप नीम का पेड़ लगाएँगे तो क्या आम का पेड़ उगेगा? आपको बुद्धिमान बनना पड़ेगा। आप अच्छे इनसान हो सकते हैं, तब भी क्या आप बुद्धिमान हैं? अगर आप अच्छे हैं और अपना हाथ आग में डाल देते हैं, आप जलेंगे तब भी। आपको अच्छा और बुद्धिमान होना होगा। अपनी बुद्धि का प्रयोग करें और अच्छे से करें। हम अपनी बुद्धि का इस्तेमाल केवल भ्रष्टाचार के लिए करते हैं, न कि अच्छा इनसान बनने के लिए। हम सोचते हैं, हम अच्छे हैं और दूसरे बुरे हैं। ऐसा नहीं है। हर किसी में कोई-न-कोई अच्छाई होती है। आध्यात्मिकता उसे बढ़ाती है। समस्याएँ होने पर भी वे हमें कुछ सिखाते हैं—हमें गहराई मिलती है। खुशी विस्तार देती है, परेशानियाँ गहराई लाती हैं।

आधुनिक व प्राचीन दोनों को लें और आगे बढ़ें। जड़ें आध्यात्मिकता हैं, हमारी परंपरा और संस्कृति हैं।

पत्तियाँ और शाखाएँ विज्ञान हैं। जब आप विज्ञान और आध्यात्मिकता को एक साथ लेते हैं, तब आप जीवन में प्रगति करते हैं।

कई बार आध्यात्मिकता के नाम पर हम या तो अंधविश्वास का अनुसरण करते हैं या वैज्ञानिक ढंग से सोचते हैं। हम अपनी परंपराओं को नजरअंदाज कर देते हैं। यही तरीका है। आपको बीच का मार्ग लेना चाहिए। अपनी परंपराओं का आदर व सम्मान करें, वैज्ञानिक सोच रखें और जो भी अच्छा हम दूसरे के लिए कर सकते हैं, उसे करते रहें। अगर आपको लगता है कि कोई चीज आपका दायित्व है, उसमें कोई प्यार नहीं होता। कई बार आपको दायित्वों को बोझ समझने की वजह से सिरदर्द भी हो जाता है। अगर आप कोई चीज प्यार से करते हैं तो वही सबसे अच्छा होता है। जब आप प्यार के साथ दायित्व लेते हैं तो वह बोझ नहीं होता है। वह पूजा की तरह बन जाता है और वही अच्छा है। अगर आपको लगता है कि पूजा करना एक काम है तो उसे करने का कोई फायदा नहीं है।

अगर एक पिता सोचता है, मुझे किसी तरह से अपनी बेटी की शादी करनी है और अपनी जिम्मेदारियों से मुक्त होना है तो वह बोझ बन जाता है। पर अगर वह उसके विवाह के बारे में प्यार से सोचता है तो सारी प्रक्रिया एक उत्सव बन जाती है और हर किसी के लिए आनंद हो जाता है। इसलिए प्यार के साथ उत्तरदायित्व लें और पूरी दुनिया का उत्तरदायित्व लें। छोटे-छोटे कदमों से शुरुआत करें। पहले आपका परिवार, फिर पड़ोसी, समाज, गाँव—आपके गाँव में किसी को भी उदास नहीं होना चाहिए। यह सोच

आपके हृदय को खिला देगी। जब हृदय खिलता है तो खुशी मिलती है। ईश्वरत्व खिले हुए हृदय में वास करता है। आपको ईश्वर की तलाश करने के लिए कहीं और जाने की आवश्यकता नहीं है। उसका घर तुम्हारे हृदय में होगा।

हम धरती का शोषण कर रहे हैं, एटम बमों का प्रयोग कर रहे हैं, उन्हें पानी के अंदर फोड़ रहे हैं—कितने सारे नाभिकीय हथियारों का इस तरह चोरी-छिपे परीक्षण हुआ है। पृथ्वी इसे बरदाश्त नहीं कर सकती है। पेड़ काटे गए हैं, भूमि में कितने सारे विषाक्त कण छोड़े गए हैं, धरती को खोदा गया है और सारे खनिज निकाल लिये गए हैं—इन सबको बदलना है। हमें रसायन-मुक्त खेती के तरीकों को बढ़ावा देना चाहिए। हमारे देश की मकई छोटी है। विदेशी बड़ी है। हमारे चावल के दाने छोटे हैं, विदेशी बड़े हैं। पर हमारे दाने कहीं अधिक स्वस्थकारी हैं। हमें अपने देशी बीजों की रक्षा करनी चाहिए। हमारी गायों के गोबर और मूत्र में औषधीय गुण हैं। देशी गायों व बीजों को बचाएँ। पहले दो-तीन वर्षों तक विदेशी मिश्रित बीज अच्छी फसल उपजाते हैं, पर मिट्टी को पूरी तरह से खराब कर देते हैं। इस वजह से महाराष्ट्र में हजारों किसानों ने आत्महत्या कर ली। हमें खेती के प्राकृतिक तरीकों को प्रोत्साहित करना चाहिए।

सावधानी से सोचें। अगर हर वह चीज जिसकी आप कामना करते हैं, सच हो जाती है तो आप पूछेंगे, इतनी जल्दी क्यों? एक राजा ने ईश्वर से एक वरदान माँगने के लिए प्रार्थना की कि वह जिस भी चीज को छुए, वह सोना हो जाए। भगवान् ने वरदान दे दिया और वह बहुत खुश हुआ—पर कुछ क्षणों के लिए। वह प्यासा था और पानी चाहता था। जैसे ही उसने उसे छुआ, वह सोना बन गया। उसका खाना सोना बन गया, यहाँ तक कि अपनी बेटी को जब उसने छुआ, तो वह भी सोने की बन गई। राजा बहुत परेशान हो गया और प्रार्थना की कि वह वरदान उससे वापस ले लिया जाए।

जरा पीछे मुड़कर इसके बारे में सोचें—जब आप बच्चे थे तो आप क्या बनना चाहते थे? एक इंजन ड्राइवर? आजकल बच्चों के पास बहुत सारे खिलौने होते हैं। कोई 30-40 वर्ष पहले बच्चा या तो इंजन ड्राइवर बनना चाहता था या पायलट। कई चीजें, जिनकी आपने इच्छा की थी, उन्हें पसंद करना अब आपने छोड़ दिया है। ईश्वर वही देगा, जो आपके लिए अच्छा होगा। विश्वास के साथ आगे बढ़ें। अगर आपकी कोई इच्छा है तो यह न सोचें कि आपको उसके लिए प्रार्थना नहीं करनी चाहिए। सिर्फ सोचें, मुझे यह मिल जाए या इससे कुछ बेहतर।

जो भी दिशा आप लेंगे, आप किसी-न-किसी बिंदु पर मिलेंगे; क्योंकि पृथ्वी गोल है। सांप्रदायिकता और आध्यात्मिकता देखने में विरोधी लगती हैं, पर अंततः वे मिलेंगी ही नहीं।

क्या आप जानते हैं कि चीन की सरकार ने चीन के संविधान में आध्यात्मिकता की आवश्यकता को सम्मिलित किया है? समृद्धि, विकास और आध्यात्मिकता चीन में प्रत्येक व्यक्ति को मिलनी चाहिए।

आपको पता है कि बहुत कम लोग ही आध्यात्मिकता से घृणा करते हैं। अपने दिल की गहराइयों में झाँकें। या तो वहाँ विश्वास है या ईश्वर के प्रति भय। साम्यवाद का सबसे महत्त्वपूर्ण सिद्धांत क्या है? कि हर किसी को हर चीज मिले। अध्यात्म भी यही कहता है। दूसरों को अपनी तरह देखें। वही अच्छाई सब में देखें।

हम अंतर करते हैं। किसी को स्कूल में ए श्रेणी मिलती है तो किसी को बी। हम में अलग-अलग निपुणता और गुण हो सकते हैं। कोई 100 किलोग्राम उठा सकता है, कोई 10 और कोई 2 किलोग्राम भी नहीं उठा सकता है।

प्रत्येक व्यक्ति जो कर सकता है, उसमें अनूठा है; पर अन्य स्तर पर सभी समान हैं। प्रत्येक व्यक्ति में खून लाल है। गाय की नस्ल चाहे जो हो, दूध का रंग समान ही होगा।

किन्हीं भी दो व्यक्तियों की अंगुलियों की छाप समान नहीं होती। अगर आप हमारी विशेषताओं व निपुणताओं को देखेंगे तो हम सब अनूठे हैं। प्यार के स्तर पर हम सब समान हैं, कोई अंतर नहीं है।

एक छोटा बच्चा 10 इडली नहीं खा सकता है। अगर आप एक वयस्क को एक छोटा कप और चम्मच देंगे तो क्या काफी रहेगा? क्षमताएँ भिन्न हैं, फिर भी सब समान हैं।

टी.वी. को देखते समय क्या सबसे महत्त्वपूर्ण है—देखना या सुनना? आपको दोनों की जरूरत है?

उसी तरह, जीवन में भी हमें दोनों की जरूरत है।

अध्यात्म लिंग को ऊपर उठा देता है। स्त्री और पुरुष बराबर हैं। यहाँ महिलाओं के लिए कई रिक्तियाँ हैं, जो स्वामी बनना चाहती हैं। उन्हें भी आगे आना चाहिए।

अगर आप में अहंकार है तो उसे अपनी जेब में रखें। उसे नष्ट करने की कोशिश न करें, क्योंकि वह उसे और बढ़ा देगा। बच्चे की तरह सहज रहें। अगर वह है तो कोई बात नहीं। जब आप अपने व दूसरों के बीच एक दूरी या अलगाव महसूस करते हैं तो अहंकार पैदा होता है। हममें अपने परिवार या अपने प्रियजनों के साथ अहंकार नहीं होता। उसी तरह उन लोगों के साथ अहंकार नहीं होता, जिन्हें हम बिलकुल नहीं जानते हैं। यह तभी होता है जब हम थोड़ा-बहुत लोगों को जानते हैं। हममें अहंकार पैदा हो जाता है। अगर हर कोई आपका हो या कोई भी आपका न हो तो अहंकार नहीं होता।

बच्चे जैसी सहजता होना अनिवार्य है। जब हम यह सोचकर परेशान हो रहे होते हैं

कि दूसरे लोग क्या कहेंगे, तब वहाँ अहंकार आता है। अगर आप अच्छा भी कर रहे होंगे तब भी कुछ लोग उसमें गलती ढूँढ़ लेंगे। उसी तरह ऐसे लोग भी होंगे, जो व्यक्ति के भ्रष्ट होने पर भी उसकी प्रशंसा करेंगे। इसलिए, इस बात के लिए परेशान न हों। अगर आप गलती करते हैं तो उसे मान लें। यही बुद्धिमत्ता है। उसी तरह से दूसरे भी गलतियाँ कर सकते हैं। माफी माँगने के लिए उनका इंतजार न करें। आप माफ कर दें और आगे बढ़ें। गलती हो जाती है। उसे छोड़ दें। पहले हुई गलतियों के बारे में सोचते और च्यूंगम की तरह उसे चबाते न रहें। यह कूड़े के ढेर को हिलाते रहने जैसा होगा। आपको हर कीमत पर अपना दिमाग बचाना है।

अगर आप अपने दिमाग को बचा लेते हैं तो आप इच्छाओं और जरूरतों से मुक्त हो जाएँगे। दूसरों की जरूरतें पूरी होने पर भी जब आप उन्हें आशीर्वाद दे सकते हों, इसीलिए लोग घर के बुजुर्गों से आशीर्वाद लेते हैं। जैसे-जैसे आप बड़े होते जाते हैं, आप अधिक संतुष्ट हो जाते हैं। पर हर समय ऐसा नहीं होता है। लोग जब बड़े हो जाते हैं, वे चिंताएँ और इच्छाएँ एकत्र करते जाते हैं। केवल जब आप इच्छाओं और चिंताओं से मुक्त हो जाते हैं, आप आशीर्वाद देने की क्षमता पाते हैं। एक समय पर आपको कहना पड़ता है—मैं संतुष्ट हूँ। वह ताकत अध्यात्म से आती है।

जब आप समझ जाते हैं कि आप कौन हैं, आपकी सारी जरूरतें पूरी हो जाती हैं। आपका सबसे बड़ा शत्रु आपका मन है। इसीलिए हम मन को शांत करने के लिए इतनी सारी चीजें करते हैं। आशीर्वाद लें और खुश रहें।

करोड़ों लोगों को सुदर्शन क्रिया से लाभ हुआ है। असंख्य प्रतीक्षा कर रहे हैं। एक संकल्प लें—पूरी दुनिया को वह आनंद प्राप्त हो, जो मुझे मिला है।

यह बहुत फँसानेवाला प्रश्न है, पर मैं इसमें नहीं फँसूँगा। अगर आपकी पत्नी कुछ कहती है, आप कहते हैं, मुझे अपने गुरु की बात सुनने दो और अगर आपका गुरु कुछ कहता है तो आप कहेंगे—क्या करूँ, मेरी पत्नी नहीं मानती। अंततः आप वही करेंगे, जो आप चाहते हैं। यह बात हमेशा पुरुषों के साथ होती है। इसलिए मैं कहता हूँ, पसंद आपकी है, आशीर्वाद मेरा।

जब आप सक्रिय होते हैं तो शरीर में थकावट रहेगी, ऊर्जा के स्तर नीचे गिर सकते हैं। कई बार ऐसा समय के प्रभाव के कारण निर्धारित होने से भी होता है। हालाँकि हमें काम करते रहना चाहिए और ठहरना नहीं चाहिए। थोड़ा सा प्राणायाम और मेडीटेशन आपकी ऊर्जा के स्तर को बरकरार रख सकता है और आपको ताजगी दे सकता है। यहाँ इसीलिए सत्संग इतना महत्त्वपूर्ण है। जब हम सत्संग में बैठते हैं तो हम में ऊर्जा भर जाती है और नई ऊर्जा के साथ हम सेवा कर सकते हैं।

एहसास होना यही है कि मैं शरीर नहीं हूँ, बल्कि मैं शरीर से कहीं अधिक हूँ। मैं

इस जन्म से पहले यहाँ था और मृत्यु के बाद भी यहीं रहूँगा। अगर कोई इस बात को समझ लेता है तो सबकुछ वही है। पर वे ही यह कह सकते हैं, अन्य उन्हें आँक नहीं सकते हैं।

क्या आपको पता है कि 'राधा' शब्द का अर्थ क्या है? राधा का अर्थ है 'स्रोत में वापस जाना'। धर्म का अर्थ है बहाव, स्रोत से आनेवाले बहाव को धारा कहते हैं और जब आप धारा को पढ़ते हैं और उसे उलटा करते हैं तो वह राधा बन जाती है। जब पानी नीचे बहता है तो वह धारा कहलाती है और जब पानी जहाँ से आरंभ हुआ था वहाँ से पीछे बहता है तो वह राधा है।

2 साल का एक बच्चा इतना असुरक्षित नहीं होगा, यह आपकी अपनी सोच हो सकती है। कई बार आप बच्चा क्या कह रहा है और क्या महसूस कर रहा है, उस पर बहुत ज्यादा प्रदर्शित करते हैं। खासकर दादा-दादी या नाना-नानी बच्चों को लेकर अत्यधिक ही प्रदर्शन करते हैं। दादा कहेंगे, मेरे 6 वर्षीय पोते ने मुझे देखा और कहा कि दादाजी, आप सैर करने नहीं जाएँ और मेरे पास ही रहें। और यह सब वह अपनी खुली आँखों के साथ कह रहा है। शिशु बोल नहीं सकता है, पर दादा को महसूस होता है कि वह हर बात कहता है। बहुत सारा तो आपका ही सोचा हुआ और बताया हुआ होता है।

अगर आपको लगता है कि बच्चे में थोड़ी ईर्ष्या भावना है तो अपने भाई-बहनों को लेकर उसमें ईर्ष्या भाव होगा। अगर आपको ऐसा महसूस होता है तो उन्हें थपथपाएँ और थोड़ा ज्यादा ध्यान दें।

तड़प ही ईश्वर है।

सबसे पहले हर किसी को चालाक या भ्रष्टाचारी का खिताब न दें, तभी आप उन्हें रोशनी में देख पाएँगे। अगर वे ऐसे हों तब भी लोगों को वैसा न कहें। आपका संकल्प या विचार उन्हें और बुरा बना देगा। हालाँकि अगर आपका संकल्प अच्छा है तो जो लोग बुरे लगते हैं, उनमें भी अच्छाई दिखने लगेगी।

आज श्रीनगर से एक टीचर ने मुझे फोन किया। उन्होंने 50 युवाओं के एक वाई.एल.टी.पी. कोर्स को पूरा किया था। वह बता रहे थे कि युवाओं में अत्यधिक परिवर्तन देखने को मिला। समापन समारोह के लिए जिला कलेक्टर आए थे और उन्होंने कहा, यह एक चमत्कार है। यहाँ के युवाओं को क्या हुआ? इतना बदलाव? युवा बता रहे थे कि उन्हें इससे पहले कभी ऐसी आध्यात्मिक शिक्षा नहीं दी गई थी और आप दोष देते हैं कि हम यह करते हैं, वह करते हैं; पर किसी ने हमें आंतरिक शांति नहीं सिखाई थी।

इसलिए दूसरों की अच्छाई बाहर लाना हम पर है। अकसर हम यह कहते हुए दूसरों की आलोचना करते हैं कि तुम बेकार हो। पर आपको पता है, कुछ अच्छी चीज

भी है, आपको उन्हें कुछ उम्मीद देनी होगी। अपने आस-पास के लोगों की बेहतरीन विशेषताओं को बाहर लाएँ, उसे अपना लक्ष्य बनाएँ। मैं आपको भोला बने रहने को नहीं कह रहा हूँ। सावधान रहें, साथ ही अच्छी विशेषताएँ भी बाहर लाएँ।

खेलना स्वभाव है। जब आप खुश होते हैं तो आप खेलते हैं। जब आप खेलते हैं, आपकी कोई जरूरत नहीं होती। इसीलिए आप खेलते हैं। जब आप जरूरतों से भरे होते हैं, आप केवल काम करते हैं, आप खेल नहीं सकते, समझ आया? खेल तभी सूझता है, जब आपके पास खाली समय हो। जब आपकी जरूरतें पूरी हो जाती हैं तो खेल आपके जीवन का हिस्सा बन जाता है। चेतना पूर्ण है और उसका स्वभाव है खेलना। ईश्वर का स्वभाव है खेलना।

पर्यावरण की देखभाल करना आर्ट ऑफ लिविंग का सबसे बड़ा भाग है। पेड़ लगाएँ, प्लास्टिक का कम उपयोग करें। अगर संभव हो तो प्लास्टिक का उपयोग बिलकुल बंद कर दें और कपड़े के बैगों का प्रयोग करें। ये सब जानने योग्य बातें हैं। वातावरण को एकदम साफ रखें। अगर आप लोगों को रास्तों पर कूड़ा फेंकते देखें तो उन्हें शिक्षित करें। अगर आपके पास खाली समय हो तो जब भी आप किसी को कूड़ा फैलाते देखें तो आप वहाँ ठहरकर कुछ लोगों को बुलाएँ और उनसे कहें कि हम इस जगह को साफ करते हैं। ऐसा ही कुछ करें।

आँधी की पकड़ से स्वयं को कैसे मुक्त करें? इस सार्वभौम में यही एकमात्र समस्या है। पहली बात है उसके बारे में अवगत होना और पछताना बंद करना। जैसे कि लहरें आती-जाती हैं, आपके जीवन में आँधी में कम हो जाएगी। कोई भी एक आँधी सदा के लिए नहीं रह सकती है। एक आँधी आती है और कम हो जाती है; दूसरी आती है, कम हो जाती है और ऐसे ही चलता रहता है। जैसे ही आँधी कम होती है, आप अपने भीतर ठंडे, नरम, नाजुक पहलू का अनुभव करते हैं। उस सुकून की स्थिति में सारी घबराहट, भय, बेचैनी आप पर अपनी पकड़ ढीली कर देती है और आप फिर से आप बन जाते हैं। प्यार छा जाता है।

विनोदप्रियता वह सुरक्षा कवच है, जो आपको अपमान से बचाती है। अगर आप में इसकी अच्छी समझ है तो आप कभी अपमानित नहीं महसूस हो सकते हैं। और अगर अपमानित होने से इनकार कर देते हैं तो आप अजेय बन जाते हैं। हास्य-विनोद हर किसी को साथ लाता है, जबकि अपमान उन्हें अलग कर देता है। अपमान और शर्मिंदगी से बिखरे समाज में हास्य-विनोद हवा के एक ताजा झोंके की तरह है। अच्छी विनोदप्रियता आपको डर और घबराहट से बचा देती है। उसके साथ सावधानी और दूसरों का खयाल भी जुड़ा होना चाहिए।

सावधानी और खयाल के बिना केवल हास्य-विनोद अकसर उन लोगों को चिढ़ा देता है, जो आपके पास किसी गंभीर समस्या को लेकर आते हैं। मजाक उत्साह बनाए रख सकता है, फिर भी अगर ज्यादा हो जाए तो मतभेद पैदा हो सकते हैं। बिना विवेक के मजाक छिछला होता है। विवेक के साथ मजाक उत्सव का माहौल पैदा करता है। बिना संवेदनशीलता के मजाक एक व्यंग्य है—यह आपके पास और अधिक समस्याओं के साथ लौट आता है।

विवेक को लाने तथा स्थिति को सामान्य बनाने के लिए विवेकपूर्ण व्यक्ति मजाक का उपयोग करते हैं। बुद्धिमान मजाक का उपयोग अपमान से बचने के लिए करते हैं। क्रूर दूसरों का अपमान करने के लिए एक तलवार की तरह मजाक का उपयोग करते हैं। गैर-जिम्मेदार जिम्मेदारियों से बचने के लिए मजाक का उपयोग करते हैं और मूर्ख मजाक को बहुत गंभीरता से लेते हैं। मजाक करनेवाला बनने के लिए प्रयास करना नासमझी है।

मजाक केवल शब्द नहीं है, यह आपके होने का हलकापन है। आपको चुटकुले पढ़ने और दोहराने की आवश्यकता नहीं है—बस, मित्रवत् रहें और खुले दिल के रहने से सही मजाक निकलता है। जीवन को बहुत गंभीरता से न लेना (क्योंकि आप उसमें से कभी जीवित वापस नहीं आ सकते हैं)।

हर किसी के साथ अपनेपन की भावना होना—उनके साथ भी, जो आपके मित्र नहीं हैं।

योग व मेडीटेशन का अभ्यास करना, ईश्वर और कर्म के नियमों में अटूट विश्वास रखना।

जो लोग ज्ञान व विनोदप्रियता के साथ रहते हैं, उनकी संगत में रहना।

जोकर बनने की इच्छा होना।

मजाक को गले लगाएँ, अपमान आपको छू भी नहीं पाएगा।

गलतियों को समझना।

वे सुखी हैं, जो गलतियों को गलतियों की तरह नहीं देखते हैं··· ।

पर अपनी खुद की गलती न देखना कठिन है। बाहरी तौर पर आप हो सकता है, दूसरे के सामने स्वयं को सही ठहराएँ या अपने गलत न होने को प्रमाणित करने की कोशिश करें, पर गलती विवेक को छलनी करती है। अपने को सही साबित करने की कोशिश न करें। उसके बजाय गलती की चुभन को सहें। वह चुभन आपको गलती से बाहर निकाल देगी।

गलती का अर्थ है वह चीज, जो आनेवाले समय में आपके दुःख का कारण बने। तो क्यों कोई जान-बूझकर गलती करे?

किसी की गलती निकालते समय क्या आप उसे अपने से अलग मानते हैं और आप उसकी भूल पर निशाना साधते रहते हैं या उसे उसका हिस्सा होने का एहसास दिलाते रहते हैं? जब आप किसी की गलती निकालते हैं तो क्या इससे वह और अधिक तनावग्रस्त हो जाता है और उस व्यक्ति में इस तरह ज्यादा जागरूकता आ जाती है? अकसर जब जरूरत होती है, आप किसी व्यक्ति की गलती पर ध्यान नहीं दिलाते हैं। गलती का ध्यान न दिलाना—समय व स्थान का ध्यान रखते हुए भी एक गलती है।

जब आप नई गलती करते हैं तो वह गलती नहीं होती, आपने एक बहुमूल्य पाठ पढ़ा होता है। पर जब आप वही गलती बार-बार करते हैं तो वह बड़ी गलती होती है। गलती का सीधा सा अर्थ है कि आपने अपने सामने आए पाठ को नहीं सीखा।

अपनी गलती पर दुःख न करें, उससे सिर्फ सीख लें। आपको आपकी गलतियों से नहीं, आपके गुणों से पहचाना जाएगा। गलतियाँ धरती की होती हैं और गुण दैवत्व के।

बुद्धिमान वही होते हैं, जो दूसरों की गलतियों से सीखते हैं।

थोड़े कम बुद्धिमान वह होते हैं, जो अपनी गलतियों से सीखते हैं।

मूर्ख एक ही गलती को बार-बार दोहराते रहते हैं और कभी उनसे कुछ नहीं सीखते।

जब मन वासना, लालच, अधिकार भावना, घमंड आदि से मुक्त होता है; जब मन बिलकुल शुद्ध रूप में होता है, जिसके साथ हम जन्म लेते हैं, तब प्रकृति आपकी बात सुनती है। आप प्रकृति के बच्चे हैं और प्रकृति आपको प्यार करती है। जब वह व्यक्त होती है, जब आप निश्चिंत होते हैं तो दो चीजें होती हैं—आपकी इच्छाएँ पूरी हो जाती हैं और आप दूसरों की इच्छाएँ पूरी कर सकते हैं।

गुरु के साथ सवाल-जवाब

रात्रि जीवन—सारी रातें सत्संग हैं। ईश्वर के साथ मिलना।

एकांत—भीड़ में ध्यान लगाना।

भुला दी गई भाषा—जीवन का अस्थायी होना।

मार्ग-विहीन मार्ग—मेडीटेशन।

अभ्यास—वह करना, जिसे आप सही मानते हों।

इच्छा न होना—प्रसन्नता का परिणाम है।

पवित्रता—आपका अपना स्वभाव।

माफी माँगना—ज्ञानी को राहत पहुँचाना।

अपमान—उनके द्वारा अनुभव किया जाना, जो इससे कभी न गुजरे हों।

चोरी करना—बेहतरीन चीजों को सही करना।

संवेदनशीलता—आपको मानव बनाती है।

मूर्च्छा—सारी समस्याओं की जननी।

उपदेश—वे फल, जिन्हें न कोई उठाता है, न अपने होने का दावा करता है।

स्वामी—जिसने स्वयं को स्थापित कर लिया हो।

दुःस्वप्न—उन्हें अनुभव होता है, जिन्होंने कभी आर्ट ऑफ लिविंग न किया हो।

आदर्शवाद—कई इसे सेफ लॉकर में रखते हैं और कभी इसका इस्तेमाल नहीं करते हैं।

चालाकी—उस समाज में इतनी सस्ती हो गई है, जहाँ आध्यात्मिकता नहीं है।

साक्षी—यह संवेगों में स्थिरता लाती है।

हत्या—अपने को दुःख देने के लिए मूर्खों द्वारा की जाती है।

न्याय—वह सब, जो सही है।

कई लोग ईश्वर को पैसा मानते हैं। कई सोचते हैं कि धन ईश्वर है और बहुत कम जानते हैं, ईश्वर ही धन है। ईश्वर प्यार है और जब आपके अंदर प्यार की संपन्नता होती है तो आप देखते हैं कि कैसे जीवन में प्रचुरता बहती है। कहा जाता है—'ईश्वर आपके पास धन के रूप में आता है—संपत्ति ईश्वर की संगिनी है। ईश्वर की संगिनी, ईश्वर का उत्साह आपके पास तब आता है जब आप प्रयास करते हैं।' उसके पास जो काम कर रहा है, उसके पास नहीं जो आलसी है—और जिसके पास आत्मविश्वास व साहस है। इसलिए जिसके पास आत्मविश्वास व साहस है और जो मेहनत करता है, धन उसके पास आता है। लॉटरी का टिकट खरीदते हुए घर पर ही न बैठे रहें। यह सबसे बड़ी समस्या है—आप पैसा चाहते हैं, पर आप कुछ करना नहीं चाहते हैं। इसलिए हमें मेहनत करनी होगी। धन केवल साधन है, लक्ष्य नहीं। आपको उसकी जरूरत है, पर क्या वही सबकुछ है? नहीं । आपके पास बहुत पैसा है, पर अगर आप खा नहीं सकते आप रात को चैन से सो नहीं सकते तो उस पैसे का कोई फायदा नहीं है। वह अपनी उपयोगिता खो देता है। बहुत सारे लोग यहाँ आते हैं, जिनके पास बहुत सारा धन है और परेशान हैं। वे हर चीज छोड़ना चाहते हैं—अपनी नौकरी, हर चीज।

विश्व स्वास्थ्य संगठन का कहना है कि अगले 20 वर्षों में 40 से 45 प्रतिशत आबादी तनावग्रस्त होगी। दुनिया में इतना पैसा और समृद्धि होने का क्या फायदा, जब इतने सारे लोग तनावग्रस्त हो रहे हैं? इसीलिए हमें जीवन में संतुलन करने की आवश्यकता है—भौतिक व आध्यात्मिक जीवन का संतुलन। अकसर लोग सोचते हैं कि आध्यात्मिकता का अर्थ है—कुछ न करना और चुपचाप बैठना। ऐसा नहीं है। आपको काम करना चाहिए। यहाँ तक कि आश्रम में भी 600 लोग हैं, जो दिन-रात काम करते हैं। उनके

लिए कोई रविवार या सोमवार नहीं है। वे चौबीसों घंटे काम करते हैं। लोग यहाँ हमेशा आते हैं और काम करते हैं। रसोई के लोग इतना कठिन परिश्रम कर रहे हैं। रसोई कभी आराम नहीं लेती। जब कोई वहाँ बड़ा प्रोग्राम नहीं होता, आपको अंदाजा भी है कि वे वहाँ कितना भोजन बनाते हैं? रोज 600-700 किलो चावल वहाँ पकता है, 70 किलो नमक डाला जाता है और हर रोज लगभग 100 किलो सब्जियाँ काटी जाती हैं। इतना सारा काम वे करते हैं। सामान की देखभाल करनेवाला विभाग दिन-रात काम करता है—और फिर भी वे मुसकरा रहे होते हैं। और ऐसे भी लोग हैं, जो खेतों पर जाकर काम करते हैं। वे गंदी बस्तियों में काम कर रहे हैं। ऐसे टीचर हैं, जो दुनिया भर में काम कर रहे हैं। वे दिन-रात काम करते हैं। कर्नाटक में ही हमारे पास 78 गंदी बस्तियाँ हैं और वहाँ कई तरह की कक्षाएँ चलती हैं—शैक्षिक कक्षाएँ, कंप्यूटर कक्षाएँ। सेवा आध्यात्मिकता का हिस्सा है और निश्चित तौर पर आप खाली प्याले के साथ दान नहीं कर सकते हैं। आपको सेवा के लिए धन की आवश्यकता होती है। पर यहाँ कोई भी धन को लेकर चिंतित नहीं होता और परोपकार होता है। हर चीज स्वतः हो जाती है। इसलिए इन कुछ बातों को ध्यान में रखना आवश्यक है। आपके पास पैसा है, आप पैसा कमाते हैं, यह अच्छा है; पर कुछ भाग आपको दान के लिए अलग रखना चाहिए। आपका जो भी सामर्थ्य हो, 3-10 प्रतिशत उसे दान के लिए रखें। उसके साथ प्रतिदिन आध्यात्मिक अभ्यास करें।

साल में एक बार सात दिन पूरी तरह से अध्यात्म के लिए रखें। तब आप बैठकर पैसे न गिनें। आप यहाँ आते हैं और 100 प्रतिशत यहीं के होकर रहें और अपनी सेहत का खयाल रखें; योग, प्राणायाम, मेडीटेशन करें और सीखें। जब व्यापारी अपना काम कुछ समय के लिए छोड़कर आते हैं तो बहुत ही आम अनुभव होता है और वे सेवा, मेडीटेशन तथा एडवांस कोर्स करते हैं और उन्हें बेहतर अनुबंध मिलने शुरू हो जाते हैं। दूसरी तरफ उनकी संपत्ति बढ़ने लगती है। जो चीज वे बहुत ज्यादा प्रयास करने के बाद पाते थे, वह बहुत कम प्रयास करने से मिलने लगती है। ऐसा तब होता है जब सत्त्व पैदा होता है। सत्त्व आपके अंदर निहित एक सकारात्मक एकात्मकता है और जब वह पैदा होता है तो आपका बाहरी काम भी बेहतर हो जाता है।

जब आप कोई शब्द कहते हैं, आप उसकी परिभाषा पहले ही सुन लेते हैं। मैं कहूँगा कि ज्ञानोदय होना सार्वभौमिक आत्मा के साथ संबंध है, यह मानना है कि आप उसके भाग हो, आप वही हो। निस्स्वार्थ भाव से प्यार देने में आपको कोई प्रयास नहीं करना पड़ता है। एक खुली किताब की तरह होना, स्वाभाविक होना और ये सब विशेषताएँ प्रत्येक व्यक्ति में हैं। उसके लिए थोड़ा सा पोषण करने की जरूरत है और फिर वह फलने-फूलने लगता है। इसलिए जब आप चलें तो यह मानकर चलें कि

आपको ज्ञानोदय हो गया है, आप खुले हैं और एक बच्चे की तरह हैं और आप मुक्त हैं—भावनात्मक, मानसिक और बौद्धिक रूप से। स्वतंत्रता का आनंद उठाएँ। जब आपके पास अपने लिए किसी तरह की लालसा और अनिच्छा न हो तो आप स्वयं को यह प्रमाण-पत्र दे सकते हैं कि आपका ज्ञानोदय हो गया है। साफ दिल, साफ मन और कार्य में स्पष्टता सब ज्ञानोदय के भाग हैं। अगर आप दो-तीन साल के बच्चे या छह महीने के शिशु को देखें—उसकी आँखों में निस्स्वार्थ प्रेम होता है। शिशु में भी ये सारी विशेषताएँ होती हैं, सिर्फ ज्ञान नहीं होता है। जब आप बड़े हो जाएँ तो इन सारी विशेषताओं को एक मासूमियत के लिए रखें और उसके साथ ही विवेक की गहराई भी रखें। यही वह है।

बुद्धिजीवी बेशक न समझें, पर सूक्ष्म शरीर मंत्र की गहराई को समझता है। और सबके साथ अच्छा करने की तरंगें हमारे होने की सूक्ष्म परतें हैं। यह ऊर्जा परोपकारिता निर्मित करती है, पूरी दुनिया को लाभान्वित करती है, बुरे कर्मों को धो देती है, दुनिया में सामंजस्य को बढ़ावा देती है और इच्छाएँ पूरी हो जाती हैं। जब सूक्ष्म में शक्ति होती है, तब इच्छाएँ पूरी हो जाती हैं। इससे हम आत्म-अनुभूति के नजदीक आते हैं और दुनिया में सफलता पाने के भी।

अप्रसन्नता दो चीजों के कारण होती है—पहला है दुनिया के कुछ भागों में संसाधनों की कमी होना। अगर उन्हें पानी मिल जाएगा, वे खुश हो जाएँगे; अगर उन्हें खाना मिल जाएगा, वे खुश हो जाएँगे। दुनिया के अन्य भागों में यह अध्यात्म की कमी के कारण है। हमें आर्ट ऑफ लिविंग में दोनों कार्य करने हैं—शरीर को खाना और आत्मा को खाना प्रदान करना और वही हम कर रहे हैं।

यह अंतर्बोध है। ऐसा न सोचें कि इसके जैसा कोई आँख खोलने वाला है और कुछ आपके दिमाग से बाहर निकल रहा है। आपके माथे पर कोई उभार या छेद हो जाएगा, नहीं। आप जानते हैं कि आप अपनी आँखें बंद करते हैं, फिर भी आपको कुछ रोशनी महसूस होती है। आप देख या महसूस सकते हैं, कुछ भी हो सकता है। अगर कोई कहे कि मैं तुम्हारी तीसरी आँख खोल सकता हूँ तो ऐसी बातों में न जाएँ। यह सब छलावा है, क्योंकि मैंने देखा कि लोग तीसरी आँख खोलने का दावा करते हैं और कुछ नहीं होता, लोगों को सिरदर्द हो जाते हैं, असहनीय और ठीक न होनेवाले सिरदर्द और आप परेशानी में आ जाते हैं। ऐसे कई मामले हमारे पास ठीक होने के लिए आते हैं, इसलिए अगर कोई आपसे कहे कि मैं आपकी तीसरी आँख खोल सकता हूँ तो कहें धन्यवाद, मैं अपनी दो आँखों में ही खुश हूँ। आप जितना ज्यादा गहराई में मेडीटेशन करते हैं, आपके अंतर्बोध की क्षमता विकसित होती जाती है।

आपको पता है कि तीसरी आँख सजगता व जागरूकता से संबंधित है। जब आप

सजग, जाग्रत्, ज्ञान में गहरे तक हों तो स्वाभाविक है कि ऊर्जा निम्नतम चक्र से उच्चतम ऊपर के चक्र की तरफ चली जाएगी। निम्न चीजें आपकी रुचि को नहीं जगातीं । जब आप बहुत ज्यादा सजग और जाग्रत् होते हैं तो यौन ऊर्जाएँ अपने को चेतना की विभिन्न विशेषताओं में परिवर्तित कर लेती हैं। यौन ऊर्जा तब होती है जब हमारे मस्तिष्क का पिछला भाग, हमारा सिर सक्रिय हो जाता है। सजगता, बोध और जागरूकता तब होती है जब हमारे मस्तिष्क का अग्र भाग सक्रिय होता है, पिट्यूटरी और पीनयिल ग्लैंड्स (ग्रंथियाँ) सक्रिय होने लगती हैं। मस्तिष्क में भी वे एक-दूसरे के विपरीत होते हैं। इसलिए कहा जाता है कि जब तीसरी आँख खुलती है तो सारी इच्छाएँ उड़ जाती हैं। यह कोई बुरा नहीं है, सिर्फ उसका कोई अर्थ नहीं रहता है। इसीलिए बुद्धिजीवी और अत्यधिक आध्यात्मिक लोग हमेशा अपने माथे पर कुछ-न-कुछ लगाते हैं, चंदन का तिलक। क्योंकि वे ध्यान लगा रहे होते हैं, कुछ योग और मेडीटेशन कर रहे होते हैं, इसलिए वे माथे को ठंडा करने के लिए चंदन का तिलक लगा लेते हैं, कुछ ठंडा करने के लिए।

जब मस्तिष्क की अग्र लोलकी ज्यादा सक्रिय, ज्यादा सजग हो जाती है, तब सोच व बौद्धिकता कार्य करती है। रचनात्मकता, याददाश्त सब बढ़ जाती हैं, क्योंकि ये सारी चीजें मस्तिष्क की अग्र लोलकी में हैं और इंद्रियजनित सुख सब मस्तिष्क के पिछले भाग में हैं।

भगवान् बुद्ध ने कभी नहीं कहा कि ईश्वर नहीं है। वह बस इस विषय पर बात नहीं करते थे, क्योंकि उन दिनों में कई तरह की परंपराएँ हुआ करती थीं। वैदिक परंपरा बहुत लोकप्रिय थी और जैन परंपरा भी थी। अन्य और बहुत सारी परंपराएँ थीं और लोग किताबों के माध्यम से सबकुछ जानते थे और वे शांति व ध्यान पर बहुत से आख्यान दे सकते थे; पर मेडीटेशन का अनुभव भूल गए थे। इसलिए बुद्ध उस विवाद में नहीं पड़ना चाहते थे, जैसे हम, हम किसी विवाद में नहीं पड़ना चाहते हैं। हमारे पास देने को एक सरल संदेश है, जो शांतिपूर्ण ढंग से जीवन जीने का मार्ग दिखा सकता है। इस श्वास क्रिया को करें और आप शांति महसूस करेंगे।

उसी तरह बुद्ध ने कहा कि मैं ईश्वर के विषय में कुछ नहीं बोलूँगा, पर मैं दुःख के बारे में बोलना चाहता हूँ और दुःख से छुटकारा पाने का मार्ग भी है। दुःख से मुक्त होना संभव है। इसलिए उनकी सोच बहुत व्यावहारिक थी और बहुत सरल भी। उन्होंने मुक्ति, मोक्ष की बात की, जो हिंदू धर्म के सारे अलग-अलग संप्रदायों के लिए समान थे।

कृष्ण के समय के ढाई हजार वर्ष बाद इस ज्ञान को सुधारनेवाला कोई नहीं था, इसलिए बुद्ध ने इसे सुधारा। फिर बाद में बहुत सारे समुदायों में बौद्ध धर्म भी फैला। बुद्ध के पाँच सौ वर्षों बाद सारे ज्ञान की व्याख्या को पलट दिया गया। वे सबको साधु बनाने

लगे, सारा तंत्र गिरने लगा, तब आदि शंकर ने ज्ञान की पुनः स्थापना की। इसलिए बार-बार कहा गया कि जब लोग ज्ञान को भूलने लगे तो प्रकृति ज्ञान को पुनर्जीवित करने और लोगों को प्रकाश का मार्ग दिखाने के लिए किसी-न-किसी को लाई। इसलिए ऐसा हो रहा है, इसलिए ईसा ने जो भी कहा है वह वही समान प्राचीन सच है, जो वेदों में कहा गया है, त्रिलोक में कहा गया, सब वही बातें ईसा ने कहीं । प्यार ईश्वर है, ऐसा वेदों में कहा गया है, उपनिषद् में कहा गया है, वही बात ईसा ने कही। सबसे महत्त्वपूर्ण है भिन्न-भिन्न परंपराओं में सामंजस्य ढूँढ़ना। परंपराएँ एक तरफ हैं; पर मानवता, आध्यात्मिकता सबसे महत्त्वपूर्ण हैं। हिंदू धर्म हो, वैदिक धर्म, ईसाई, बौद्ध धर्म हो—तब तक अच्छे नहीं हैं जब तक कि मानवता, मानवीय गुण और आध्यात्मिक मूल्य उसमें न हों।

जब कोई चीज पहले ही हो चुकी हो तब आप जानते हैं कि यह इच्छित सोच है या अंतर्बोध। समय बताएगा कि वह इच्छित सोच थी या अंतर्बोध। इसे जानने का कोई निश्चित आधार नहीं है। यह ठीक है कि इच्छित सोच एक इच्छा के द्वारा प्रेरित होती है, जबकि अंतर्बोध हो जाता है।

आध्यात्मिकता हर चीज में शामिल हो जाती है। विभिन्न संप्रदाय हैं, जैसे कोई वैष्णव है, कोई हिंदू है, कोई ईसाई; पर अध्यात्म एक अनुभव है। मैं अकसर कहता हूँ, धर्म केले के छिलके की तरह है और अध्यात्म अंदर का फल है।

आप पहले ही मान चुके हैं कि आप में यह सब है। अब कल्पना करें, तब क्या होगा जब आपने मेडीटेशन न की हो। ये भावनाएँ आपके अंदर पहले भी उमड़ी थीं और अब भी उमड़ रही हैं। पर अब वे आप पर अपनी पकड़ बहुत जल्दी छोड़ देती हैं। हो सकता है, और थोड़े एडवांस कोर्स करने से आपको लगे कि आप इन भावनाओं की पकड़ से बाहर हैं।

यह नहीं सोचें कि आप में सारी नकारात्मक भावनाएँ ही हैं। अगर आप ऐसा मानेंगे तो वही प्रकट होनी आरंभ हो जाएँगी। ये भावनाएँ इस समय कहाँ हैं? आप वर्तमान क्षण में शुद्ध हैं। वर्तमान क्षण में अपनी मासूमियत पर विश्वास रखें। धीरे-धीरे आप अनुभव करेंगे कि ये सब आप में हैं ही नहीं। आप महसूस करने लगेंगे कि आप अंदर से कितने सुंदर हैं। आपने ऐसा पहले सुना है, पर अब आप अनुभव करेंगे।

गुरु शारीरिक सत्ता नहीं है, पर गुरु ज्ञान व विवेक का साकार रूप है। गुरु पवित्र चेतना है, सार्वभौमिक चेतना। गुरु और हम में कोई अंतर नहीं है। गुरु और हम। आपको भी किसी का गुरु होना चाहिए। गुरु होने का अर्थ क्या है? आप उनसे कुछ अपेक्षा नहीं रखते हैं और प्यार की भावना के साथ उनके उद्धार के लिए जो कुछ कर सकते हैं, करें। एक-दो-तीन...दस से आरंभ करें। मैं तुम्हारे लिए हूँ, तुम्हें चिंता करने की आवश्यकता

नहीं है, तब आप भी हर किसी के लिए ऐसा कह सकेंगे।

अगर आप पूरी तरह से कामना को दबा देंगे तो कभी भी ऊँचा नहीं उठ सकेंगे। अगर आप उसमें बहुत ज्यादा डूबेंगे तो भी कोई फायदा नहीं होगा। मध्यम मार्ग अपनाएँ। घर-परिवारवाले व्यक्ति होने के कारण आप इस मार्ग पर तरक्की कर सकते हैं। न तो आप स्वयं पर ब्रह्मचर्य थोपें, न ही उसमें बहुत अधिक डूबें। अगर आप उन लोगों के चेहरे देखेंगे जो नाइट क्लबों में जाते हैं, आपको उनके चेहरे पर खुशी की झलक तक नहीं दिखाई देगी। लगेगा जैसे उनके चेहरों से दु:ख और भारीपन छलक रहा है।

संत वह होता है जिसकी चेतना पूर्ण हो। उनके शब्दों से प्रकटीकरण बहता हो। जब ऐसा व्यक्ति बोलता है तो वह केवल दिमाग के स्तर तक नहीं होता है। इन शब्दों में गहराई होती है। गुरु के शब्दों को सीधे सुनना ज्यादा फायदेमंद होता है, क्योंकि वह केवल जीवन के अनुभवों के बारे में बोल रहे होते हैं। अनुभव अनुभव को जाग्रत् करता है। हम अपनी उपस्थिति के द्वारा ज्यादा संप्रेषण करते हैं। अगर हमारी उपस्थिति में वह प्यार न हो तो बोले गए शब्दों का कोई प्रभाव नहीं होगा। और वहाँ शब्दों की आवश्यकता नहीं होती जहाँ उपस्थिति में प्यार होता है। हम जो कहते हैं, वह हमारे संपूर्ण अस्तित्व के साथ होता है। यह ऐसा ही है कि जब एक बच्चा रोता या हँसता है तो वह उसके शरीर की प्रत्येक कोशिका से निकल रहा होता है। यह योगी होने की निशानी है—वह अपने होने के साथ बोलता है।

सच मस्तिष्क के स्तर पर नहीं पहुँचाया जा सकता है।

अगर आप बुद्धिमान हैं तो यह पहले हो जाता है। अगर आप थोड़े कम बुद्धिमान हैं तो यह बाद में होता है। एक बुद्धिमान व्यक्ति दूसरों के अनुभवों से भी सीखता है। पर यह एहसास तभी सच्चा हो सकता है जब आप किसी और के अनुभव को अपने अनुभव की तरह महसूस करें। अगर कोई भिखारी कहे कि उसने हर चीज छोड़ दी है तो उस बात के कोई मायने नहीं होते। एक भिखारी कैसे कुछ छोड़ सकता है? उसने तो कुछ अर्जित ही नहीं किया था। ऐसे भी लोग हैं, जो बहुत सारा धन संचित करने के बाद भी इसे समझ नहीं पाते हैं। पर इसका अर्थ यह नहीं है कि आप धन न कमाएँ। अगर आप धन के लिए यह सोचकर कि उससे ही खुशी मिल सकती है, अत्यधिक उग्र हैं तो या तो धन कमाएँ और अपने को देखें या दूसरों के अनुभवों से सीखें।

योग की शुद्धता तब होती है जब आपके इरादे स्पष्ट होते हैं, आप यहाँ सेवा करने के लिए आए हैं। अगर आप यह गिनती करते हैं कि यहाँ बीस लोग हैं और मुझे इतने पैसे मिलेंगे, अगर आप ऐसा सोचते हैं तो आप शुद्धता को बिगाड़ देंगे। इसीलिए हमने अपने कोर्स इस तरह तैयार किए हैं कि अपने खर्चों को पूरा करने के लिए टीचर को

बहुत कम पैसा मिलता है। आप इसे एक सेवा की तरह कर रहे हैं और आप इसका मूल्य रख रहे हैं, क्योंकि बिना मूल्य लोग उसकी कद्र नहीं करेंगे और आपको कुछ इंतजाम करने के लिए पैसे भी चाहिए, जैसे दरियाँ और माइक्रोफोन आदि। इसलिए अगर आपका इरादा पवित्र है, अगर आप आर्थिक या अन्य तरीके से ठीक हैं और यही आपका सहायक सहयोग या आय है तो ठीक है; पर अगर आप यह सोच रहे हैं कि इस तरह से योग सिखाकर मैं पैसा बनाना चाहता हूँ, तब आपकी सारी सोच बदल जाएगी।

जरा कल्पना करें कि एक शिक्षक सिर्फ पैसा पाने के लिए बच्चों को पढ़ा रहा है, यह देखने के लिए नहीं कि छात्र उत्तीर्ण हो रहे हैं या उन्हें और अच्छे अंक लाने चाहिए। एक टीचर ट्यूशन पढ़ाने आता है और उसकी नजर घड़ी पर ही लगी रहती है और 15 मिनटों में वह भाग खड़ा होता है। ऐसे टीचर की क्या विशेषता है। अगर कोई व्यक्तिगत, निजी ध्यान नहीं दिया गया, अगर व्यावसायिक चीज आपके दिमाग में प्रवेश नहीं करती है तो आप उस कार्य के लिए हैं, आप दूसरों के लिए हैं।

खुशी पाना स्वाभाविक है, हर कोई खुशी चाहता है; पर खुशी अकेले नहीं आती है। खुशी अपने साथ अपने जुड़वाँ दुःख को अपने साथ लाती है, पर कोई दुःख को पसंद नहीं करता और हर कोई उससे छुटकारा पाना चाहता है। व्यक्ति आखिर किससे आजादी चाहता है? दुःख से और दुःख से आजादी पाना भी स्वाभाविक है। वैसे ही जैसे खुशी पाने की चाह करना स्वाभाविक है, वैसे ही दुःख से आजादी पाना भी स्वाभाविक है। जितनी जल्दी व्यक्ति यह समझ जाएगा कि अगर खुशी है तो दुःख भी है तो आजादी की इच्छा तीव्र हो जाएगी।

वह व्यक्ति, जो खुशी की चाह नहीं करता, उसे आजादी मिल जाती है और वह जो आजादी की चाह भी नहीं करता, उसे समर्पण मिल जाता है। जो खुशी की चाह नहीं रखता, वह पहले से ही मुक्त है; लेकिन जो खुशी की चाह रखेगा, वह आजादी की भी चाह रखेगा। जब खुशी आपको भाती नहीं है तो आप आजादी प्राप्त कर लेते हैं, पर आजादी भी आपको भाती नहीं है तो आपको समर्पण प्राप्त हो जाता है।

समर्पण से आपको अत्यधिक खुशी व आनंद प्राप्त होता है।

आप जिसके साथ प्यार करते हैं वह भयभीत है? ठीक है। हम नहीं जानते कि आपने उसे कितना डराया है कि वह भयभीत हो गया है। पहले देखें कि आप जिस व्यक्ति से प्यार करते हैं, क्या वह भी आपसे प्यार करता है। कई बार हम सोचते हैं कि हम किसी से प्यार करते हैं; पर हम यह नहीं जानते कि कैसे सही ढंग से हम उससे अपने प्यार की अभिव्यक्ति करें। किसी को यह बताना बहुत कठिन है कि आप अपने दिल में उसके लिए कितना प्यार महसूस करते हैं। आप किस तरह से उसे व्यक्त करेंगे? शब्दों

के साथ आप व्यक्त नहीं कर पाएँगे। प्यार जैसी गहरी चीज अभिव्यक्ति के क्षेत्र में नहीं आती है। जब आप बहुत कोशिश करते हैं, तब कई बार अभिव्यक्त करना बहुत मुश्किल होता है और इस प्यार को बहुत प्रयास के साथ व्यक्त करना लोगों को भयभीत कर देता है। दूसरे व्यक्ति को भी पता होना चाहिए कि कैसे आपके प्यार को स्वीकार और प्राप्त करे। इसीलिए यह जानना महत्त्वपूर्ण है कि कैसे व्यक्त करना है और हर व्यक्ति को कितना प्यार व्यक्त करना है।

जरा कल्पना कीजिए, कोई रात-दिन आपको फोन कर रहा है और कह रहा है कि मैं तुमसे प्यार करता हूँ, मैं तुमसे प्यार करता हूँ, मैं तुमसे प्यार करता हूँ, तब आप क्या कहेंगे—ठीक है, तुम मुझे प्यार करते हो, अब क्या?

इसलिए जब तक हम विवेक का सहारा नहीं लेंगे, हम प्यार को सही ढंग से व्यक्त या प्राप्त नहीं कर पाएँगे, क्योंकि उसके लिए भी थोड़ी योग्यता चाहिए होती है। विवेक के साथ एक व्यक्ति इतना प्यार से लबालब होता है कि प्यार हर काम से झलकता है। जीवन में जब हम दैवत्व को अंगीकार कर लेते हैं तो हमारे सारे संबंध अपने आप पल्लवित हो जाते हैं; पर एक-एक करके अगर आप अपने संबंधों को सुधारने की कोशिश करेंगे तो कुछ नहीं होगा। एक तरफ से चीजें ठीक हो जाएँगी तो दूसरी तरफ से बहुत खराब। इसलिए अपने में केंद्रित रहें, समर्पित भाव से रहें और बाकी चीजें अपने आप सही हो जाएँगी। आत्मा में पड़ी छाप उसे शरीर के साथ बाँध देती है। इसे ही कर्म कहा जाता है।

बोरियत! तब आप क्या करेंगे, जब आप हर चीज से ऊब जाएँगे। मुझे सोचने दें कि आप क्या करेंगे! ऐसा इसलिए, क्योंकि आप सिर्फ अपने बारे में सोच रहे हैं। जब आप यह नहीं जानते कि जब आप ऊब जाते हैं तो आपको क्या आनंद मिलता है, क्योंकि यह दुनिया आपको वास्तव में वह संतुष्टि नहीं दे सकती है, वह केवल आपको बोर कर सकती है; पर अगर आप देनेवाले स्थान से आते हैं और नहीं पाते हैं तो आप बोर नहीं होते हैं। आप सोचेंगे कि मैं क्या कर सकता हूँ, मैं किस तरह से काम आ सकता हूँ। अगर आप इस तरह सोचते हैं और अपना जीवन किसी काम के लिए समर्पित कर देते हैं तो ऊब पैदा ही नहीं होती है, पर अगर आप कार्य में खुशी ढूँढ़ रहे हैं तो आप बोर हो जाएँगे। बोरियत आखिर क्या है?

आप उस कार्य में खुशी ढूँढ़ रहे हैं, जो आपको नहीं मिलती। आप दुनिया में कुछ खुशी ढूँढ़ रहे हैं, जो आपको नहीं मिलती और तब आप बोर हो जाते हैं। आरंभ में वह आपको कुछ खुशी देती है, एक विशेष वस्तु या स्थिति; पर जब आप उसे दोहराते रहते हैं, आप ऊब जाते हैं।

इसलिए, कार्य में खुशी ढूँढ़ना छोड़ दें और समझें कि आप खुश हैं और तब आप

खुशी नहीं ढूँढ़ेंगे और न निराश होंगे, न ऊब महसूस करेंगे।

जो भी काम करें, अपना 100 प्रतिशत दें और मस्त रहें और जब आपको लगे कि आप थोड़ा अच्छा कर सकते हैं या थोड़ा ज्यादा, जो यह इंगित करे कि आप जिम्मेदार हैं। जब आपको लगे कि आप हर वह चीज कर रहे हैं, जो आप कर सकते हैं तो जिम्मेदारी आपसे दूर हो जाती है।

जब आप में काम करने का उत्साह खत्म होने लगे तो इसका अर्थ है कि आप थके हुए हैं, आपको स्वास्थ्य-लाभ की जरूरत है। आपने कहा कि प्राण कम हैं, इसलिए एक-दो दिन के लिए आराम करें। कुछ एकांत, मेडीटेशन, योग, प्राणायाम और तरल भोजन से लाभ मिलेगा।

कई बार जब हम बहुत ज्यादा खाते हैं और वह भी गलत भोजन, तब भी हम थकावट महसूस करते हैं, ऐसा है न? आप में से कितने लोगों को ऐसा अनुभव हुआ है? क्योंकि जब आप अच्छा महसूस नहीं कर रहे होते हैं तो आप ज्यादा खाते हैं और आप ज्यादा थकावट महसूस करते हैं, इसलिए यह एक असंभव स्थिति है। इसलिए थोड़ा-बहुत उपवास, ताजे फल और जूस के आहार के साथ प्राणायाम जादू का काम करता है। जब आपके पास करने के लिए कोई प्रेरणा नहीं होती है तो आपको श्वास एक्सरसाइज करने में भी आलस आता है। इसीलिए मैं आपको एक-दो दिन बाद कम खाने की सलाह देता हूँ। इस सफाई से आपको फायदा होगा।

□

सेवा का महत्त्व समझना

मान लें, आप किसी जगह अटक गए हैं और आप चाहते हैं कि कोई आपको अपनी कार या टैक्सी में लिफ्ट दे दे और कोई भी लिफ्ट देने के लिए अपनी कार नहीं रोकता है तो आपको कैसा लगेगा?

आपने दो बैग पकड़े हुए हैं और आपको रेलवे स्टेशन के विश्राम कक्ष में जाना है। आप बैग ऐसे ही नहीं छोड़ सकते हैं और आपको विश्राम कक्ष में भी जाना है तो आप क्या करेंगे? आप किसी अच्छे बुजुर्ग व्यक्ति को ढूँढ़ेंगे, उनके पास जाएँगे और बैग उनके पास यह कहकर रखेंगे कि जब आप 5 मिनट के लिए विश्राम कक्ष में जाएँ, वे जरा उनका ध्यान रखें। क्या आपको दूसरों की जरूरत नहीं पड़ती? अगर वे आपकी मदद करने से मना कर दें तो आप क्या करेंगे? इस दुनिया में मानव होने के कारण हमें एक-दूसरे की मदद की जरूरत पड़ती है और यही सेवा है। सेवा का अर्थ क्या है? सा का अर्थ है वह, जो ईश्वर के लिए कहा गया है, ईवा का अर्थ है उसके जैसा, उसके जैसा काम करनेवाला। आपके लिए ईश्वर बहुत कुछ करता है, पर बदले में आपसे किसी चीज की उग्मीद नहीं करता है। चाहे आप उसकी पूजा करें या न करें, उसे धन्यवाद दें या न दें, ईश्वर को इससे कोई फर्क नहीं पड़ता है। वह तो अपना काम करता रहेगा। वह आपके ऊपर कोई एहसान नहीं कर रहा है। जब आप ईश्वर का धन्यवाद करते हैं तो वह आप अपनी खुशी के लिए करते हैं। उससे ईश्वर को कोई फर्क नहीं पड़ता है। इसी तरह लोग चाहे आपके काम को सराहें या न सराहें, चाहे वे धन्यवाद दें या न दें, आप फिर भी करें, क्योंकि वह आपको अपने लिए महत्त्वपूर्ण लगता है।

दो तरह के स्तर होते हैं, जैसे कि सूक्ष्म स्तर, जिसके आधार पर हर चीज समान है। उदाहरणतया, अगर आप देखते हैं कि यह स्टैंड लकड़ी है, यह दरवाजा लकड़ी है, हर चीज लकड़ी से बनी हुई है; पर आप दरवाजे पर बैठ नहीं सकते हैं, न ही आप दरवाजे को कुरसी बना सकते हैं, जबकि हर चीज लकड़ी की है। उसी तरह से एक स्तर पर हम

कहते हैं कि हर चीज घट रही है, पर दूसरे स्तर पर हमें काम करने की जरूरत होती है। आप काम करते रहते हैं और जब आप उसे करते रहते हैं तो देखते हैं कि मैंने कुछ नहीं किया, हर चीज घट गई और घट रही है। यही ज्ञान है।

एक बार मैं कैदियों को संबोधित करने के लिए जेल में गया था। कोर्स खत्म करने के बाद मुझे उनके सामने बोलने के लिए बुलाया गया था। मैंने पूछा कि आप में से कितने लोगों ने अपराध किया है? किसी ने भी हाथ नहीं खड़ा किया। तब मैंने पूछा कि आप में से कितने लोग निर्दोष हैं और फिर भी जेल में डाले गए हैं, तो हर किसी ने हाथ खड़ा कर दिया। हम निर्दोष हैं, हमने कुछ नहीं किया है और हमें जेल में डाल दिया गया है। हमने कुछ नहीं किया है, वह तो बस हो गया। तो एक चोर तक कह रहा है कि उसने कुछ नहीं किया है, बस हो गया। एक व्यक्ति ने दूसरे व्यक्ति की हत्या कर दी, पर जब मैंने उससे पूछा तो उसने कहा कि मैंने नहीं की। मैं नहीं जानता, उस समय मुझे क्या हुआ था और हत्या हो गई। इसलिए वह व्यक्ति जिसने जघन्य अपराध किया हो, वह भी कहता है कि उसने नहीं किया। वैसे ही जैसे जो लोग अच्छे काम करते हैं, अगर आप उनसे पूछते हैं कि यह तुमने किया है तो वे कहेंगे, नहीं, मैंने कुछ नहीं किया। यह बस हो गया। हर चीज होती चली गई। मैंने कुछ नहीं किया।

यह विवेक की वह स्थिति है, जहाँ आप महसूस करते हैं कि चीजें आपके प्रयासों के कारण नहीं हो रही हैं, ये किसी नियम की वजह से हो रही हैं, सृष्टि में किसी ताकत की वजह से हो रही हैं, जो हर चीज का घटना संभव बना रही हैं।

कोई दोष देता है और आप इस दोषारोपण के खेल में फँस जाते हैं। आप खड़े होते हैं और कहते हैं कि मेरे पास मुख्य ताली है और मैं जानता हूँ कि कौन सा बटन दबाना है और लोग कैसे प्रतिक्रिया करेंगे और कैसे चीजें बदलेंगी। आप में यह आत्मविश्वास होना चाहिए—आत्मा, आप में निहित उत्साह ही मुख्य ताली है। वह स्थिति को वैसे ही बदल सकती है, जैसा कि आप चाहते हैं। ऐसा पाँच बार न हो, पर छठी बार ऐसा हो जाएगा। यह सब आपके विश्वास व धैर्य पर निर्भर करता है।

अगर वर्तमान में तकलीफ है तो उसे वैसे ही सहना ठीक है और उसे खत्म कर दिया जाए, अन्यथा आप उसे दबाते जाएँगे। एक काल्पनिक दुनिया में रहना और वर्तमान वास्तविकता को न समझना। इसलिए उसे जीना और उसे सहना ही ठीक है।

यह मुल्ला नसीरुद्दीन की कहानी है। उसकी बीवी गर्भवती थी और प्रसव का समय आ गया था। पर बच्चा बाहर नहीं आ रहा था। जब डॉक्टर ने यह बात मुल्ला को बताई तो वह भागा-भागा बाजार गया और एक खिलौना लेकर आया। उस खिलौने को उसने बीवी के सामने रख दिया। उसने कहा, यह मेरा बच्चा है तो अवश्य ही लालच में

बाहर आ जाएगा। हम अपनी पूरी जिंदगी कुछ पाने की लालसा में चीजों के पीछे भागते रहते हैं। हम हमेशा किसी तरह के लाभ की उम्मीद रखते हैं। ऐसे व्यक्ति को कैसे खुशी का अनुभव होगा? न तो लालची व्यक्ति खुश रह सकता है, न ही ऐसा व्यक्ति जिसकी बहुत सारी इच्छाएँ हों। वह, जो अपने आप में मस्त रहता हो, वह खुश रहता है। जो एक ही चीज पर ध्यान केंद्रित करके रखता है, उसे ही सच्ची खुशी का अनुभव होता है। मैं यह नहीं कह रहा हूँ कि बाहरी दुनिया में कोई खुशी नहीं है; पर जब आप अपने भीतर जाते हैं तब जो खुशी मिलती है, वह अतुलनीय है। दुनिया खुशी की तलाश में दौड़ रही है। शरीर जल रहा है, मन जल रहा है और बुद्धि भ्रमित है, पर फिर भी हम उसी बार-बार घटनेवाले चक्र में फँसे रहते हैं। जब आप गुरु से मिलते हैं तो आप जान पाते हैं कि आप ही खुशी के स्रोत हैं। तब मन शांत हो जाता है और आपको तब एहसास होता है कि आप ही हैं, जिसकी तलाश में आप यहाँ-वहाँ भाग रहे हैं।

यह पाँच रहस्यों में से एक है—जन्म का रहस्य है। प्रकृति बहुत दयालु है कि जन्म को एक रहस्य की तरह रखा गया है, अन्यथा आप पिछले जन्मों में घटी सारी घटनाओं को याद रखते हुए एक यातनापूर्ण जीवन जीते। पर आपके जीवन में एक समय ऐसा आएगा जब आपका दिमाग पूर्णतया वर्तमान क्षण में स्थापित हो जाएगा, याददाश्त जाग उठेगी और आपको याद आ जाएगा, आप क्या थे और पिछले जन्मों में आप क्या थे? अगर ऐसा कुछ लोगों के साथ नहीं होता तो यह ठीक है।

पूरा विश्व कारण व प्रभाव से बना हुआ है। अगर कोई अमीर है तो उसका भी कारण है। अगर कोई गरीब है तो उसका भी कारण है। पर क्या इसका अर्थ है कि हमारे पास कर्मों की कई आजादी नहीं है? आपके पास निश्चित ही आजादी है। हम में भेदभाव किए गए हैं। इसलिए, हमारे पास कर्मों की आजादी भी है और हम पिछले कर्मों के फल भी भोग रहे हैं। यह किसी से कुछ पूँजी पाने जैसा है। यह अब आप पर है कि आप क्या करना चाहते हैं। एक गरीब व्यक्ति अमीर बन सकता है और एक अमीर व्यक्ति गरीब बन सकता है। हर तरह की संभावनाएँ हैं। आपके कर्म निश्चित करते हैं कि आप कहाँ जन्म लेंगे। पर यह इस पर निर्भर करता है कि आप कहाँ पहुँचना चाहते हैं।

आचार्य ज्ञान देता है और गुरु दीक्षा देता है। दीक्षा का अर्थ है जागरूकता की उच्चता और बुद्धिमत्ता, न कि जानकारी। एक गुरु केवल आपको ज्ञान से ही नहीं भरता है, वरन् वह आपके अंदर प्राण शक्ति का संचार करता है। गुरु के सामने होने पर क्या होता है? आप अधिक जीवंत हो जाते हैं। आपके शरीर की हर कोशिका अधिक जीवंत हो जाती है। गुरु बुद्धिमत्ता को जगाता है, सिर्फ बौद्धिकता को ही नहीं। बौद्धिकता का शिखर बुद्धिमत्ता है।

मन चाँद से जुड़ा है और पूरा चाँद प्रतीक है पूर्णता, उत्सव या ऊँचाई का। गुरु पूर्णिमा वह दिन है जब शिष्य पूर्णता से जाग्रत् होता है। उस पूर्णता में और कुछ नहीं, केवल कृतज्ञ होता है। कृतज्ञता का अर्थ आप और मैं नहीं हैं, बल्कि द्वैत है। पर यह अद्वैत है। यह एक नदी का दूसरी नदी में बहना नहीं है, बल्कि एक समुद्र का अपने में ही बहना है। सुमद्र व नदी दोनों बह सकते हैं। एक नदी कहीं से कहीं जाती है, पर एक समुद्र कहाँ जाता है? वह अपने भीतर ही बहता है। और गुरु पूर्णिमा शिष्य की पूर्णता का प्रतीक है। शिष्य कृतज्ञता में इसे मनाता है।

दो तरह के मत संप्रदाय हैं। एक सपना देखता है और दूसरा उसके लिए काम करता है। अन्य मत संप्रदाय कहता है कि हर चीज ईश्वर को समर्पित कर दो। ईश्वर आपको जो भी देता है, वह सबसे अच्छी होती है और ईश्वर आपके लिए हर चीज का ध्यान रखेगा। संगति कहाँ है? वे पूरी तरह से विरोधी प्रतीत होती हैं। एक आपका स्वयं का सोचना है, आपका अपना सपना और आपका धैर्य और दूसरा है ईश्वर पर आपका विश्वास और हर चीज ईश्वर पर छोड़ना। वे संगत लगते हैं, पर मैं कहूँगा कि वे अत्यधिक संगत हैं।

□

हमारे शरीर की पाँच परतें

हम सबके पास पाँच शरीर हैं। हमारा पहला शरीर हमारा वातावरण है। अगर वातावरण में जहर हो तो यह शारीरिक शरीर जीवित नहीं रह सकता। इसे अन्न रसमय कोष कहा जाता है। आहार वही नहीं होता है, जो आप खाते हैं। वातावरण भी भोजन है। हमारे फेफड़ों के लिए वायु आहार है। ताप या गरमी भी एक प्रकार का भोजन है। अगर आप ऐसे स्थान पर हों जहाँ का तापमान 40 डिग्री सेंटीग्रेड है तो आपके पास चाहे कितना ही भोजन क्यों न हो, आप जीवित नहीं रह पाएँगे। इसलिए, ताप हमारे शरीर के लिए भोजन है। एक प्रकार का भोजन वह होता है, जो हम खाते हैं। शांति व खुशी आत्मा के लिए भोजन है। हमारा वातावरण हमारा पहला शरीर है।

दूसरा है प्राणमय कोष—ऊर्जा, जीवन-शक्ति। आपको पता चल जाता है जब ऊर्जा कम होती है और जब ऊर्जा अधिक होती है। आप ऐसे स्थान पर जाते हैं, जहाँ ऊर्जा कम होती है और आपका वहाँ से भागने का मन होता है। आप वहाँ जाते हैं जहाँ की ऊर्जा अधिक होती है और आपका वहाँ रहने का मन करता है। आप में से कितने लोगों ने ऐसा अनुभव किया है?

आप अपने शरीर में ताजे भोजन और रखे हुए भोजन के खाने के प्रभाव को महसूस कर सकते हैं। ताजे भोजन में अधिक प्राण होते हैं और रखे हुए भोजन में कम प्राण। उसी प्रकार, आप ताजा सब्जियाँ खाने में और पूरी तरह से पकी व बनी सब्जियाँ खाने में अंतर देखेंगे। इसलिए, दूसरा है प्राणमय कोष।

फिर आती है वायु। आप अपने शरीर का पोषण कर सकते हैं, पर अगर आपका शरीर साँस नहीं ले रहा है, वह मृत हो जाएगा या राख बन जाएगा। हमारे दैहिक शरीर की महत्ता प्राण की वजह से है, क्योंकि आप साँस ले रहे हैं। शरीर की 90 प्रतिशत अशुद्धियाँ साँस से बाहर निकलती हैं। केवल 10 प्रतिशत अशुद्धियाँ मूत्र, मल व पसीने से बाहर निकलती हैं।

फिर आता है मन—मनोमय कोष, मन में विचार। क्या आप अपने मन में चल रहे विचारों से अवगत हैं?

फिर आता है विज्ञानमय कोष—अंतर्भूत जागरूकता या ज्ञान। यह हमारे शरीर की चौथी परत है।

पाँचवीं है आनंद। इस तरह ये शरीर के पाँच स्तर हैं, जो हमारे पास हैं।

धर्म का उद्देश्य है—लोगों को एक करना और ईश्वर की ओर एकात्मकता स्थापित करना। सपाट एकता लोगों के प्रति और सीधी एकता सार्वभौमिक ताकत, ईश्वर के प्रति। अगर इनमें से कोई भी लक्ष्य प्राप्त नहीं होता है तो हमने धर्म को असफल कर दिया है, धर्म ने हमें असफल नहीं किया है। हमने नकारा है, हम धर्म को नकार रहे हैं। इसलिए यह हमारा दायित्व है, लोगों का दायित्व है कि वे देखें कि सपाट एकता है कि नहीं। ऐसी एकता, जो दुनिया के समस्त लोगों के साथ हो—एक दुनिया की तरह, एक इनसान की तरह। जैसा कि वैदिक अवधारणा में हमेशा कहा जाता है—"वसुधैव कुटुम्बकम्", पूरा विश्व एक परिवार है। पूजा करने के विभिन्न तरीके हैं। बुद्ध केवल एक थे, पर आज भारत व दुनिया भर में बौद्ध धर्म के 32 संप्रदाय हैं। एक पैगंबर मुहम्मद थे और आज इसलाम के 4 या 5 भिन्न संप्रदाय हैं—अहम दिया है, शिया है, सुन्नी है और फिर सूफी इसलाम है। कई तरह के इसलाम हैं। उसी तरह ईसा मसीह एक ही थे, दुनिया में ईसाई धर्म के 72 संप्रदाय हैं। हिंदू धर्म में अनगिनत हैं। इतने सारे दर्शन हैं, संप्रदाय हैं। जैन धर्म में महावीर केवल एक थे, पर महावीर के बाद जैन धर्म के 5 संप्रदाय अस्तित्व में आ गए। और सिक्ख धर्म में भी निरंकारी हैं, निहंग हैं, बहुत सारे अकाली हैं, सिक्ख धर्म के बहुत सारे संप्रदाय बन गए हैं। यही दुनिया की प्रकृति है। सिद्धांत विकसित होते हैं, अलग-अलग विचार उत्पन्न होते हैं। लेकिन हम सब एक ही सच पर टिके रहते हैं, एक ही ईश्वर है, एक दैवत्व है और एक मानव जाति है, एक मानव परिवार है। इससे बुद्धिजीवी जुड़ते हैं, धर्मगुरु साथ होते हैं। और जब बुद्धिजीवी व विद्वान् और धर्मगुरु लोगों को एक करने की समान भाषा बोलते हैं तो आम जनता उनसे प्रभावित होती है। न सिर्फ लोगों को एक करना, वरन् दुनिया भर में देशों को एक करना। आज हम मतभेदों, भ्रष्टाचार को झेल नहीं सकते हैं, समाज में किसी भी रूप में हिंसा को बरदाश्त नहीं कर सकते हैं। यह अब बहुत खतरनाक बन गया है। इसलिए समय आ गया है कि अब हम नैतिक व पारंपरिक मूल्यों की ओर प्रवृत्त हों, जो किसी भी मानव समाज का आधार बनाते हैं। नैतिक मूल्य क्या हैं? आधारभूत नैतिक मूल्य क्या हैं? कि आप नहीं चाहते कि कोई और आपके लिए करे, कि आप दूसरे के लिए न करें। यही मूल्य हैं। अगर आप नहीं चाहते कि कोई और आपके अभ्यास में बाधा डाले तो आप भी दूसरे के अभ्यास को बाधित न करें। आप नहीं चाहते कि कोई आपको

नुकसान पहुँचाए तो आपको भी किसी को नुकसान नहीं पहुँचाना चाहिए। यही आधारभूत मूल्य हैं। जियो और दूसरों को जीने दो।

शिक्षा में अगर मूल्य की कमी होती है तो समाज का विनाश हो जाता है। समाज में बहुत हलचल व्याप्त है। इसलिए हमें मूल्यों को पुनः स्थापित करने की आवश्यकता है।

हमें लोगों के अंदर से तनाव कम करने की आवश्यकता है। जब तनाव खत्म हो जाता है तो मानव के अंदर सुनने की क्षमता विकसित होती है। अगर आप दूसरों की बात सुनना चाहते हैं तो पहले आपका मन शांत होना चाहिए। अगर मन अशांत होगा तो अच्छे-से-अच्छा ज्ञान भी आपके दिमाग में घुस नहीं पाएगा। आप उसे ग्रहण ही नहीं कर पाएँगे, आप उसे अपना ही नहीं पाएँगे। इसलिए एक शांत मन होना अनिवार्य है। जब इस देश के एक बहुत बड़े बिजनेसमैन से पूछा गया कि आप किसी तरह का कोई अनैतिक बिजनेस क्यों नहीं करते हैं, इस तरह आप बहुत जल्दी बहुत अमीर बन जाओगे तो उसने कहा कि मैं एक सुखद नींद चाहता हूँ। मैं चैन चाहता हूँ, इसलिए मैं अनैतिक काम करके अपनी नींद नहीं खोना चाहता हूँ। इन मूल्यों को हमें अपने जीवन में शामिल करना है।

भारत ने पूरी दुनिया को 'वसुधैव कुटुम्बकम्'—पूरा विश्व एक परिवार है की अवधारणा दी है। कई लोग मानते हैं कि हिंदू धर्म कई भगवानों का धर्म है। हम कई देवी-देवताओं की पूजा करते हैं। ऐसा ही लोग कहते हैं। मै कहता हूँ कि यह केवल एक भ्रामक धारणा है। जैसे कि इसलाम में 1 ईश्वर के 99 नाम हैं। ईश्वर के 99 नाम क्यों हैं, 1 क्यों नहीं? इसका कोई स्पष्टीकरण नहीं है। ईश्वर की अनगिनत विशेषताएँ हैं, इसलिए 99 नाम हैं। हिंदू धर्म में 1,008 नाम लिये जाते हैं और कहा जाता है कि इन 1,008 नामों के कई-कई आकार हो सकते हैं। पर हर आकार के साथ वही अस्तित्व है, वही दैवत्व है, वही रोशनी है। जैसे कि एक सफेद रोशनी की तरह, जो जब प्रिज्म से गुजरती है तो वह 7 रंगों में बिखर जाती है। ये 7 रंगीन किरणें एक सफेद रोशनी से भिन्न नहीं होतीं, वे उसी की रोशनी की अभिव्यक्ति होती हैं। सात भिन्न रंग, एक ईश्वर की भिन्न विशेषताएँ मानी जाती हैं। ईसा मसीह की तरह जब आप चर्च में जाते हैं, एक वेदी वहाँ दया के लिए होती है, एक करुणा के लिए, एक उपचार के लिए। एक ही ईसा मसीह है, पर 12 स्टेशन हैं जिनमें वे ईसा को अलग-अलग खास आवश्यकताओं के लिए दिखाते हैं या अलग-अलग पूजा करने के तरीके होते हैं। उसी प्रकार एक ईश्वर है—एक ही सत्य है। पर विद्वान् कहते हैं कि उसे कई नामों व रूपों से पुकारा जाता है। इसलिए वह रूप नहीं है। ईश्वर मूर्तियों में नहीं है, वरन् मूर्तियाँ केवल एक दिव्य वातावरण निर्मित करने के लिए होती हैं। कहा गया है कि आपके पास मूर्ति हो सकती है, आपके

पास पानी हो सकता है, अग्नि हो सकती है, आपके पास पेड़ हो सकता है। आप समर्पण या भक्ति भाव निर्मित करने के लिए, एक ईश्वर को ढूँढ़ने के लिए गहराई तक जाने के लिए, एक वातावरण निर्मित करने के लिए किसी भी तत्त्व का प्रयोग कर सकते हैं। यही वैदिक सिद्धांत हैं। 1 ईश्वर के अलावा पूजा न करना ही वैदिक सिद्धांत है। यह एक ईश्वर की पूजा करना है। पर पूजा करने के लिए आप विभिन्न चीजों और प्रतीकों का प्रयोग कर सकते हैं। यह प्रतीकवाद विभिन्न धर्मों में बहुत अलग-अलग है। जहाँ लोगों में मतभेद होता है, वे मूल्यों के साथ नहीं होते हैं, नैतिकता के साथ नहीं होते हैं। लोग तभी उलझनों और मतभेदों में उलझते हैं, जब वे एक ही प्रतीक पर चिपके रहते हैं। और जब विभिन्न अंतर्धर्मों और एक ही धर्म के बीच मतभेद होता है। इस तरह के मतभेदों से तब बचा जा सकता है जब हम सच्ची नैतिकता और सारे धर्मों के बौद्धिक आधार को अपनाते हैं। तब वह लोगों के दिल व दिमाग को साथ लाता है और एक सुंदर दुनिया का निर्माण करता है। हमें जो विरासत में मिला है, उससे बेहतर दुनिया हमें अपने बच्चों को देनी है।

यह दक्षता है। अगर कोई व्यग्रता नहीं होती, ऐसा होता है। क्या आपने देखा है कि उस समय एक बच्चा कैसे व्यवहार करता है, जब वह चॉकलेट को देखता है? वह थोड़ी सी खाता है और थोड़ी सी एक जेब में डाल लेता है और कुछ दूसरी जेब में डालने की कोशिश करता है। बच्चा बहुत उत्तेजना की स्थिति में होता है। बड़ों में यह उत्तेजना नहीं होती है। जब किसी वस्तु के लिए ऐसी उत्तेजना नहीं होती, तभी आप अनुभूतियों की वस्तु का वास्तविक आनंद उठा सकते हैं। आप अनुभव करते हैं, आप आनंद उठाते हैं; पर उसकी लालसा रखे बिना यह समझते हुए कि आनंद भीतर से मिलता है। वस्तु मात्र एक प्रतिबिंब है। जब आप समझ लेते हैं कि आनंद अपने ही अंदर है और बाहरी वस्तु में नहीं है, तभी आप आनंद उठा सकते हैं।

यह जरा गहन है और परिपक्व दिमाग को ही यह बात समझ आती है।

एक आतंकवादी जो भी काम घृणा से करता है, वह अज्ञानता के साथ करता है, ठीक है न? आप एक पुलिसवाले या सेना के व्यक्ति और आतंकवादी को एक समान नहीं मान सकते हैं। वे सब बंदूक से गोली चलाते हैं, पर पुलिसवाला ऐसा अलग कारण से करता है और आतंकवादी बहुत ही अलग कारण से। आशय, मानसिक स्थिति पूर्णतया भिन्न होती है। यही बात अर्जुन से कही गई थी—''न्याय के लिए युद्ध लड़ो; पर क्रोध, घृणा, जलन या लालच के साथ नहीं। उसे धर्म की, सत्य की रक्षा करने के लिए करो।''

एक निष्पक्ष भेद भी होता है। तीन तरह के भेद होते हैं। कुछ चीजें निष्पक्ष भेद के अंतर्गत भी आती हैं। वस्तुतः पत्थरों के और पेड़ों के भेद पर एक पूरा ग्रंथ है। शिल्पशास्त्र

में इसके बारे में विस्तृत वर्णन किया गया है। हवाईवासी भी मानते हैं कि अलग-अलग पत्थरों के अलग-अलग भेद होते हैं। वे उन्हें पहचान सकते हैं, वे उसमें निपुणता हासिल नहीं कर सकते हैं। स्व या आत्मा भेद से परे है।

अध्यात्म के मार्ग पर आप में त्याग करने के लिए वह उत्साह व उमंग होनी चाहिए। आज ही मैं कुछ स्वामियों से मिला हूँ—सारे युवा कंप्यूटर इंजीनियर व उच्च शिक्षित थे। उन्होंने अपना पूरा जीवन, कैरियर सबकुछ गरीब लोगों को शिक्षा देने, समाज-सेवा करने के लिए त्याग दिया। वे दिन-रात सेवा कर रहे हैं। वे अपने लिए कोई कामना नहीं करते हैं। वे यह नहीं सोचते हैं कि मेरा क्या होगा। उन्होंने अपना सारा जीवन स्कूल व कॉलेजों का निर्माण करने और करोड़ों लोगों को शिक्षित करने में लगा दिया। यह एक बड़े कार्य के लिए आवश्यक है। त्याग से और ज्यादा आनंद मिलता है। उससे आनंद घटता नहीं है। जब हमारी आवश्यकताएँ ज्यादा होती हैं तो हमारे उत्तरदायित्व कम होते हैं। जब हमारी आवश्यकताएँ कम होती हैं, हमारे उत्तरदायित्व बढ़ जाते हैं। वही सबसे खुशहाल जिंदगी होती है।

चूँकि आप खुद सुंदर हैं, इसलिए मैं आपको शांतिपूर्ण लगता हूँ। अगर आप सुंदर नहीं होते तो आप मेरी सुंदरता के बारे में कुछ नहीं जान पाते। आपकी चाहे कोई भी विशेषता हो, वही केवल दुनिया के बाहर प्रदर्शित होती है। इसलिए, आप जो भी कुछ मुझमें देखते हैं, उसे अपना समझ लें। अगर आप सुंदर महसूस नहीं करते हैं तो सुंदर बनें। आपको कौन रोक रहा है? वह बनें।

पूरी दुनिया गोल है—हर चीज चक्रों में घूमती है। आपको वापस आना पड़ता है, पर आपके पास विकल्प है। अगर आप किसी बाध्यता की वजह से जन्म लेते हैं तो आपको किसी पुरानी कहानी को बार-बार दोहराना पड़ता है। पर अगर आपको मुक्ति मिल जाती है तो आपके पास विकल्प होता है और जहाँ आप चाहें, वहाँ जन्म लेने की इच्छा होती है। जब आप मुक्त होकर वापस आते हैं तो वह बहुत आनंदमय होता है।

अगर आपको क्रोध करना है तो बड़ी चीजों पर क्रोध करें, न कि आम छोटी-छोटी निरर्थक बातों पर। समाज में चल रहे भ्रष्टाचार पर और अपने आस-पास होनेवाले अन्याय पर क्रोधित हों। अपने क्रोध को व्यापक विस्तार दें और तब सारी छोटी चीजें महत्त्वहीन हो जाएँगी। मैं चाहता हूँ कि आप इस देश व दुनिया के युवाओं के पास जाएँ और उनसे बात करें। उनके भ्रष्टाचार के विरुद्ध कदम उठाने की बात करें। अगर सरकार का प्रमुख भ्रष्टाचारियों को बचा रहा है तो आप क्या कर सकते हैं? लोगों को जागना ही होगा। यही हम सबको करना है। हर किसी को भ्रष्टाचार के विरुद्ध आवाज उठानी चाहिए।

जीवन इन दोनों चीजों का मिश्रण है—गतिवाद और चुप्पी, कोलाहल और शांति। आपको दोनों से ही नहीं डरना चाहिए। जो लोग कोलाहल के अभ्यस्त होते हैं, वे चुप्पी से डरते हैं। अपने सार्वजनिक व्याख्यानों में मैंने देखा है कि कई लोग अपनी आँखें तक बंद नहीं कर पाते हैं, वे इतने भयभीत होते हैं। कई बार राजनेता और प्रोफेसर भी आँखें बंद करके 10 मिनट के लिए नहीं बैठ पाते हैं। उन्हें ऐसा करने में डर लगता है। लोग चुप्पी, स्थिरता और अपनी आँखें बंद करने से डरते हैं। उसी तरह जो लोग चुप्पी के अभ्यस्त होते हैं, उन्हें कोलाहल और अस्त-व्यस्तता से भय लगता है। दोनों ही अपूर्ण हैं। आपको चुप्पी में भी उतनी ही सहजता महसूस होनी चाहिए जितनी कि कोलाहल में, और यही आर्ट ऑफ लिविंग है। हम चुप्पी में गति देखते हैं और कोलाहल में चुप्पी। जब आप दोनों के साथ घर पर होते हैं तो आप दोनों स्थितियों में योगदान देते हैं।

मुक्त होने की आपकी इच्छा इंगित करती है कि आप पहले ही राह पर हैं। वह जा रही है। अपने प्रति ज्यादा कठोर न हों। अभ्यास से आपको मदद मिलेगी।

हर चीज की क्षणभंगुरता को समझें। ठीक है, आपकी इच्छा होती है। वह पूरी हो जाएगी। तो क्या? समय हर चीज को ठीक कर देगा, समय हर चीज को बदल देगा, इसलिए चलते रहें। जब आप जान जाएँगे कि हर चीज अस्थायी है और फिर भी हर चीज का आनंद उठा सकते हैं, वह वैराग्य या अनासक्ति कहलाता है।

बहुत सारे विचारों के होने का मतलब होता है शरीर में कोई कमजोरी होना। किसी आयुर्वेद के डॉक्टर से मिलें और शरीर को साफ करने के लिए जड़ी-बूटियाँ लें। प्राणायाम के द्वारा मन शुद्ध होता है। मेडीटेशन के द्वारा चेतना शुद्ध होती है। कई बार परिवेश या संगति की वजह से विचार आते हैं। बुरे विचारों से डरे नहीं । ये विचार उन काले बादलों के समान होते हैं, जो आते हैं और गुजर जाते हैं।

यह सार्वभौम पहले से ही एक स्वर्ग है। उसे स्वर्ग मानने से हमारा मन हमें बाधित करता है। मन या तो अतीत से चिपका रहता है या पूर्णता चाहता है। उसके पूर्णता के अपने विचार होते हैं। यही सार्वभौम है। पर अगर आप मुझसे समाज को सुधारने के बारे में पूछते हैं तो मुझे लगता है, इस प्रश्न को हर व्यक्ति को अपने से पूछना चाहिए। हमें लगता है कि हमें एक हिंसा-मुक्त और तनाव-मुक्त समाज की आवश्यकता है। ऐसे समाज को योग, ध्यान और सेवा द्वारा पाया जा सकता है।

सच की आवाज तेज सुनाई पड़नी चाहिए। आप सही हैं। यह क्रांति का समय है, इसे तेज होना ही चाहिए। लोगों को एकजुट होना होगा। लोगों को मानवीय मूल्यों के लिए खड़ा होना होगा। ऐसा होगा।

अगर आपके पास भीतरी संतुष्टि होती है तो हर चीज बिना किसी प्रयास के

सहजता से हो जाती है। जब आपके पास वह नहीं होती है तो छोटी चीजें भी संघर्ष बन जाती हैं। उस आंतरिक संतुष्टि को पाना ही विवेक है। जागें और देखें कि आपको क्या परेशान कर रहा है और आप संतुष्ट क्यों नहीं हैं? आपके पास खाना नहीं है, आपके पास घर नहीं है, आपके पास धन नहीं है या आपके पास साथी नहीं है? सही वजह को समझें और उसका समाधान करें। आपको लगता है कि जब आपके पास बहुत मात्रा में धन आ जाएगा या उतना सम्मान मिल जाएगा तो आप खुश होंगे। जीवन को विस्तृत परिप्रेक्ष्य में देखें और आप देखेंगे कि यह सच नहीं है। यह भी एक भ्रम ही है। फिर आप सँभल जाएँगे। मेडीटेशन ही इसका समाधान है।

जब आप एक उत्तर का इंतजार कर रहे होते हैं तो इंतजार क्या है? दिमाग तो पहले ही रुक गया है। जब आप चकित होते हैं, दिमाग रुक जाता है। जब आप हँसते हैं, घबराहट में होते हैं या भयभीत होते हैं या जब आप प्यार में गहरे तक डूबे होते हैं तो दिमाग रुक जाता है। समय रुक जाता है। समयहीनता का अनुभव होता है। क्या आपने समयहीनता का अनुभव किया है? गंगा के किनारे अकेले बैठें और ढेर सारे पानी को देखें। अचानक आपको लगेगा कि वह शाश्वत पल है। वैसे ही जब आप सूर्योदय या सूर्यास्त या चंद्रोदय या डूबते चाँद या किसी खेलते हुए बच्चे को देखते हैं तो आपके अंदर से एक ऊर्जा का ज्वार बहता है और दिमाग पहले ही स्थिर हो चुका होता है। भविष्य में आपको ऐसा होने का इंतजार करने की आवश्यकता नहीं है। यह यहाँ घट रहा है और अभी घट रहा है।

क्या आपने फिल्में देखी हैं? फिल्म में एक नायक और एक खलनायक होता है। खलनायक की भूमिका क्या होती है? वह एक तरह का मनोरंजन पैदा करता है। आपको कब लगता है कि आपका शरीर आपके लिए बोझ है? आपको कब महसूस होता है कि आपका शरीर कब आत्मा से पीड़ित होता है; पर आप उसे बोझ नहीं कह सकते हैं, क्योंकि इसका अर्थ होता है अपनी आत्मा को उठाना। जब आपको पता होता है कि आत्मा का उत्थान करने के लिए एक माध्यम की तरह शरीर दिया गया है, तब भी आप उसे बोझ कहेंगे? 'शरीर माध्यम परो धर्म साधनः?'—यह शरीर धर्म का माध्यम है, वह जो आत्मा का उत्थान करता है। इसे बोझ न समझें। अपने शरीर का सम्मान करें। बहुत मेहनत के बाद आत्मा आपके शरीर में आती है। वहाँ बहुत भीड़ होती है। कई आत्माएँ एक शरीर को पाने की होड़ में लगी रहती हैं और केवल एक ही उसे पा पाती है। इसलिए हमारा शरीर उपहार है, बोझ नहीं।

बोझ क्या है? मन में व्याप्त इच्छाएँ, लालसाएँ और घृणा बोझ हैं। किसी चीज के लिए आपकी इच्छा या किसी चीज के प्रति घृणा आपको उसके बोझ होने का एहसास

कराती है। शरीर के खत्म हो जाने का अर्थ यह नहीं होता कि आप अपनी लालसाओं और घृणा को भी छोड़ देते हैं।

यह मन होता है, जो हमें दु:खों का एहसास कराता है। यह दुनिया दैविक का भाग है, इसलिए दुनिया को दोष देने के बजाय अपने भीतर झाँकें।

जब आप अपने भीतर से मुक्त होते हैं तो आप हर किसी से प्यार कर पाते हैं और हर कोई आपसे प्यार कर पाता है। न तो आपके पास कोई विकल्प होता है, न ही उनके पास। आपने ऐसा तब किया था जब आप बच्चे थे। क्या आपको याद है कि आप बच्चे के रूप में कैसे थे? बिलकुल सहज, स्वाभाविक, सरल, मासूम, बिना किसी अवरोध के और सबसे मुक्त।

जब आपका कोई नजदीकी शरीर छोड़ रहा होता है, आपके शब्दों का कोई अर्थ नहीं होता है। उन क्षणों में आप बस मौन रहते हैं। वे तरंगें उनके लिए काम करती हैं।

आप जितना बदले हैं, आपको नहीं लगता कि दूसरे भी बदलेंगे? दुनिया में कोई भी हर चीज के बारे में नहीं जानता है। हम सब कुछ-कुछ जानते हैं। वस्तुत: जब आप ज्ञान की व्यापकता को देखते हैं तो आपको पता लगता है कि इसे पूरी तरह से जाना नहीं जा सकता है। पर आप जो भी थोड़ा-बहुत जानते हैं, उसे दूसरों को देना क्या आपका फर्ज नहीं है? यही आपको करना है। दुनिया आपसे वह काम करने की उम्मीद नहीं रखती है, जिसके योग्य आप नहीं हैं। दुनिया आपसे वही उम्मीद करती है, जो आप कर सकते हैं। अगर आप डॉक्टर हैं तो लोग आपके पास किसी आपातकालीन स्थिति में आएँगे। उस समय आपका 'न' कहने का कोई अर्थ नहीं होता है। और अगर आप डॉक्टर नहीं हैं और आपसे वह करने को कहा जाता है, जो आप नहीं कर सकते हैं, आप कहते हैं—मुझे खेद है, मैं यह नहीं कर सकता। हम वही करते हैं, जो हम कर सकते हैं और जो नहीं कर सकते, उसके लिए माफी माँग सकते हैं।

आध्यात्मिकता व समृद्धि साथ-साथ चल सकते हैं, पर लालच और आध्यात्मिकता साथ-साथ नहीं चल सकते हैं। पैसा कमाने के अनैतिक माध्यम व आध्यात्मिकता साथ-साथ नहीं चल सकते हैं। अगर आपकी फैक्टरी है या आप बिजनेस करते हैं तो आप वही काम करते हुए नैतिकता को थामे रह सकते हैं। आपको अध्यात्म के लिए अपने काम को छोड़ने की आवश्यकता नहीं है, जो अनगिनत लोगों को रोजगार प्रदान करती है। यह कहने की जरूरत नहीं है कि भौतिकता बुरी है और उसे छोड़कर आप अध्यात्म की ओर जाना चाहते हैं। ऐसा करने की बिलकुल जरूरत नहीं है। आप अपने काम करते रहें। इसी बात का उल्लेख 'अष्टावक्र' नामक ग्रंथ में भी किया गया है। अष्टावक्र राजा जनक से कहते हैं कि वह राजा रहकर भी पूरी तरह से आध्यात्मिक हो सकते हैं। राजा

जनक उच्चतम ज्ञान के ज्ञाता थे। ऐसे कई उदाहरण हैं। मैं अकसर कहता हूँ कि धन को अपनी जेब में रखो, न कि अपने दिल या दिमाग में। जब धन गलत जगह रखा जाता है, तभी समस्याएँ आती हैं। भारत में भौतिकता और आध्यात्मिकता के बीच कोई मतभेद नहीं है। भौतिक समृद्धि की प्रतीक लक्ष्मी को नारायण के पाँव दबाते हुए दिखाया जाता है, जो अध्यात्म के प्रतीक हैं। हम हमेशा लक्ष्मी नारायण कहते हैं, जो संपत्ति व आत्मा के मेल की ओर इंगित करता है। पर यह जानना बहुत महत्त्वपूर्ण है कि लालच व आध्यात्मिकता दोनों साथ-साथ नहीं चल सकते हैं।

दुर्भाग्यवश, हम भौतिकता के साथ लालच और ईर्ष्या जैसी नकारात्मक प्रवृत्तियों को जोड़ते हैं। अगर आपको दान भी करना है तो आप खाली कटोरे के साथ नहीं कर सकते हैं। हाथ में पैसा न हो तो आप कैसे दस गरीब बच्चों को खाना खिलाने की बात सोच सकते हैं। क्या उन्हें खिलाना आपका धर्म नहीं है? भारत में एक प्राचीन ग्रंथ में कहा गया है कि संपत्ति से धर्मपरायणता आती है। उचित प्रशासन अर्थव्यवस्था का आधार है। मुझे लगता है कि यह सब जुड़ा हुआ है। और सबसे महत्त्वपूर्ण है सत्ता में विश्वास, सबसे उच्चतम सत्ता में—यह विश्वास कि मुझे वह मिलेगा ही, जो मुझे चाहिए और जब भी चाहिए। तब आप चमत्कार को एक मौका देते हैं। भौतिकता हर कदम को बहुत ज्यादा माप रही है। (तब आपको पता नहीं होता कि कब शेयर बाजार में गिरावट आ जाएगी और बैंकों का दिवाला निकल जाएगा।) अपना विश्वास बैंकों पर न रखें वरन् अपना विश्वास ईश्वर और अपने खुद के संकल्प की शक्ति व विचारों पर रखें।

जब भी आप ध्यान में बैठते हैं तो तीन चीजें सबसे महत्त्वपूर्ण होती हैं—

1. मैं अगले 20 मिनट या आधे घंटे के लिए कुछ नहीं चाहता।
2. मैं कुछ नहीं करता।
3. मैं कुछ नहीं हूँ।

ध्यान में कोई भी प्रयास बाधा है और इसलिए मैं कुछ नहीं करता हूँ। और तब आपको अपने बारे में कोई धारणा पनपे कि मैं अमीर हूँ, मैं गरीब हूँ, मैं बुद्धिमान हूँ, मैं मूर्ख हूँ, आप ध्यान में नहीं जा सकते हैं। आप अध्यात्म के मार्ग पर प्रगति नहीं कर सकते हैं। इसलिए आपको यही मानना होगा—मैं कुछ नहीं हूँ।

ये वे तीन सुनहरे नियम हैं, जो मुझे लगता है, बहुत महत्त्वपूर्ण हैं और जिनके साथ आप ध्यान में गहरे तक डूब सकते हैं।

मैं नहीं जानता कि जब कोई बीमार हो या मर रहा हो, उससे कितना प्राणायाम या आसन आप करवा सकते हैं। ऐसा करना हो सकता है, बिलकुल भी संभव न हो। कुछ अच्छे भजन और धीमा संगीत भी मददगार साबित हो सकता है। इसे लय योग कहा

जाता है। ज्ञान के जरिए भी कुछ मदद करेंगे। यह ज्ञानयोग है। वहाँ आपकी उपस्थिति मात्र मदद करेगी। बिना किसी प्रयास के आपका वहाँ होना मदद करेगा। जब हम 'करने' वाली चेतना में होते हैं, सोच रहे होते हैं कि क्या करना है, हम अपनी ऊर्जा कम कर लेते हैं। जब हम 'होने' की चेतना में होते हैं, अचानक आपके अंदर रोशनी, वायु और ऊर्जा आ जाती है। आप अपनी उपस्थिति व ऊर्जाओं से उन्हें अच्छा महसूस करवा सकते हैं।

जब आप सेवा करते हैं तो आप पुण्य अर्जित करते हैं और वह पुण्य आपको अपने भीतर गहराई तक जाने में मदद करता है। तो सेवा आपको पुण्य अर्जित करने में मदद करती है, पुण्य आपको गहन साधना में ले जाता है तथा साधना आपको और अधिक सेवा करने के लिए प्रोत्साहित करती है। यह सब एक चक्र की तरह आपस में जुड़ा हुआ है। अगर कभी कोई पहलू इसमें नहीं होगा तो यह पूर्ण नहीं होगा।

सेवा वह है, जिसकी लोगों को बहुत जरूरत है।

अतीत चाहे जैसा भी हो, उसको लेकर पछतावा न करें। आपने उससे पाठ सीख लिया है। उसे मान लें और उससे सीखते हुए आगे बढ़ें।

भक्तियोग ईश्वर को अपने होने और खुद को ईश्वर का होना और वह सारा अस्तित्व जो है, उसे ईश्वर का होना देखना है।

अगर आपके पास और कोई विकल्प है तो मैं सारी परिभाषाएँ वापस ले लेता हूँ और आपको उलझन में छोड़ देता हूँ, क्योंकि उस उलझन से आपके अंदर से कुछ प्रस्फुटित होगा। मेरी समझ आपकी मदद नहीं कर पाएगी। यह आपके भीतर से ही आना चाहिए। जब आप जागेंगे और देखेंगे तो आपको आश्चर्य होगा। मैं उस आश्चर्य को देखना चाहता हूँ। इसे धारणा न बनाएँ। अगर आप नहीं जानते कि ज्ञानोदय क्या है तो ईश्वर का धन्यवाद करें और कहें, 'मैं नहीं जानता कि ज्ञानोदय क्या है। मैं उसकी प्रतीक्षा करना चाहता हूँ।' यही धारणाएँ हमें वास्तविकताओं का अनुभव करने से दूर रखती हैं। मुझे तो ऐसा ही लगता है।

विभिन्न अनुशासनों के बीच की सारी रेखाएँ अब धुँधला गई हैं। मुझे याद है, जब मैं स्कूल में था, भौतिकी व रसायन के बीच एक मोटी रेखा थी। माना जाता था कि वे जुड़ेंगी नहीं। आज चाहे वह वास्तुभौतिकी, भौतिकी, आत्मा के बारे में ज्ञान या सूचना तकनीक हो, सब एक साथ चलते हैं। पर्यावरण व आध्यात्मिकता दो भिन्न चीजें नहीं हैं। शायद इस देश के प्राचीन लोग इस बारे में जानते थे। वे पेड़, पहाड़, नदियों आदि की पूजा करते थे। और यह बात दुनिया की सारी सभ्यताओं पर लागू होती है। उन्होंने प्रकृति का सम्मान किया। उन्होंने इस बात का खयाल रखा कि वे प्रकृति की देखभाल करें और धरती पर प्रगति व विकास स्थायी स्थितियों के साथ मेल खाकर होता रहा। आज जिस

चीज की सबसे ज्यादा जरूरत है वह है विवेक का भूमंडलीकरण करना। दो तरह की आपदाएँ होती हैं—एक तो प्राकृतिक आपदा, जैसे कि भूकंप आदि और दूसरी हैं मानव-निर्मित आपदाएँ। मानव-निर्मित आपदाओं को विवेक व एक सांस्कृतिक क्रांति के द्वारा और एक दुनिया के इस परिवार के संदेश को फैलाकर जीता सकता है। हम तो वैसे भी एक हैं। दो कुछ नहीं है।

धरती का ज्यादा खयाल रख, ज्यादा पेड़ लगाकर, पानी बचाकर, आध्यात्मिक ऊर्जा और इस विचार के साथ कि आप विश्वात्मा के साथ एकाकार हैं, प्राकृतिक आपदाओं को रोका जा सकता है। और विश्वात्मा के साथ एकाकार यह संकल्प या विचार और थोड़ी सी एकाग्रता उसे अपने आप ही पूरा कर देती है।

भारतीय परिप्रेक्ष्य से पाप वह होता है, जिससे अनेक लोगों को दुःख मिलता है और पुण्य वह है, जो बहुत लोगों के जीवन में प्यार, खुशी और प्रसन्नता लाता है। पाप वह है जिसे धोया जा सकता है। यह आपका स्वभाव नहीं है। अगर पाप आपका स्वभाव है तो आप उससे छुटकारा नहीं पा सकते हैं। जैसे अगर कीचड़ आपकी त्वचा है, आप उससे छुटकारा नहीं पा सकते हैं। पर अगर वह आपकी त्वचा के ऊपर है तो आप डुबकी लगाकर उससे छुटकारा पा सकते हैं। अगर कमी हीरे के अंदर है तो उसे कभी ठीक नहीं किया जा सकता है। पर अगर हीरे पर हलकी-सी मिट्टी लगी हो तो उसे हटाने के लिए उस पर थोड़ा पानी डालना ही काफी है। भारत में हम पाप को एक अध्यारोपण मानते हैं। योग में तीन चीजें होती हैं—मल, आवरण और विक्षेप। मल शरीर की अशुद्धता होती है, विक्षेप मन में अशुद्धता होना, मन में बेचैनी व परेशानी होना होता है और आवरण वह परत होती है जो आत्मा को ढकती है, जो एक छोटी सी चीज के साथ अहम की पहचान होती है। और योग का उद्देश्य है अशुद्धता की तीनों परतों को साफ करना। योग अशुद्धता की तीनों परतों को ढीला कर देता है। और फिर वास्तविक आत्मा, जो दैविक का हिस्सा होती है, चमकने लगती है।

इसलिए मैं पाप को आपके स्वभाव का हिस्सा नहीं मानता वरन् पाप वह होता है जिसे आप अज्ञानतावश अपना लेते हैं और ज्ञान की रोशनी के साथ वह गायब हो जाता है।

चेतना का एक भाग सर्वव्याप्त है और एक भाग रह जाता है। यह हवा में गुब्बारे की तरह होता है, वह दबाव में जकड़ जाता है और फिर वापस आ जाता है।

बहुत ज्यादा अभ्यास न करें। धीरे-धीरे आगे बढ़ें। जितनी जरूरत हो उतना ही करें। उतना ही करें जितना कि आपका शरीर अभ्यस्त हो सकता है। अचानक 10 घंटे का अभ्यास शुरू करने की जरूरत नहीं है।

अनुभव अपने आप होता है। अनुभवों के लिए लालायित न हों।

दूसरे के सामने असहज महसूस करना अहंकार है, सहज महसूस करना आत्मविश्वास है। सहज, स्वाभाविक रहना अहंकार का प्रतिकारक है और स्वाभाविक रहना आत्मविश्वास का पूरक है। यह आत्मविश्वास के साथ चलता है और उससे अलग नहीं हो सकता है। जब आप आत्मविश्वास से पूर्ण होते हैं, आप सहज होते हैं। अगर आप सहज होते हैं, आप में आत्मविश्वास कायम रहता है।

यह 'हमेशा' एक समस्या है। 'हमेशा' पर ही हमेशा चिपके रहने की कोशिश न करें। जीवन के बहाव के साथ चलें। क्या हुआ, अगर कुछ पलों के लिए बादल छा जाते हैं। आपका स्वभाव कभी नहीं जाता और आपका स्वभाव है प्यार करना। वह कभी नहीं बदलता।

आप इसे ऐसा मानें कि यह भी ठीक हो जाएगा। कई बार आपकी यादें, आपकी इच्छाएँ या आपके डर के कारण इस तरह की बातें मन में आती हैं। इसलिए जब तक आप पूरी तरह से रिक्त नहीं होंगे, आप 100 प्रतिशत ढंग से अपनी सोच पर भरोसा नहीं कर सकते हैं।

मन का अर्थ है मनोभाव, विचार, मत, सोच, वे सारी चीजें जिन्हें हम एकत्र करते हैं। और, मन न होना ध्यान लगाना है। ध्यान लगाने के लिए भोर और झुटपुटे को सबसे उत्तम माना जाता है। इसलिए जब भी बुरा समय हो, आप ध्यान लगाएँ। जब आप ध्यान लगाते हैं तो आप मन के प्रभाव से बाहर निकल आते हैं और अपने स्व में चले जाते हैं। यह स्व शिव तत्त्व है। शिव तत्त्व का अर्थ है—हमेशा परोपकारी, स्नेहमयी, कल्याण करनेवाला। आपके भीतर निहित वह चेतना स्नेहमयी है, कल्याणकारी व परोपकारी है। वह मन के नकारात्मक प्रभावों व समय को नगण्य बना देगी।

□

रंगों के खेल को समझना

जीवन रंगों से परिपूर्ण होना चाहिए। और हर रंग को अलग से देखना व उसका आनंद उठाना चाहिए, क्योंकि अगर उन्हें एक साथ मिलाकर देखा जाएगा तो वे सारे काले लगेंगे। लाल, हरा, पीला आदि जैसे रंग एक के बाद एक आने चाहिए और एक के बाद एक का आनंद उठाना चाहिए।

उसी तरह, जीवन में एक ही व्यक्ति द्वारा निभाई जानेवाली विभिन्न भूमिकाएँ उसके अंदर शांतिपूर्वक व खास ढंग से विद्यमान होनी चाहिए। उदाहरणतया जब एक पिता ऑफिस में अपने पिता वाली भूमिका जारी रखता है तो उसे दिक्कत उठानी पड़ती है। हमारे देश में एक राजनेता कई बार पिता पहले होता है और नेता बाद में।

हम चाहे जिस भी स्थिति में हों, हमें उसके साथ-साथ पूर्णतया अपनी भूमिका निभानी चाहिए और तब जीवन रंगीन होकर ही रहता है। प्राचीन भारत में इस अवधारणा को 'वर्णाश्रम' कहा जाता था। इसका अर्थ है—हर कोई, चाहे वह डॉक्टर हो, शिक्षक, पिता, जो भी और कुछ भी हो, उनसे अपनी भूमिका पूरे उत्साह से निभाने की उम्मीद की जाती थी। मिश्रित पेशे हमेशा प्रति उपयोगी होते हैं। अगर एक डॉक्टर बिजनेस करना चाहता है, उसे अलग से बिजनेस चलाना होगा और अपने पेशे के बाद और दवाइयों से बिजनेस नहीं करना होगा। मन के इन 'खानों' को अलग-अलग व विशेष रखना खुशहाल जीवन का रहस्य है और यही बात होली सिखाती है।

सारे रंग सफेद से निकलते हैं और जब उन्हें दुबारा मिलाया जाता है, वे काले हो जाते हैं। जब आपका मन सफेद होता है और आपकी चेतना पवित्र, शांत, खुश और ध्यानमग्न होती है, विभिन्न रंग व भूमिकाएँ उभरती हैं। स्थितियों के सामने हमें विभिन्न भूमिकाएँ निभाने की ताकत मिलती है। हमें समय-समय पर अपनी चेतना में गहरे तक डूबना चाहिए। अगर हम केवल अंदर की ओर देखें और बाहर रंगों से खेलें तो हमें फिर से कालापन ही दिखेगा। भूमिकाओं के बीच हमें मग्न होकर गहन विश्राम करना चाहिए,

ताकि ईमानदारी से हर भूमिका को निभा सकें। गहन विश्राम की सबसे बड़ी बाधा है इच्छा। इच्छा का अर्थ है तनाव। प्रत्येक छोटी-से-छोटी इच्छा अत्यधिक तनाव पैदा करती है। उसकी तुलना में बड़े लक्ष्य कम परेशानी देते हैं। कई बार इच्छा मन को यातना देती है।

तो व्यक्ति को क्या करना चाहिए?

एक ही रास्ता है कि इच्छा पर सारा ध्यान केंद्रित कर समर्पण कर दो। जागरूकता पर ध्यान लगाना या इच्छा या काम पर नजर रखने के इस कार्य को 'कामाक्षी' कहा जाता है। जागरूकता के साथ इच्छा अपनी पकड़ ढीली कर देती है और समर्पण हो जाता है और तब भीतर से अमृत बाहर बहने लगता है। देवी कामाक्षी ने अपने एक हाथ में गन्ने की डंडी और दूसरे हाथ में फूल पकड़ा हुआ है। गन्ने की डंडी इतनी सख्त है और रस निकालने के लिए उसे निचोड़ना पड़ता है, जबकि फूल नरम होता है और उसमें से पराग निकालना बहुत आसान होता है। यही बात जीवन पर लागू होती है, जिसमें दोनों का ही थोड़ा-थोड़ा समावेश है। बाहरी दुनिया से आनंद प्राप्त करने से, जिसके लिए बहुत अधिक प्रयास करना पड़ता है, भीतर से इस परमानंद को पाना ज्यादा आसान है।

खुशी के रंगों के साथ अपने उत्साह को उठाएँ।

लंबे बाल ईश्वर से संदेश प्राप्त करने के लिए एक एंटीना की तरह होते हैं और लंबी दाढ़ी उन संदेशों को लोगों तक पहुँचाने के लिए तार की तरह होती है।

हम आपको एक छोटे से बंद कमरे में 24 घंटे चलनेवाले लाउडस्पीकर के साथ बैठाते हैं—और कोई मधुर संगीत नहीं, बल्कि बहुत शोरवाला संगीत। फिर 24 घंटों के बाद जब हम उसे बंद करेंगे, तब आपको पता चलेगा कि शांति क्या होती है।

आपकी शांति का परीक्षण तभी होता है जब अवरोध होते हैं। अवरोधों के प्रति कृतज्ञ रहें।

ईश्वर दो नहीं देख सकता है। ईश्वर के लिए आप और मैं हैं। वह अपने आपको केवल हर चीज और हर किसी में देख सकता है।

संदेह करना ठीक है, पर दोष-दर्शिता नहीं। इससे आपकी ऊर्जा कम होती है। अपनी यात्रा आरंभ करने के लिए व्यक्ति संशयवादी हो सकता है और मैं इसकी प्रशंसा व स्वागत करूँगा। चूँकि आप संशय से गुजरे हैं, इसलिए आपका विश्वास मजबूती से निर्मित हो जाएगा।

अनासक्ति धीरे-धीरे होनी आरंभ होती है। जब आप बड़े हो जाते हैं तो आपका मन लॉलीपॉप जैसी छोटी-छोटी चीजों पर नहीं अटकता है। फिर जब आप स्कूल या कॉलेज में पहुँचते हैं तो वह आसक्ति अपने आप ही खत्म हो जाती है। उसी तरह, खिलौनों या मित्रों के साथ होता है। जब आप बड़े हो जाते हैं, आपके मित्र होते हैं, पर

आप जकड़न से मुक्त हो जाते हैं। स्वाभाविक रूप से जकड़न आपको छोड़ने लगती है। अगर अनासक्ति नहीं होती तो आप दुःख का अनुभव करते हैं।

जब धर्म के मूल्य नहीं होते तो दुनिया में दुःख होता है। ऐसा इसलिए, क्योंकि हम जीवन के मूल्यों को भूल गए हैं। जब अधर्म ने जगह बना ली, जब लोग धर्म के सच्चे सार को भूल गए तो भगवान् बुद्ध धर्म को पुनःस्थापित करने के लिए आए। जो संदेश उन्होंने फैलाया, वह था अहिंसा परमो धर्मः।

मेडीटेशन का अर्थ है आप समय को महसूस न करें। आप सार्वभौमिक आत्मा के साथ जुड़ जाएँ।

2 अक्तूबर को महात्मा गांधी का जन्मदिन मनाने के लिए अहिंसा के दिन की तरह याद किया जाता है। महात्मा गांधी अहिंसा व सत्य के पर्याय हैं। आज के समय में हम इतनी अधिक घरेलू हिंसा, सामाजिक हिंसा, तनाव व अवसाद देखते हैं कि 2 अक्तूबर को अहिंसा दिवस मनाना उचित है। वस्तुतः, हर दिन अहिंसा का दिन होना चाहिए और यही आर्ट ऑफ लिविंग है। हर दिन एक उत्सव होना चाहिए और जहाँ उत्सव होता है वहाँ हिंसा नहीं होती है।

पहले आप सोचते हैं कि आप बँधे हुए हैं और फिर उससे बाहर आने की कोशिश करते हैं। जब आपका अपनी भावनाओं पर काबू और जब आप में विवेक होता है तो आपको स्वतंत्रता मिलती है।

कोई भी पूर्णतया आत्मनिर्भर नहीं है, यहाँ तक कि देश भी पूर्णतया आत्मनिर्भर नहीं हैं। दुनिया आपस में एक-दूसरे पर निर्भर है। देशों और समुदायों के बीच हम एक-दूसरे पर निर्भर हैं। हम एक-दूसरे पर निर्भर दुनिया में रहते हैं। पुरुष औरतों पर निर्भर होते हैं और औरतों को पुरुष पर निर्भर होना पड़ता है।

तो यह विरोधाभास है—आजादी और एक-दूसरे पर निर्भरता। आप एक-दूसरे पर निर्भरता की आवश्यकता को जितना समझते हैं, उतना आत्मनिर्भर होने की कोशिश करें।

प्रत्येक मनुष्य में पुरुष और स्त्री दोनों अंश होते हैं। आप अपने माता-पिता दोनों से बने होते हैं—आधे पिता, आधी माता। दैविक शक्ति स्त्री और पुरुष दोनों होती है। यह बात बहुत पहले मान ली गई थी और उसे अर्धनारीश्वर का नाम दिया गया था। ईश्वर केवल पुरुष या स्त्री नहीं है। वह अर्धनारीश्वर है—संपूर्ण सृष्टि पुरुष और नारी दोनों है।

देवी दुर्गा माँ हैं, इतनी कोमल और करुणामयी और वह बाघ पर सवार हैं—सबसे अधिक खूँखार। बिलकुल विपरीत। विरोधाभासी मूल्य पूरक होते हैं और प्राचीन

लोगों ने इस बात को समझ लिया था। वैज्ञानिक तौर पर अगर एक भी पशु गायब हो जाता है तो संपूर्ण सृष्टि कायम नहीं रह सकती है। इनमें से प्रत्येक पशु पृथ्वी पर जैविक ऊर्जा लाते हैं तो एक विशेष तरंग-दैर्घ्य से जुड़ी होती है। बाघ में देवी दुर्गा की तरंगें होती हैं।

सरस्वती देवी के बहुत सारे हाथ होते हैं। उनके एक हाथ में जपमाला है, जो मेडीटेशन का प्रतिनिधित्व करती है, अन्य में पुस्तक होती है—बौद्धिक ज्ञान और दूसरे हाथों के साथ वह वाद्य यंत्र-वीणा बजाती हैं। जब बौद्धिक ज्ञान, संगीत और मेडीटेशन साथ-साथ चलते हैं, तभी ज्ञान मिलता है। यह संपूर्ण ज्ञान करोड़ों वर्षों पहले भी था। सरस्वती के चट्टान पर बैठने का अर्थ है कि एक बार आप जब ज्ञान प्राप्त कर लेते हैं, वह भीतर तक आपके अंदर समाहित हो जाती है। देवी लक्ष्मी के कमल पर बैठने का अर्थ है धन बह रहा है—किसी भी समय कुछ भी हो सकता है। धन चलता है और उसे चलना भी चाहिए।

आप ऐसा महसूस कर सकती हैं कि आप पूरी दुनिया की माँ हैं। माँ होना हर औरत का स्वभाव है। वह करुणा, वह प्यार और चिंता वहाँ होगी।

एक औरत विवाह करे या न करे, यह उसका निर्णय है। सबसे जरूरी है खुश रहना। यह मेरा विचार है। ऐसी कई औरतें हैं, जो अविवाहित हैं और खुश हैं और ऐसी कई हैं, जो विवाहित हैं और खुश नहीं हैं। निर्णय आपका है, आशीर्वाद मेरा है।

आप जो भी कुछ सीखना चाहते हैं, आप उसे इंटरनेट पर देख सकते हैं। कितना महान् समय है—एक लैपटॉप ही काफी है। गूगल पर जाएँ और धरती पर जो भी कुछ है, वहाँ उपलब्ध है। अंगुलियों की नोक पर ज्ञान मिल जाता है। मैं कहा करता था कि आपकी अंगुलियों की नोक पर ज्ञान होगा। मुझे समझ नहीं आता था कि मैं ऐसा क्यों कह रहा हूँ और न ही उन्हें जो मेरी बात सुनते थे। सारी सूचना वहाँ हैं, ज्ञान नहीं।

यहाँ तक कि उससे राक्षस भी आशीर्वाद माँगते हैं, यहाँ तक कि देवता भी। एक बार कोई यह चुटकुला सुना रहा था—एक बार एक व्यक्ति से पूछा गया कि घर का मालिक कौन है और वह व्यक्ति बोला, अपनी बीवी से पूछकर बताऊँगा।

□

लक्ष्य प्राप्त करने के लिए गुण

सबसे पहला उद्देश्य है लक्ष्य तय करना। मन इतना चंचल है, इसलिए लक्ष्य निर्धारित करना बहुत जरूरी है। फिर आपको समय सीमा निर्धारित करनी होगी। फिर परिणामों को आँकना होगा—विपरीत व पक्ष में और फिर बदलावों को अपनाने की आपकी क्षमता। लक्ष्यों को प्राप्त करने के लिए अपनाने की क्षमता महत्त्वपूर्ण है।

पुरुष व स्त्री के लिए आध्यात्मिकता समान है। कभी पहले पुरुष ने स्त्री पर कुछ निषेध लगाए थे, ताकि वह शक्तिशाली न बन सके। पर समाज के कुछ नियम हैं और हर किसी को उनका पालन करना चाहिए।

वर्तमान क्षण में होने के लिए आप अब यह योजना बना रहे हैं कि भविष्य में क्या करना है। समझ आया?

साम्यवाद हर किसी के लिए समान अवसरों की बात करता है। अध्यात्म कहता है कि ईश्वर सबके दिल में है और इसलिए सब अनूठे हैं। इस तरह दोनों ही एक ही बात करते हैं।

आपको भी वही एहसास हो सकता है, पर अभिव्यक्ति भिन्न होगी। आप बुजुर्गों और बच्चों के प्रति अलग-अलग ढंग से प्यार व्यक्त करते हैं। प्यार वही है, पर आप जिस ढंग से उसे व्यक्त करते हैं, वह भिन्न है।

यह समझ लें कि कोई भी गलती क्रोध से सुधारी नहीं जा सकती है। केवल समझ-बूझ के साथ ही उसे सुधारा जा सकता है।

आप जानते हैं, कभी दुनिया रहने के लिए एक खूबसूरत जगह थी, जहाँ हर कोई विविधता का उत्सव मनाता था। पर ऐसा क्या हुआ जिससे इतना विभाजन हो गया? मैं चाहता हूँ, सब लोग मतभेदों से ऊपर उठें और आगे बढ़ें। बाहरी तौर पर आपकी विचारधारा चाहे जो हो, पर भीतर वह सहजता होनी चाहिए। सबके साथ अपनेपन की भावना निर्मित करने की निपुणता पैदा करें।

दैविक शक्ति कोई आसमान में नहीं है। वह चेतना के रूप में आपके भीतर है।

हमें जो भी उदाहरण मिलते हैं, उनसे पूरी दुनिया से सीखने के लिए कुछ होता है। जरूरत है तो जागरूकता की। प्रत्येक व्यक्ति ईश्वर द्वारा रचित एक खूबसूरत वेद है। अपने खुद के मन का अध्ययन करें और फिर अपने आस-पास के लोगों के मन का आकलन करें। हम क्या करते हैं? हम अपने खुद के मन का अवलोकन नहीं करते हैं, पर हम दूसरों के मन को आँकने में अपने प्रयास व्यर्थ करते रहते हैं। सबसे पहले अपने मन को समझें और फिर आप यह समझ पाएँगे कि सबसे बड़े मन में क्या हो रहा है, सबके मन में क्या हो रहा है।

आपको पता है कि मैं दुनिया में जिससे भी मिलता हूँ, उसके साथ एक अपनापन महसूस करता हूँ। मुझे कभी नहीं लगता कि मैं किसी से पहली बार मिल रहा हूँ। हम अनगिनत बार इस दुनिया में आए हैं। मैं थोड़ा-बहुत जानता हूँ, पर आप लोग भूल गए हैं। इस बार मुसकराते रहें।

जब आप अपने बारे में अच्छा सोचते हैं तो आप दूसरों के बारे में बुरा सोचते हैं और जब आप सोचते हैं कि दूसरे अच्छे हैं तो आपको लगता है कि आप ठीक नहीं हैं। इस तरह की जटिलताएँ आजकल के कई बच्चों में हैं। इसलिए यह दृष्टिकोण कि न तो मैं बुरा हूँ और न ही अन्य कोई, हर किसी को खुद को स्वीकारने की समझ देता है। साधना सारी पुरानी सोच को हटाने में मदद करती है।

परमानंद अस्त-व्यस्तता से आता है और अस्त-व्यस्तता का आनंद उठाना ज्ञानोदय है।

कई बार लोग कुछ कह देते हैं, पर वास्तव में उनका आशय वह नहीं होता है। आप भी कई बार ऐसा नहीं करते हैं क्या? जब आप बच्चे होते हैं तो ऐसी कई बातें कह जाते हैं, जिनका कोई महत्त्व नहीं होता है। बच्चे अकसर वही कहते हैं, जो वे सचमुच कहना चाहते हैं। जैसे-जैसे हम बड़े होते जाते हैं, हमारी भावनाएँ व शब्द एक-दूसरे से दूर होते जाते हैं। वे एक नहीं होते हैं। इस बात की परवाह न करें कि दूसरे लोग क्या महसूस कर रहे हैं। भावनाएँ इधर-उधर दौड़ती रहती हैं। एक दिन वे अच्छी लगती हैं, अगले दिन नहीं । इसको लेकर परेशान न हों। सिर्फ यह समझ लें कि वह व्यक्ति अच्छा महसूस नहीं कर रहा है और उन्हें यहाँ उस पर प्रयास करने की आवश्यकता है। कोई बुरा महसूस कर रहा है, इस बात पर हमारा क्रोधित होना कोई मायने नहीं रखता है। कई बार उनकी भावनाएँ बदल जाती हैं, पर आपकी भावनाएँ वही रहती हैं। कोई आपके दिमाग में शक डाल देता है और फिर वे भूल जाते हैं, पर आप उसे ही पकड़े रहते हैं। यही बात वरिष्ठ नागरिकों के साथ होती है जो शिकायत

करते हैं और फिर भूल जाते हैं, पर आप उसे पकड़े ही रहते हैं।

देश की जी.डी.पी. को अब जी.डी.पी.—कुल घरेलू खुशी के साथ मापा जाना चाहिए। कौन सा राज्य खुश है, कौन सा देश दूसरे देश से अधिक खुश है। बैंक में मोटी रकम होना और दुःखी रहना समृद्धि नहीं है। आपके पास उस समृद्धि का आनंद उठाने के लिए मन होना चाहिए। आपके पास पर्याप्त भोजन हो सकता है, पर आप मधुमेह, अवसाद व दिल के रोगों से पीड़ित हैं। इसे स्वस्थ समाज नहीं माना जाएगा। इसलिए चाहे अर्थव्यवस्था हो या राजनीति, सामाजिक उद्यम या अन्य कोई गतिविधि, हर चीज एक ही सच के इर्दगिर्द घूमती है—समाज का कल्याण।

वर्तमान क्षण को देखें—अब, अब, अब। अब जाग जाएँ। बाकी सब चीजें बेकार हैं। जो घट गया वह रिक्तता में चला गया है। हर चीज शून्यता में विलीन हो जाती है। आपका संपूर्ण अतीत धुल जाता है। जो भी चीजें आपने महसूस की थीं, जा चुकी हैं। अच्छी या बुरी, वे जा चुकी हैं। इसलिए वर्तमान क्षण के सच को समझें। दैवत्व वर्तमान क्षण है। यही योग है। क्षण में योग स्थापित होता है और क्षण का अर्थ क्षणभंगुर क्षण नहीं है। क्षण में अनंत की गहराई है। उसमें सारा अतीत और भविष्य है।

आप क्या सोचते हैं, कौन परवाह करता है? समुद्र में अपनी भावनाओं को फेंक दें। असुविधा की एक लहर पैदा होगी। कौन परवाह करता है? आप जो करना चाहते हैं, क्या आप वह कर रहे हैं? और करते हुए आप क्या करना चाहते हैं। आप अपनी चेतना की कोमलता को रख रहे हैं या आप एक बुलडोजर की तरह हैं (मैं वही करूँगा, जो भी मैं करना चाहता हूँ)? बुलडोजर जैसे होने का अर्थ है संवेदनहीन होना। अत्यधिक संवेदनशील होना एवं बहुत कमजोर होना और बुलडोजर जैसा होना दोनों ही सही नहीं हैं। सबसे बेहतर मेल है संवेदनशील होना और मजबूत होना। यह ज्ञान है और इसी पर हमें काम करना है।

पिछले कर्मों का प्रभाव सीमित है। पिछले कर्म निश्चित तौर पर आपको प्रभावित करते हैं, जैसे आप तेज गाड़ी चलाते हैं, टिकट लेते हैं और आपको पैसे देने पड़ते हैं। तीन टिकट लें और आपको अपना लाइसेंस देना पड़ता है, इसमें कोई शक नहीं है। पर उसके बारे में ही सोचते न रहें। जागें, जब आप जागते हैं, यहाँ तक कि जिन परिणामों को लेकर आप भयभीत होते हैं, वे नहीं होते। उस क्षण में आपको माफी मिल जाएगी। जिस क्षण आप अपनी गलती को मान लेते हैं, हमें माफी मिल जाती है। इसलिए जिस क्षण आप जाग्रत् होते हैं, आप मासूम होते हैं। अब, अब, अब।

चुनौती स्वीकार करें। जब भी कोई आपके साथ बुरा व्यवहार करे, उसके साथ इतना अच्छा करें कि उसे आश्चर्य हो। आपको अचानक लगेगा कि कुछ बदलाव हो रहा है। अगर ऐसा नहीं होता तो वह भी ठीक है। कम-से-कम आपने कुछ तो अच्छा किया।

यह दुनिया एक अजीब जगह है। या तो वह बहुत मनोरंजक है या एकदम सादी या दु:खद। आप उसे नहीं अपना सकते। कई बार आप किसी के लिए इतना कुछ करते हैं और वे अपनी पीठ दिखा देते हैं और वे चीजें करते हैं, जो आपको नुकसान पहुँचाती हैं। कई अभिभावक कहते हैं, मैंने अपने बच्चों के लिए इतना किया और अब वे मुझसे अलग हो रहे हैं। केवल अभिभावकों के साथ ही नहीं, ऐसा ही नियोक्ता, मित्रों, भाई-बहनों, यहाँ तक कि जीवनसाथी के साथ भी होता है। जब बात जीवनसाथी की आती है, विवाह की चार अवस्थाएँ हैं—पहली अवस्था है एक-दूसरे के लिए पागल होना; दूसरी अवस्था है एक-दूसरे के लिए बने होना। तीसरी अवस्था है एक-दूसरे पर पागल होना; चौथी अवस्था है एक-दूसरे के कारण पागल होना।

सहज रहें। जब प्रार्थना हो रही हो तब अपने अंदर मतभेद या दुविधा न पैदा होने दें। यह न कहें कि ऐसा तो होना ही था। प्रार्थना किसी बाध्यता का कारण नहीं होती है।

सारे संवेदी स्नायु नाक की नोक पर जाकर खत्म होते हैं। सजगता और मस्तिष्क की एकाग्रता के लिए महत्त्वपूर्ण दो बिंदु होते हैं—लोलकी और नाक की नोक। वे मर्म बिंदु होते हैं। ये रहस्यात्मक बिंदु हैं। अगर आप अपना ध्यान नाक की नोक पर लगाते हैं तो आपकी एकाग्रता में सुधार होता है, विशेषकर बच्चों में। जैन परंपरा में वे 100 अंकों को गुणा (अवधान) कर सकते हैं। वे नाक की नोक पर ध्यान लगाते हैं। बहुत आश्चर्यजनक है। वे कंप्यूटर से भी ज्यादा तेज होते हैं। शतअवधानी, जैसे कि उन्हें पुकारा जाता है। अवधान अपनी चेतना में यादों को थामे रखने की तकनीक है। यह चित्रात्मक स्मृति की तरह होती है। जो लोग इस तकनीक का पालन करते हैं, या कि अवधानी, बता सकते हैं कि सन् 1700 में मंगलवार को क्या दिन था। इस ज्ञान को बहुत ही नियोजित ढंग से मिटा दिया गया। यह एक दुर्भाग्यपूर्ण बात है।

आयुर्वेद एक पूर्ण विज्ञान है। यह दिनचर्या और ऋतुचर्या (मौसम के अनुसार चर्या) की बात करता है। तीन दोषों (मन व शरीर के प्रकार के) को संतुलित करने के लिए दिनचर्या में मेडीटेशन को शामिल किया जाता है। मन का शरीर पर प्रभाव पड़ता है और उसके सारे दोष व गुणों पर भी (प्रकृति की तीन विशेषताएँ—सत्त्व, रजस और तमस)। इसलिए मन, श्वास, जड़ी-बूटियाँ—ये सब आपस में जुड़े हुए हैं। उसी तरह आयुर्वेद व्यक्ति को गहराई से ध्यान लगाने में मदद करता है। बहुत सारे विचार अत्यधिक पित्त की ओर इंगित करते हैं (तीन दोषों में से एक)। इसलिए पित्त का इलाज कराया जाना चाहिए। आयुर्वेद में मिश्रणों को योग कहा जाता है। उदाहरणतया जब दो जड़ी-बूटियों को एक साथ मिलाया जाता है तो उसे योग कहा जाता है। यानी कि योग की अवधारणा मेडीटेशन व आयुर्वेद के समान है।

अपने रिश्तों को सीमित न करें। प्यार को प्यार ही रहने दो, उसे कोई नाम न दो। गुरु के लिए कोई भी शिष्य नहीं होता। पर एक शिष्य के लिए गुरु होता है। इसलिए जब आप क्रिया करते हैं तो आपको दीक्षित किया जाता है।

जब आप समझ लेते हैं कि यह आपका तरीका है तो कहें, मैं इस तरीके का शिकार नहीं बनूँगा। आप में वह ताकत है। आपको वह ताकत दी जाएगी।

प्रदोष वह समय होता है, जब दैविक ऊर्जा धरती पर आती है और सारी आत्माओं को मुक्त कर देती है। बहुत सारी आत्माएँ होती हैं। जो लोग मर जाते हैं और एक आत्मा की तरह रहते हैं, प्रदोष का दिन उन्हें मुक्त कर देता है। यह मुक्ति केवल आत्माओं के लिए नहीं होती है, वरन् मनुष्यों के लिए भी होती है। इच्छाएँ पूर्ण हो जाती हैं और मन साफ हो जाता है। वर्ष में एक बार आनेवाली शिवरात्रि को 'महाशिवरात्रि' कहा जाता है। बहुत खास होती है भगवान् शिव की महान् रात्रि।

□

अपने भीतर निहित आकाश को समझना

मैं आपको आकाश (काल) के एक अन्य पहलू के बारे में बताऊँगा। वह है भीतरी आकाश—वह आकाश, जो आपके जीवन पर शासन करता है; वह आकाश, जहाँ से सारे विचार व संवेदनाएँ निकलती हैं, जिसकी आप मात्र एक कठपुतली हैं। नियम हो सकते हैं, पर जब आपकी भावनाएँ सिर उठाती हैं, आप अपनी ही भावनाओं के अधीन हो जाते हैं। अगर आपके विचारों का स्वरूप पूर्वग्रही है, किसी आदर्श या बेकार अवधारणाओं में फँसा हुआ है तो आप उसी तरह व्यवहार करते हैं।

हम मनुष्यों के साथ दिक्कत यह है, आम मनुष्यों के साथ, कि हम अपनी भावनाओं की ओर देखने, अपने खुद के विचारों के स्वरूप को समझने में समय नहीं लगाते हैं। यह नहीं जानना चाहते कि भीतर क्या घट रहा है। हम सोचने से पहले प्रतिक्रिया करते हैं, हम अपनी भावनाओं को सँभाले बिना कार्य करते हैं। इसलिए जब भावनाएँ आपके कार्यों पर हावी हो जाती हैं, समय-समय पर समाज में अपराध होते हैं, चाहे जो भी नियम क्यों न हों।

भीतरी नियम पहरेदार की तरह होते हैं—प्रहरी की तरह; पर भावनाएँ घर की मालिक होती हैं। इसलिए जब मालिक वहाँ आता है तो पहरेदार रास्ता दे देता है। और ऐसा ही होता है। आप कहीं भी अगर किसी अपराधी से बात करते हैं तो या तो वे अपने कृत्य की सफाई देने लगेंगे या वे बिलकुल असहाय महसूस करेंगे, क्योंकि उन्हें लगता है कि वे स्वयं पीड़ित हैं। इसीलिए मैं अकसर कहता हूँ, प्रत्येक अपराधी के अंदर एक पीड़ित मदद के लिए रो रहा है। अगर हम पीड़ित का ध्यान रखते हैं तो अपराधी गायब हो जाता है। और ऐसा ही हमें करने की आवश्यकता है, चाहे वह अपराध कोसोवो और सर्बिया या बोस्निया अथवा श्रीलंका में किया गया हो या कहीं और। अपराध लोग करते हैं, सामान्य आदमी करता है, जैसे कि कुछ मिनटों पहले आदरणीय वक्ता ने कहा है। वे सामान्य लोग हैं, पर क्या चीज सामान्य व्यक्ति को असामान्य अपराध करने के लिए

उकसाती है, वह है अपनी भावनाओं के प्रति शिक्षा की कमी।

न तो घर में और न ही स्कूल में हम में से किसी को यह सिखाया जाता है कि कैसे अपने लालच, अपने क्रोध, अपनी जलन, अपनी कुंठा या अपने आक्रोश से निबटें। कोई भी आपको नहीं सिखाता कि कैसे इस मन को सँभालें, जो हमारे सारे काम करता है। हमें यह महसूस करने के लिए कि धरती बहुत छोटी है, कि हम सब एक-दूसरे से बँधे हैं, बाहरी अंतरिक्ष में जाने की आवश्यकता नहीं है। हम यहीं जागकर अपनी आंतरिक स्थिति को जान सकते हैं।

ढूँढ़ें, अवलोकन करें कि मैं जो भी हूँ, बाकी भी वही हैं। इसलिए हम सब एक हैं, हम सब एक मानव परिवार, मानव जाति के अंश हैं। यह जागरूकता, यह बोध हममें से प्रत्येक के भीतर जगना चाहिए, इस धरती के प्रत्येक व्यक्ति के अंदर और यहीं पर व्यक्तिगत शिक्षा एक सामूहिक संस्कृति की ओर ले जाएगी। समाज में एक संस्कृति, यह व्यक्ति ही है जो संस्कृति की इकाई को बनाता है, व्यक्ति ही है, जो समाज की इकाई को बनाता है। इसलिए अगर लोग शिक्षित होंगे तो हमारा समाज शिक्षित होगा। उस समाज से बेहतर और कुछ नहीं हो सकता है, जो शिक्षित हो जाता है, शिक्षा लोगों के माध्यम से फैलनी चाहिए और उसी तरह शिक्षा का अर्थ है—अपने को सँभालना, अपने को जानना, वह व्यक्तिगत ढंग से होनी चाहिए और वह उसे एक सामूहिक अवधारणा की ओर ले जाएगी, जिसे एक सभ्य व सुसंस्कृत समाज कहा जाता है।

यह एक अंधविश्वास है, मताग्रह है, पूर्वधारणा है, जो हमारे समाज पर आज शासन करती है। क्या आपको पता है कि मध्य युग में, मध्यकालीन समय में क्या हुआ था, या तो स्पेन के धर्म परीक्षण में या जादूगरनियों की तलाश में, कुछ आदर्शों के नाम पर, या पूर्व में जाति प्रथा के नाम पर। वे सब विपदाएँ साबित हुईं, समाज के लिए विपदाएँ और शिक्षा ने समाज को इन बुराइयों से बाहर निकलने में मदद की। उसी प्रकार भ्रष्टाचार, जिसका सामना आज हम व्यापार समुदाय में कर रहे हैं—एक तरह की निम्न नैतिकता है और किसी तरह से हम खो चुके हैं···हमें नहीं पता कि हमें क्या करना है। इसलिए इन स्थितियों में, मानव स्वभाव के बारे में एक आत्मविश्लेषण और समझ, मन के स्वभाव, हमारी भावनाओं के स्वभाव और विशाल परिदृश्य में अपने जीवन के उद्देश्य को समझना अनिवार्य है।

जैसा कि अभी किसी ने कहा था कि देश का जी.डी.पी. (ग्रोस डोमेस्टिक प्रोग्रेस) को अब जी.डी.एच., ग्रास डोमेस्टिक हैप्पीनेस के साथ मापा जाना चाहिए। आपको पता चल जाएगा कि कौन सा राज्य खुश है, कौन सा देश दूसरे से अधिक खुश है। बैंक में मोटी रकम होना और दुःखी रहना समृद्धि नहीं है। आपके पास उस समृद्धि का आनंद उठाने के लिए मन होना चाहिए। आपके पास पर्याप्त भोजन हो सकता है, पर आप

मधुमेह, अवसाद व दिल के रोगों से पीड़ित हैं। इसे स्वस्थ समाज नहीं माना जाएगा। इसलिए चाहे अर्थव्यवस्था हो या राजनीति, सामाजिक उद्यम हो या अन्य कोई गतिविधि, हर चीज एक ही सच के इर्दगिर्द घूमती है—समाज का कल्याण, यानी कि समाज का स्वास्थ्य। अगर स्वास्थ्य दाँव पर लगा है तो समाज के ऊपर उठने के लिए कोई अन्य कारण पर्याप्त नहीं होगा। इसलिए हमें इसके बारे में सोचने की जरूरत है। नीतिपरकता स्वास्थ्य की रीढ़ की हड्डी को बनाती है तथा व्यवसाय अपने पंख फैलाता है। बिना व्यवसाय के स्वास्थ्य या कल्याण संभव नहीं है। इसलिए, हमें इसे समझना होगा। मुझे खुशी है कि हम आज यहाँ एक ही मंच पर हैं, पर बहुत ही भिन्न क्षेत्रों से जुड़े हैं और उस पर विचार कर रहे हैं, जो आज के संकट के समय में आश्चर्यजनक ढंग से कुछ बदलाव कर सकता है।

□

नीतिपरक कार्यों की जरूरत

2000 वर्ष पहले कौटिल्य ने कहा था कि नीति का आधार अर्थव्यवस्था है, अर्थव्यवस्था का आधार राज्य है और राज्य का आधार लोक समाज है। अगर लोक समाज नीतियों का पालन नहीं कर रहा है तो उसके लिए राज्य कुछ नहीं कर सकता है और लोक समाज को नीतियों का पालन करना ही होगा। समाज का कल्याण कौन कर सकता है? आमतौर पर युवा मानते हैं कि अगर आप गैर-नीतिपरक नहीं हैं तो आप सफल नहीं हो सकते हैं। संकट के बाद लोग ज्यादा सजग हो गए हैं।

चीनी भाषा में एक ही शब्द का अर्थ संकट व अवसर होता है। हाल में ही भारत में एक प्रतिष्ठित व्यवसायी से पूछा गया था कि वह रिश्वत क्यों नहीं लेता है। उसने जवाब दिया कि वह अच्छी नींद चाहता है। लोगों को आज जरूरत है तो किसी उदाहरण की। अनेक लोग संकट के बारे में बता सकते हैं, पर कुछ ही उससे पार लगा सकते हैं। अच्छे व्यवहार हमें अच्छी नींद और अच्छा लाभ देते हैं।

नीतिपरक व्यवहार अच्छी अर्थव्यवस्था के लिए अनिवार्य है। हमें व्यावहारिक समाधान निकालने होंगे। 90 प्रतिशत आबादी ईमानदार है। लोग उदाहरणों व समर्थन की प्रतीक्षा कर रहे हैं।

हमें डर और घबराहट पैदा किए बिना लोगों को सावधान करना होगा। आध्यात्मिक मूल्य लोगों में पुनः विश्वास पैदा कर सकते हैं।

हर किसी की जरूरतें व जिम्मेदारियाँ हैं। यह जानें कि हम कैसे अपनी जरूरतों को कम और अपनी जिम्मेदारियों में बढ़ोतरी कर सकते हैं। यह आज की दुनिया में अत्यधिक अनिवार्य है। जब जरूरतों और जिम्मेदारियों के बीच का समन्वय बिगड़ जाता है, तब अस्त-व्यस्तता फैल जाती है।

हैदराबाद में हमारे लोगों के समूह ने व्यापार के लिए लाइसेंस प्राप्त करने हेतु रिश्वत देने से मना कर दिया। उन्होंने कहा कि हम 50 बार आने को तैयार हैं। हम

आपका सम्मान करते हैं, पर आपको रिश्वत नहीं दे सकते हैं। इसने लोगों की सोच को पूरी तरह बदल डाला। समूह को 10 लाइसेंस मिले। युवा लोग, युवा खून चल रहे व्यापार के तरीके को बदल सकता है।

हमें राज्य व हिस्सेदारों के बीच उदाहरण प्रस्तुत करने की जरूरत है।

□

निर्वाण क्या है?

निर्वाण संतुलन लाना और किसी भी इच्छा के लिए कोई चिंता न होना है। इच्छा का अर्थ है अभाव। जब आप कहते हैं, मुझे कुछ नहीं चाहिए, मैं संतुष्ट हूँ, वही निर्वाण है। पर इसका अर्थ यह नहीं है कि आप अपनी जिम्मेदारियों से भाग जाएँ। आप ठीक से अपने दायित्व निभाएँ, पर आप केंद्रित रहें। यहाँ तक कि ज्ञानोदय की चाह भी ज्ञानोदय की राह में बाधा है।

सारी भावनाएँ लोगों, वस्तु और घटनाओं से जुड़ी हैं। वस्तुओं, लोग या रिश्तों के पीछे भागना स्वतंत्रता, मुक्ति में बाधक होता है। जब मन सारी बीती बातों व अवधारणाओं से मुक्त होता है, आप मुक्त हो जाते हैं। कुछ न होने की स्थिति को निर्वाण, ज्ञानोदय, समाधि कहते हैं। निर्वाण का अर्थ है मेरे से अपने तक पहुँचना। मैं कौन हूँ?

जब आप अपने भीतर गहरे तक चले जाते हैं—परत-दर-परत, वही निर्वाण है। यह प्याज छीलने जैसा है। आपको प्याज के बीच में क्या मिलता है? कुछ नहीं ।

जब आप जान लेते हैं कि हर चीज बदलने वाली है—सारे रिश्ते, लोग, शरीर, भावनाएँ—अचानक मन जो दुःख में डूबा होता है, आपके पास वापस आ जाता है। मेरे से अपने तक की वापसी आपको दुःख से राहत व मुक्ति देती है। उस संतुष्टि की अवस्था में आराम करना निर्वाण है।

जब आप माफ कर देते हैं तो आपका मन शांत हो जाता है। उन्हें क्रोध से नहीं, प्यार व स्नेह से समझाएँ। अगर किसी के मन में ग्लानि उत्पन्न कर आपको खुशी महसूस होती है, वह भी अच्छी बात नहीं है। उन्हें प्यार से कहें और फिर आप छोड़ दें।

जीवन बिना आनंद के,
हृदय बिना करुणा के,
दिमाग बिना कल्पना के,
और अंतर्बोध के बिना बौद्धिकता अपूर्ण है।

जीवन उत्सव है। जब सब साथ आते हैं तो उत्सव होता है और बिना उत्सव के समाज बेकार है।

दिव्य प्रेम बहुत दूर नहीं है। वह यहीं मेरे पास है। अगर हममें यह विश्वास होगा, तब हम कभी भी दिव्य प्रेम से स्वयं को अलग नहीं समझेंगे। मैं आपको यह बताने आया हूँ कि आप कभी भी ईश्वर से दूर नहीं हो सकते हैं। अगर आप इस बात को आज समझ लेते हैं तो मैं समझूँगा कि मेरा काम हो गया है।

देवी और देवता ईश्वर के रूप हैं। उनका सम्मान करें और अपने सूक्ष्म स्व में गहन विश्राम करें।

क्या एक ही प्रकार की मिठाई होती है? तब ईश्वर कैसे एक प्रकार का हो सकता है! कल 5,600 तरह के व्यंजन प्रदर्शित किए गए, 35,000 बच्चों ने—जिन्होंने मिठाई के इतनी सारे रूप पहले कभी नहीं देखे थे—उन्होंने उन्हें भोज में खाया। कुछ वर्षों पहले दिल्ली में ब्रह्म नाद नामक समारोह आयोजित हुआ था, जिसमें 1,200 सितारवादकों ने भाग लिया था। लोगों ने कहा, यह संभव नहीं है। फिर भी, असंभव को संभव बनाना हमारा काम है। पुणे में 2,700 गायकों ने एक साथ भाग लिया। फिर गुजरात टीम अन्नम ब्रह्म का विचार लेकर आई। इतना जान लें कि आप जो भी चाहते हैं, आपको मिलेगा।

भगवान् कृष्ण ने कहा था कि सारे धर्मों को छोड़कर मेरे पास आ जाओ। मैं तुम्हारे तुम्हारे सारे पापों से मुक्ति दिलाऊँगा। पर हम ठीक इसके विपरीत करते हैं। हम धर्म से चिपके रहते हैं और अपने खुद के पापों से अपने को बचाने के लिए यात्रा का आरंभ करते हैं।

रोजमर्रा की भाग-दौड़ में हम यह भूल जाते हैं कि ईश्वर हमारे भीतर है। चलिए, हम सब ये संकल्प लेते हैं—बार-बार यह याद करते हुए कि दिव्य संगीत हमारे भीतर है, मेरा परिवार और मैं यह संकल्प लेते हैं कि दुनिया भर में लोग खुश रहेंगे।

हम समष्टि जीवन के हिस्से हैं—एक प्राणी संपूर्ण सार्वभौम से जुड़ा हुआ है, उसके सारे जीवन प्रकारों से। पक्षियों, पशुओं और लोगों के जीवन का सम्मान करना चाहिए। जब हम प्रकृति का ध्यान रखते हैं, उसकी देखभाल करते हैं तो प्रकृति भी हमारा ध्यान रखती है। वह हमें पूर्ण बनाती है और पूर्णता मानव जाति का आधार है। हमें पौधों व पशुओं की देखभाल करनी चाहिए। एक सबसे दिव्य अभिव्यक्ति एक पेड़ लगाना है। फिर हमें लोगों की देखभाल व ध्यान रखने की जरूरत है। खाना बनाते समय महिलाओं को प्रतिदिन मुट्ठी भर अनाज निकालना चाहिए और हफ्ते में एक बार, महीने में एक बार गरीब को खाना खिलाना चाहिए। माना जाता है कि दो-तीन सौ वर्ष पहले भारत में एक भी भूखा या गरीब व्यक्ति नहीं था। इतना पूर्ण व क्षमतावान् देश था हमारा।

एक बार हमें फिर से इस देश को उस अवस्था में लाना होगा। हमें इस दिशा में कार्य करना चाहिए।

हमारे सारे उपनिषदों में कहा गया है कि भोजन ब्रह्म है और उसका सम्मान किया जाना चाहिए। जैसा कि कहा जाता है—जैसा अन्न वैसा मन। आपके मन की स्थिति आपके आहार पर निर्भर करती है। शुद्ध शाकाहारी भोजन हमारे मन को एकदम सही रखता है, बुद्धि को तीक्ष्ण रखता है और शरीर को चुस्त। यही कारण है कि आज कई वैज्ञानिक शाकाहार को अपना रहे हैं।

हम खाना खाने से पहले प्रार्थना करते हैं। जो खाना हम खाते हैं, वह तरंगों को ग्रहण करता है। भोजन का सम्मान करने का अर्थ है किसानों का सम्मान करना। हमें हमेशा यह बात दिमाग में रखनी चाहिए कि जो अन्न पैदा करते हैं, उनका हमेशा खुश होना आवश्यक है; क्योंकि वह विचार चक्र का उद्‌भव है। यह हमारी सुंदर परंपरा है, जिसके पीछे गहन विज्ञान है। भोजन हमें चैतन्य (चेतना) का अनुभव कराता है, तभी उसे ब्रह्म कहा जाता है।

भारत सात क्षेत्रों में अपने योगदान के लिए प्रसिद्ध है। पहला है अलग-अलग तरह के कपड़े। फिर भोजन की बड़ी किस्में। उसके बाद आता है नृत्य और संगीत—भारत की इन क्षेत्रों में भी पहचान है। फिर आता है पर्यटन—प्रवास उद्योग और आई.टी. उद्योग। इस तरह से भारत ने इन सात क्षेत्रों में अपनी असाधारण पहचान बनाई है। हमें उसे प्रचलित बनाना है। इन चीजों को विश्व विरासत के रूप में पहचान मिलनी चाहिए।

जीवन में अगर आप संतुष्टि चाहते हैं तो आपको मस्तिष्क में बर्फ की एक फैक्टरी चाहिए, मुँह में मिठाई की फैक्टरी और दिल में करुणा की फैक्टरी।

जो भी माँगें हैं—उन्हें ईश्वर को समर्पित कर दें। दुःख का अर्थ है—त्याग का बल और सुख का अर्थ है—सेवा का बल।

चीन में एक लोकप्रिय व्यक्ति था, जिसे सात तरह की बीमारियाँ थीं। उसने दो घंटे के लिए रोज ओइम् का उच्चारण करना आरंभ कर दिया और उसकी बीमारियाँ ठीक हो गईं। महर्षि पतंजलि ने इसे बहुत वर्षों पहले कहा था—अगर हम प्रतिदिन ओइम् का उच्चारण करते हैं तो वह घर की नकारात्मक ऊर्जा को घटा देती है।

□

नवरात्र का त्योहार क्या है

आश्विन (शरद) और चैत्र (वसंत) के आरंभ होने पर नवरात्र का त्योहार प्रार्थनाओं व हर्षोल्लास के साथ मनाया जाता है। यह समय स्वयं को पाने और स्रोत पर वापस जाने का होता है। परिवर्तन के इस समय में प्रकृति पुरानी चीजें छोड़ देती है और उसमें नवीनीकरण होता है। पशु जाड़ा बिताते हैं और वसंत में जीवन ताजगी के साथ वापस लौट आती है।

वैदिक विज्ञान के अनुसार, स्वयं को बार-बार निर्मित करने के लिए पदार्थ अपने मूल रूप में वापस आ जाता है। सृजन चक्रीय है, रेखीय नहीं। हर चीज प्रकृति द्वारा दुबारा बनती है—नवीनीकरण का पूर्ण चक्र। हालाँकि मानव मन सृजन के इस नियमित चक्र में पिछड़ जाता है। नवरात्र का त्योहार मन को अपने स्रोत पर ले जाने के लिए होता है।

माँ दुर्गा केवल बुद्धि की तीक्ष्णता की तरह ही नहीं जानी जाती हैं, वरन् भ्रांति भी हैं। वह केवल प्रचुरता (लक्ष्मी) नहीं हैं, वह भूख (क्षुधा) भी हैं और प्यास (तृष्णा) भी। संपूर्ण सृष्टि में माँ दुर्गा के इस पहलू को समझने से व्यक्ति समाधि की गहन अवस्था में चला जाता है। यह युगों से चले आ रहे पश्चिम के सैद्धांतिक संघर्ष का उत्तर देता है। ज्ञान, भक्ति और निष्काम कर्म के द्वारा व्यक्ति अद्वैत चेतना में अद्वैत सिद्धि या पूर्णता प्राप्त कर सकता है।

काली प्रकृति की सबसे प्रचंड अभिव्यक्ति हैं। प्रकृति सुंदरता का प्रतीक है, फिर भी उसका प्रचंड रूप होता है। द्वैत भाव को मानने से मन में पूर्ण स्वीकार्यता आ जाती है जिससे मन को सुकून मिलता है।

हालाँकि नवरात्र बुराई पर अच्छाई की विजय के रूप में मनाया जाता है। वास्तविक लड़ाई अच्छाई और बुराई के बीच नहीं है। वेदों के अनुसार देखें तो विजय प्रत्यक्ष द्वैत भाव के ऊपर पूर्ण वास्तविकता है। अष्टावक्र के शब्दों में, यह एक कमजोर लहर है, जो समुद्र से अपनी अलग पहचान रखने की कोशिश करती है, पर कोई लाभ नहीं होता।

हमारे अद्‌भुत सार्वभौम के लिए तीन आदिकालीन गुणों को स्त्रियोचित ताकत माना जाता है। नवरात्र के दौरान माँ दुर्गा की पूजा करने से हम तीन गुणों में सामंजस्य बिठा पाते हैं और वातावरण में सत्त्व को बढ़ाते हैं।

आंतरिक यात्रा हमारे नकारात्मक कर्मों को निष्प्रभावित कर देती है। नवरात्र ऊर्जा या प्राण का उत्सव है, जो अकेले ही महिषासुर (जड़ता), शुंभ-निशुंभ (घमंड व शर्म) और मधु-कैटभ (लालसा व घृणा की अधिकता) का नाश कर देती है। वे पूर्णतया एक-दूसरे के विरोधी हैं, फिर भी पूरक हैं। जड़ता गहरे तक नकारात्मकता और मोह (रक्तबीजासुर), असंगत तर्कों (चंड-मुंड) और धुँधली दृष्टि (धूम्रलोचन) को समाहित कर देती है जिनसे छुटकारा केवल प्राण व शक्ति के स्तर को बढ़ाकर, जीवन-शक्ति ऊर्जा को बढ़ाकर ही पाया जा सकता है।

इसे पाने की इच्छा रखनेवाला व्रत, प्रार्थना व मौन तथा मेडीटेशन के द्वारा सच्चे स्रोत की ओर जाता है। रात को रात्रि भी कहा जाता है, क्योंकि यह नवीनीकरण को वापस लाती है। यह हमारे अस्तित्व के तीन स्तरों—शारीरिक, सूक्ष्म और कारणात्मक को राहत देती है। उपवास रखने से शरीर के विषाक्त कण बाहर निकलते हैं तो मौन वाणी को शुद्ध करता है और हमेशा बक-बक करनेवाले मन को चैन प्रदान करता है और मेडीटेशन व्यक्ति को उसके अपने भीतर की गहराइयों में ले जाती है।

नवरात्र के नौ दिन उन तीन आदिकालीन गुणों का आनंद उठाने के भी होते हैं, जो सार्वभौम को बनाते हैं। हालाँकि हमारा जीवन तीन गुणों से चलता है, हम उन्हें न तो कभी पहचानते हैं और न ही उन पर विचार करते हैं। नवरात्र के पहले तीन दिन तमोगुण को समर्पित होते हैं, अगले तीन दिन रजोगुण को और अंतिम तीन दिन सत्त्व गुण को। हमारी चेतना तमो व रजोगुण से गुजरती हुई अंतिम तीन दिनों में सत्त्व गुण में जाकर पल्लवित हो जाती है। जब भी जीवन में सत्त्व का आधिपत्य होता है, विजय भी पीछे-पीछे आती है। विजयादशमी के दसवें दिन को मनाते हुए ज्ञान के सत्त्व का सम्मान किया जाता है।

हालाँकि ब्रह्मांड के अंदर लघु ब्रह्मांड एकदम ठीक है, माना जाता है कि पृथक्‌ता विरोधों का कारण है। ज्ञानी के लिए संपूर्ण रचना जीवंत हो उठती है और वह उसी तरह हर चीज में जीवन को देखने लगता है जैसे कि बच्चे हर चीज में जीवन देखते हैं। माँ दुर्गा या पवित्र चेतना स्वयं सारे रूपों को फैलाती है और उसके सारे नाम हैं। प्रत्येक रूप और प्रत्येक नाम में एक ईश्वर को पहचान लेना ही नवरात्र का उत्सव है। इसलिए जीवन के सारे पहलुओं और प्रकृति का सम्मान करते हुए अंतिम तीन दिनों में विशेष पूजा की जाती है। □

ओइम् के उच्चारण की महत्ता

ओइम् को एक-हाथ से बजानेवाली ताली की ध्वनि भी कहा जाता है। वह ध्वनि जो किसी घर्षण की वजह से नहीं, बल्कि सार्वभौम में उत्पन्न होती है। ओइम् एक सार्वभौम ध्वनि है, इसलिए जब लोग गहन ध्यान में होते हैं, वे उसे सुनते हैं और वे इसका प्रयोग करोड़ों वर्षों से कर रहे हैं। हाल ही में जिन्होंने इस ध्वनि को कंप्यूटर पर मापा, कहा कि इसकी वही आवृत्ति है, जो पृथ्वी की अपनी धुरी पर चक्कर लगाने की है। ओइम् ध्वनि में हमारे प्राण हमारे पूरे शरीर को ढक लेते हैं। ओइम् का प्रकृति के साथ ऐसा अनुनाद है कि अगर आप समुद्र के किनारे खड़े हो जाएँ और बहती हवा को सुनें तो आपको ओउम् की ध्वनि सुनाई देगी।

महर्षि पतंजलि—योग के संस्थापक ने कहा था कि जीवन में सारे अवरोधों को दूर भगाने के लिए ओउम् का अभ्यास किया जा सकता है। यह उन पद्धतियों में से एक थी, जो उन्होंने प्रतिपादित की थीं। मेडीटेशन से पहले जब हम बैठकर तीन बार ओम् का उच्चारण करते हैं और फिर अपने मंत्र का प्रयोग करते हैं—जो भी मंत्र दिया गया हो, तो मेडीटेशन बहुत गहन हो जाता है।

चीन में एक बहुत ही प्रसिद्ध डॉक्टर हैं, जिन्हें सात प्रमुख बीमारियाँ थीं और उन्होंने अपना अनुभव हमसे बाँटा। उन्होंने कहा कि यह उनका अनुभव है कि वे प्रतिदिन 500 ग्राम दवाइयाँ खाते थे, पर कोई फायदा नहीं हुआ। फिर उन्होंने रोज एक से दो घंटे ओइम् का उच्चारण करना आरंभ किया और वे सारी बीमारियों से मुक्त हो गए, जिन्हें असाध्य समझा जाता है। उनके सहयोगी भी हैरान रह गए। अब वह इसे संगीत चिकित्सा का नाम दे रहे हैं और उसे चीन में राष्ट्रीय चैनल पर लोगों को सिखा रहे हैं।

जब उन्होंने यह अनुभव हमारे साथ बाँटा तो मुझे लगा कि यही तो महर्षि पतंजलि ने योग सूत्र में कहा था—एक तत्त्व अभ्यास (एक तत्त्व, एक सिद्धांत का अभ्यास करो, जो ओइम् है)। चीन में ओम् का उच्चारण करने को म्यूजिक थेरैपी कहा जाता है।

ध्वनि और कुछ नहीं, वरन् ऊर्जा है। यह और कुछ नहीं, वरन् विद्युत् है। हमारा सारा शरीर और कुछ नहीं, वरन् विद्युत् है। और वह हमारे शरीर की कोशिकाओं पर गहरा प्रभाव डाल सकती है। निर्देशित मेडीटेशन में आपको कुछ करने की आवश्यकता नहीं है। आपके लिए मेडीटेशन की जाएगी। सिर्फ महसूस करें कि ईश्वर मेरे लिए मेडीटेशन कर रहे हैं, मुझे सिर्फ सुकून से रहना है। कोई और हवाई जहाज चला रहा है और आपको केवल सीट बेल्ट बाँधनी है, पीठ लगाकर शिथिल होकर बैठना है।

मेडीटेशन के मंत्र की तरह मंत्र का उपयोग न करें, क्योंकि तब उसमें प्रयास करना पड़ता है। आरंभ या अंत में प्राणायाम की तरह प्राण को बढ़ाना अच्छा है। पर सिर्फ बैठकर न कहें ओइम्, ओइम्, ओइम्। इससे आपकी ऊर्जा बहुत अधिक बढ़ सकती है और आप नहीं समझ पाएँगे कि उसे कैसे सँभाला जाए। हो सकता है, आपको नींद न आए। आरंभ में हम तीन, पाँच या सात बार ओइम् का उच्चारण करते हैं और फिर शिथिल हो जाते हैं।

अगर आपको किसी से प्यार हो गया है तो कोई बात नहीं है। आप विवाह कर सकते हैं। यह न सोचें कि प्रेम की कोई जगह नहीं है या प्रेम अध्यात्म के विरुद्ध है। ऐसा नहीं है। स्वच्छंद संभोग अध्यात्म के विरुद्ध है। दूसरों का अनैतिक ढंग से शोषण अध्यात्म के विरुद्ध है। पर अगर आपको सचमुच किसी लड़की से प्यार हो जाता है और वह भी आपसे प्यार करती है, तो ठीक है। पर अगर आप किसी से प्यार करते हैं और वह किसी और से प्यार करती है तब आप मुश्किल में आ जाएँगे और वह भी मुश्किल में आ जाएगी। इस प्रेम में जिस व्यक्ति को सबसे अधिक फायदा होगा, वह है टेलीफोन कंपनी और अगर आपको प्यार हो जाता है तथा आपके माता-पिता सहमत हो जाते हैं तो इससे बढ़िया बात तो कोई हो ही नहीं सकती है। पर उसी इनसान के साथ आपका प्रेम बाद में भी कायम रहना चाहिए।

पिछले महीने यहाँ एक लड़के ने शादी की और कहा कि मैं एक ही लड़की के साथ तीसरी बार शादी कर रहा हूँ—पहली बार अमेरिका में, दूसरी बार दिल्ली में और अब यहाँ। इस तरह से आप अपने प्रेम को हर दिन उत्सव की तरह मना सकते हैं। अध्यात्म किसी भी तरह के भ्रष्टाचार के विरुद्ध है। प्रेम के नाम पर हम वासना में लिप्त हो रहे हैं और लोगों का शोषण कर रहे हैं। यह ठीक नहीं है।

प्रेम का अर्थ है—मैं तुम्हारे साथ हमेशा हूँ। जो भी कुछ मेरे पास है, उसे मैं तुम्हारे साथ बाँटना चाहता हूँ। यह देने की भावना के साथ आना चाहिए, न कि छीनने की। वह प्रेम आध्यात्मिक है। वस्तुतः भारत में ईश्वर के साथ प्रेम की अवधारणा लाई गई। देश भर में राधा-कृष्ण इसके लिए जाने जाते हैं।

□

मन-समय संबंध को समझना

समय और मन एक-दूसरे से संबंधित हैं। आपको यह पता होना चाहिए। समय व मन एक-दूसरे के पर्याय हैं। कहा गया है—देश, काल, मन्हा। देश अंतरिक्ष है, काल समय है और मन्हा मन है। ये सब तत्त्व हैं, सिद्धांत हैं। और ये सारे सिद्धांत संबंधित हैं। देश और काल संबंधित हैं। अंतरिक्ष व समय संबंधित हैं। इस धरती पर एक दिन दूसरे पर...चाँद पर कई दिन होते हैं। चाँद पर अलग होता है। इसलिए अगर आप बृहस्पति पर होते हैं, एक मानव वर्ष केवल एक माह होता है। अगर बृहस्पति पर आपको एक वर्ष का अनुभव करना है तो वह धरती के समय के 12 वर्ष होते हैं। बृहस्पति सूर्य के चारों ओर चक्कर लगाने में 12 वर्ष लेता है। उसी प्रकार अगर आप धरती से सूर्य ग्रह पर हैं तो 30 वर्ष एक वर्ष होते हैं।

उसी प्रकार पितृ, जो लोग मर चुके हैं, उनके लिए हमारा एक मानव वर्ष एक दिन के बराबर होता है। इस तरह हमारे छह महीने एक रात और छह महीने एक दिन के बराबर होते हैं। इसलिए उस आत्मा के लिए, जो शरीर छोड़ गई है, हमारा पूरा वर्ष एक दिन होता है। अलग-अलग दिशाओं में अलग-अलग समय व अलग-अलग अंतरिक्ष होते हैं। इसलिए, समय व अंतरिक्ष संबंधित हैं। इसे समय-अंतरिक्ष घुमाव कहा जाता है। यही बात तीसरी दिशा के साथ है, जो है मन। मन-विहीन, अनुभवातीत चेतना को महाकाल, शिव कहा जाता है, जो चेतना की चौथी अवस्था है। उसे महाकाल कहा जाता है, अर्थात् समय और कोई मन न होना। मन न होना सबसे अच्छा समय है।

इसलिए सुबह 4.30 से 6.30 बजे के समय को भोर से पहले, सूर्योदय से पहले के समय को—सबसे रचनात्मक समय माना जाता है।

ब्राह्म मुहूर्त। और उसके बाद हर दो घंटों को लग्न कहा जाता है, जिसका अर्थ है समय की एक इकाई। यह समय की यह इकाई मन की स्थिति को बताती है और वह चंद्रमा, सूर्य की स्थिति के साथ जुड़ी हुई है। बहुत सारे पहलू हैं। दस अलग-अलग

पहलू मन को प्रभावित करते हैं। इसलिए न केवल समय या घंटे मन को प्रभावित करते हैं, बल्कि दिनों की गुणवत्ता भी मन पर असर डालती है। हर ढाई दिन बाद मन बदल जाता है। मन की मन:स्थिति। इसलिए अगर आप परेशान हैं तो वह स्थिति अधिकतम ढाई दिनों तक रहेगी, पूरे ढाई दिनों तक रहना आवश्यक नहीं है। वह उच्चतम स्थिति तक पहुँचती है और फिर गिर जाती है। पर ढाई दिनों के बाद आपके पास वही भावनाएँ उतनी ही तीव्रता के साथ नहीं होंगी। असंभव। वे बदलती हैं, पलटती हैं। यह बहुत विस्तृत विज्ञान है—कैसे मन, मन:स्थिति और समय आपस में संबंधित हैं।

ज्योतिष-शास्त्र में अकूत भंडार भरा हुआ है। आप ज्योतिषियों के बारे में तो जानते ही हैं, आमतौर पर साप्ताहिक स्तंभ लिखनेवाले ये ज्योतिषी कहते हैं, 'संबंधों के लिए अच्छा है, धन कमाने के लिए अच्छा है। यह है, वह है आदि।' वे ऐसी बातें लिखते हैं। वे उन चीजों का सामान्यीकरण करते हैं। 'अगर आप इस समय पैदा हुए हैं तो अच्छा है और आप यह करें।' निस्संदेह यह बहुत ही आम होता है और पैसे कमाने का जरिया होता है। पर यह धोखा नहीं है, इसमें सच का अंश होता है। अंतर्निहित आधार सच होता है। यह सिद्धांत कि मन और समय आपस में संबंधित हैं, सही है।

मन का अर्थ है मन:स्थिति, विचार, मत। वे सब चीजें जिन्हें हम एकत्र करते हैं। और मन न होना मेडीटेशन है। मेडीटेशन के लिए भोर और गोधूलि के समय को सबसे अच्छा माना जाता है। इसलिए जब भी आप मेडीटेशन करते हैं या जब भी बुरा समय होता है, हम मेडीटेशन करते हैं। जब आप मेडीटेशन करते हैं तो आप मन के प्रभाव से बाहर निकल आते हैं और अपने भीतर चले जाते हैं। यह स्व शिव तत्त्व है। शिव तत्त्व का अर्थ है हमेशा परोपकारी, परवाह करनेवाला, स्नेहमयी व कल्याणकारी। आपके भीतर निहित चेतना, जो परवाह करनेवाली, स्नेहमयी, कल्याणकारी और परोपकारी है, वह मन और समय के नकारात्मक प्रभावों को निष्फल कर देगी।

इसलिए, भारत में यह बहुत आम विश्वास है कि जब भी बुरा समय आए, सिर्फ ओइम् नमः शिवाय कहें और वह टल जाएगा, सारा बुरा समय खत्म हो जाएगा। मनः को जब उलटा करके पढ़ते हैं तो वह बन जाता है नमः। मनः तब होता है जब चेतना बाहरी दुनिया में चली जाती है और नमः तब होता है जब चेतना भीतर की ओर जाती है। शिवाय—शिव के सिद्धांत की ओर, चेतना की अवस्था, सत्ता का सूक्ष्म पहलू, शिव तत्त्व। इसलिए नमः, जब मन सृष्टि के मूलभूत तत्त्व की ओर जाता है, तब वह उस सबको अधिक परोपकारी अनुभव में बदल सकता है।

यह वादा नहीं है, जो महत्त्वपूर्ण है, महत्त्वपूर्ण है—जो सबके लिए उत्तम हो, समूची मानव जाति के लिए। मान लीजिए, आपने अपनी बेटी को स्कीइंग के लिए ले

जाने का वादा किया है, पर अगर मौसम विशेषज्ञों की जानकारी के अनुसार हिमपात होने वाला हो तो आप क्या करेंगे? क्या आप उसे ले जाएँगे, क्योंकि आपने उससे वादा किया है या आप समझदारी दिखाते हुए कहेंगे, इस समय वादा खुशी नहीं ला सकता है, इसलिए मैं अपना वादा वापस लेता हूँ और अब वहाँ तुम्हें लेकर नहीं जाऊँगा।

जब आपके अंदर अपनेपन की भावना हो तो शरमीलापन गायब हो जाता है।

मेरे लिए पूरी दुनिया एक परिवार है। मैं जहाँ भी होता हूँ, बहुत सहज और अपनापन महसूस करता हूँ। मुझे कभी भी किसी देश या धरती पर यह एहसास नहीं हुआ कि वह मेरी नहीं है। मुझे कहीं भी कभी अजनबीपन का एहसास नहीं हुआ। मेरी धारणा है पूरी दुनिया को एक परिवार की तरह देखना। निस्संदेह, परिवार बहुत ही महत्त्वपूर्ण संस्था है। वह समाज की नींव है।

जीव ब्रह्म का अंश है। गुब्बारे में हवा अंदर और बाहर दोनों जगह होती है। बरतन के अंदर भी जगह होती है और बाहर भी। अंदर की जगह जीव है और बाहर की जगह ब्रह्म है।

जीव लालसा, घृणा और इच्छा है। यह सब गुब्बारा है। इसीलिए ईश्वर कोई पृथक् सत्ता नहीं है, पर वह है, 'मैं क्या हूँ।' अगर लहर पूछती है कि 'समुद्र कहाँ है' तो क्या कहना चाहिए? लहर अपने आप में ही समुद्र है। आपको केवल इसे समझना है। इसीलिए यह कहा गया कि फूल की डंडी को तोड़ने में तो क्षण भर लगता है, ईश्वर को सेकंड के एक अंश में पहचाना जा सकता है।

अगर आप सोचते हैं कि आपको परेशान नहीं होना चाहिए तो आप और अधिक परेशान होते हैं। परेशानी हर समय कायम नहीं रहती है। अगर टिप्पणियों में कुछ सार है तो उसे मान लें। आलोचना का स्वागत करें। यह आपके सुधार के लिए है या यह वह प्रभाव है, जो आपने निर्मित किया है?

आप प्रशंसा पर संशय करते हैं, इसलिए आलोचना पर भी संशय करें।

इस समय आप खुश हैं या दु:खी हैं? बस, खुश रहें। इसलिए उत्तर आपके अंदर ही निहित है।

एक बार एक महिला एक संत के पास गई और पूछा कि 'दुनिया इतनी दु:खी क्यों है?'

जब दु:ख हो तब अगर आप दुनिया को नहीं छोड़ सकते हैं तो आप खुशियों से भरी दुनिया को कैसे छोड़ सकते हैं?

अगर आप दुनिया जैसी है वैसी नहीं रहने दे सकते तो बहुत नुकसान में रहेंगे। सिर्फ उद्गम की ओर भीतर की ओर मुड़ जाएँ, वहाँ कोई दु:ख नहीं है। एक बार जब

आप यह सीख जाएँगे कि कैसे अंदर की ओर जाना है, दुनिया दुःख भरी नहीं लगेगी।

जरा दुनिया की ओर देखें, दुःख कहाँ है? चिड़ियाँ चहचहा रही हैं, नदी बह रही है। दुःख कहाँ है? मुझे दुनिया में सिर्फ सुंदरता दिखाई देती है। सारे चेहरों को देखें, वे सब खुश हैं।

जीवन में 20 प्रतिशत दुःख है और 80 प्रतिशत खुशी है। पर हमारा मन 20 प्रतिशत को 2,000 प्रतिशत बना देता है।

□

गरीबी का एक प्रमुख कारण है शराब

अनेक गाँववाले अपनी कमाई का 60 प्रतिशत ताड़ी पर खर्च करते हैं। अगर आपको लगता है कि वे गरीब हैं तो वे कैसे ताड़ी खरीद पाते हैं? ताड़ी की दुकानें बंद करके गाँव गरीबी रेखा से ऊपर उठ गए हैं। जहाँ-जहाँ भी शराब पीना बंद हुआ, गरीब-से-गरीब व्यक्ति कमाई कर सकता है और भूखा नहीं रहता है। ऐसा विकास केवल सरकार द्वारा किया जाना संभव नहीं है। गैर-सरकारी संगठनों को भी इस बदलाव की पहल करनी चाहिए।

क्या आप अपनापन महसूस करते हैं? वही आध्यात्मिकता है।

जब यह अपनापन सबको शामिल करने के लिए बढ़ता है तो आध्यात्मिकता बढ़ती है।

मान लीजिए, आप पाँच-छह घंटों के लिए बैठते हैं। क्या आपको पैरों में दर्द होता है? आपको कैसे पता चलता है? हमारा संशय हमेशा किसी सकारात्मक चीज के प्रति होता है। कोई पूछता है, क्या आप खुश हैं? और हम कहते हैं, मैं यकीन से नहीं कह सकता। आप अपने अवसाद पर कभी संशय नहीं करते हैं।

सच्चे संतोष के बारे में चर्चा करने के लिए हमारा मैत्रीपूर्ण और अनौपचारिक वातावरण में होना अनिवार्य है। क्या आप सब इस बात से सहमत हैं? हम सहज और अपनापन महसूस करें, यह महत्त्वपूर्ण है। ऐसी बात जो दिल के बहुत करीब हो, उस पर चर्चा करने के लिए एक दिखावटी वातावरण अनुकूल नहीं है। अपने आस-पास के लोगों का अभिवादन करने के लिए हम क्यों नहीं कुछ मिनट बिताते? क्या आपको पता है, हम जीवन में इतनी नीरसता का अनुभव क्यों करते हैं? क्योंकि हम बहुत ही दिखावटी दुनिया में रहते हैं। हमारे अभिवादन बहुत बाहरी होते हैं, हमारी माफी बहुत दिखावटी होती है। यानी कि हम शब्द में रहते हैं, जो केवल शब्द हैं जिनके पीछे भावनाएँ व उपस्थिति नहीं होती है। मान लीजिए, आप किसी के घर मेहमान की तरह जाते हैं और वे

केवल दिखावे के लिए आपका अभिवादन करते हैं। क्या आपको संतोष होगा? अगर आप भारतीय गाँवों में रहनेवाले लोगों की झोंपड़ी में जाते हैं, वहाँ उनसे मिला अभिवादन व स्वागत-सत्कार उनके दिलों की मासूमियत से आता है। वह हमारे दिल को छू जाता है। अन्यथा अधिकांश बातें, जिनका हम आपस में आदान-प्रदान करते हैं, वे एयरहोस्टेस के शब्दों की तरह होती हैं, आपका दिन अच्छा बीते। ऐसा कहने के पीछे उनकी कोई भावना नहीं होती है। आज हम वास्तविक बने रहना भूल गए हैं। हमने अपने बीच दीवारें क्यों खड़ी कर ली हैं? कई बार लोग अपने ही बच्चों के साथ बहुत दिखावा करते हैं। हमने चारों ओर मजबूत सीमाएँ निर्मित कर ली हैं। क्या ऐसा नहीं है? हम अपने शब्दों के बजाय अपने होने के माध्यम से बोलते और संप्रेषण करते हैं। मैं अकसर कहता हूँ कि मानव की बजाय कुत्ता ज्यादा बेहतर संवाहक होता है। वह आपकी भाषा नहीं बोल सकता है, पर अपने व्यवहार व गतिविधियों के द्वारा अपनेपन की भावना को व्यक्त करता है। वह अपने प्यार को अभिव्यक्त करने के लिए सारे अवरोध तोड़ देता है। आपने अगर नई पोशाक भी पहनी हो तो भी वह आपके ऊपर कूदने में नहीं हिचकता है। वह आपकी सीमाओं में घुस जाता है और स्वयं को व्यक्त करता है। जब हम अपने मूल स्व, अपने आप के संपर्क में होते हैं, तभी सच्चा संतोष मिलता है। और ऐसा होने के लिए क्या मदद करता है, वह है तनाव से मुक्त होना।

कई बार जो देखने में दुश्मन लगते हैं, वे वास्तव में दुश्मन नहीं होते हैं। मैं आपको उसका उदाहरण देता हूँ, जो हमने इराक में किया था। हमने वहाँ के परेशान युवाओं को कुछ मेडीटेशन और सुदर्शन क्रिया दी। उनमें बहुत ही व्यापक परिवर्तन देखने को मिला। युवा मंत्री ने बंगलौर के आर्ट ऑफ लिविंग इंटरनेशनल सेंटर में शांति के दूतों की तरह प्रशिक्षित करने के लिए वहाँ 50 युवा नेताओं को भेजा। आरंभ करना चुनौतीपूर्ण कार्य था, पर एक महीने के समय में ही उनमें आश्चर्यजनक परिवर्तन देखने को मिला। वही लड़के जब वापस गए तो उन्होंने हजारों लोगों को सिखाया कि कैसे शांत रहा जाता है। हमें न तो स्कूल में और न ही घर में यह सिखाया जाता है कि अपनी नकारात्मक भावनाओं को कैसे सँभाला जाए। आपको क्रोध आता है, आप परेशान होते हैं, मन में लालच जागता है या अवसादग्रस्त हो जाते हैं; पर हमें नहीं सिखाया जाता कि अपने मन को कैसे सँभालें।

मैं यह नहीं कह रहा कि कल की दुनिया में सारे मतभेदों को सुलझाने के लिए हमारे पास समाधान हैं। यह व्यावहारिक ही नहीं है। पर मेडीटेशन करने के बाद हमें जिस बात ने उम्मीद दी, वह यह कि उन लोगों में व्यापक परिवर्तन देखने को मिला, जो बहुत आक्रामक या दुश्मन लगते थे।

वर्ष 2001 में कश्मीर में बहुत ही कठिन स्थिति थी। पर अब चीजें बदल गई हैं। हम बूँद-बूँद करके प्रयास कर सकते हैं। जहानाबाद में भी हमारे प्रयासों ने हमें अच्छे परिणाम दिए। इन सबने मुझे पूरी तरह से प्रतिकूल क्षेत्रों में जाने और अधिक कार्य करने का उत्साह दिया। हालाँकि, वह एक बड़ी चुनौती थी।

जब कुछ लोग सोचते हैं कि वे ही स्वर्ग में जाएँगे और बाकी लोग नरक में जाएँगे, वे दूसरों के लिए नरक निर्मित करते हैं। हमें विस्तृत सोच के साथ उन्हें शिक्षित करने की आवश्यकता है, ताकि हर बच्चा दुनिया के ज्ञान के बारे में थोड़ा तो जान सके। हमने चीजों का आलू के चिप्स की तरह वैश्वीकरण कर दिया है, पर हमने ज्ञान तथा शांति व अहिंसा पर शिक्षा का वैश्वीकरण नहीं किया है। जब लोग तनावग्रस्त होते हैं तो या तो वे हिंसात्मक या आक्रामक हो जाते हैं अथवा उनमें आत्महत्या करने की प्रवृत्तियाँ जाग्रत् हो जाती हैं। अवसाद, आत्महत्या करने की प्रवृत्ति, सामाजिक व घरेलू हिंसा का समाधान उन्हें यह सिखाने के लिए है कि वे नकारात्मक भावनाओं, तनाव और उन सब अवांछित मनोभावों से कैसे छुटकारा पा सकते हैं। हम उन्हें कैसे ठीक कर सकते हैं? चिकित्सीय स्पर्श अनिवार्य है।

एक औरत की भूमिका बहुत महत्त्वपूर्ण होती है। औरतें अपने आस-पास के कई लोगों को प्रभावित कर सकती हैं—पिता, भाई, बच्चे, पति। उनके पास अधिक ताकत व प्रभावित करने की क्षमता होती है। भारतीय पुराणों में सारे ताकतवर विभाग जैसे रक्षा मंत्रालय, वित्त और शिक्षा महिलाओं के पास थे। आप और क्या चाहते हैं? भारत में हम मानते हैं कि पुरुष और औरत बराबर के साथी हैं। अर्धनारीश्वर की धारणा है हमारे यहाँ—ईश्वर न पुरुष है, न स्त्री। ईश्वर आधा पुरुष है और आधा स्त्री। हर कोई वैसा ही है। कोई भी पूर्ण पुरुष या पूर्ण स्त्री नहीं है। हम में से प्रत्येक के अंदर माता और पिता दोनों के जींस हैं। इसलिए हमें महिलाओं का सम्मान करना चाहिए। महिलाओं को समाज में आगे आना चाहिए और मुझे लगता है कि महिलाएँ ज्यादा बेहतर शांति निर्माता हो सकती हैं और दुनिया में तब कम वैमनस्य, लालच और भ्रष्टाचार होगा। यह मन है, जो भ्रष्ट हो जाता है। दिल हमेशा पुराने की कामना करता है और मन नए की। क्या ऐसा नहीं है? आप मन में अधिक-से-अधिक चाहते हैं, पर दिल कहता है, मैं खुश हूँ। दिल देना चाहता है और मन लेना चाहता है। औरतें अपने दिल की बात ज्यादा सुनती हैं। उसे नेतृत्व विकसित करते समय और अधिक सामाजिक दायित्व लेते हुए उस विशेषता को कायम रखना चाहिए।

सुबह के समय मन ज्ञान, सजगता और जाग्रत् अवस्था में होता है। दोपहर में वह कुछ कार्य करने में संलग्न होता है और शाम को मन आराम करने की स्थिति में होता है।

जो दुःखी रहना चाहता है, वह हर समय दुःखी रह सकता है और जो खुश रहना चाहता है, वह पूरे दिन खुश रह सकता है। एक मूर्ख हमेशा दुःखी रहेगा और एक बुद्धिमान बदलते मनोभावों के बावजूद खुश रहेगा।

हम सब एक हैं। मैं आप हूँ, आप मैं हूँ।

मन एक स्थान की तरह है। स्व शरीर के अंदर व बाहर एक स्थान की तरह है। विचार आते हैं; जाते हैं भावनाएँ उमड़ती हैं, जाती हैं; पर आप अंदर जाते हैं तो वहाँ केवल रिक्त स्थान होता है। और यही हमारा वास्तविक स्वभाव है। जब हम विचारों, भावनाओं व संवेदनाओं के साथ स्वयं को बहुत अधिक जोड़ते हैं, तब हमें लगता है कि हम ठहर गए हैं, हम छोटे हैं। पर, आपका वास्तविक विशालकाय अस्तित्व वह स्थान है जहाँ आप पूर्ण शांति महसूस करते हैं। वे क्षण जब आप पूर्णतया शांति या प्यार में होते हैं, आप विस्तार महसूस करते हैं, आप बंधन-मुक्त महसूस करते हैं, आप सीमाहीन महसूस करते हैं—और यही हमारा सच्चा स्वभाव है। यही सुंदरता है। हम सब उसमें एक हैं, कोई दो नहीं है। हमारा मन सुबह शाम से भिन्न सोचता है। ग्रहों की अवस्थिति भी हमारे मन को प्रभावित करती है। कई बार मन में विश्वास जाग्रत् होता है तो कई बार मन पर घृणा छा जाती है। भावनाओं की अलग-अलग तरंगों का मन में उठना बहुत स्वाभाविक बात है।

मैं इन सबसे अलग हूँ। मैं आत्मा हूँ। इस पर विचार करना बुद्धिमत्ता की निशानी है। यह अकसर माना जाता है कि प्रशंसा और अनासक्ति विरोधाभासी हैं और साथ-साथ नहीं चल सकती हैं। बिना अनासक्ति के प्रशंसा और वैभव एक वमनकर तड़क-भड़क है। ऐसी प्रशंसा किसी के लिए भी पूर्णता नहीं लाती है...वह खोखली है। वैकल्पिक तौर पर अनासक्ति जो प्रशंसा से डरती है, वह कमजोर है। सच्ची अनासक्ति प्रशंसा के लिए विस्मरणशील है।

वह प्रशंसा जो अनासक्ति से आती है, वह सच्ची है, वह स्थायी है, वह वास्तविक है। जब कोई प्रशंसा के पीछे भागता है तो वह खोखली होती है, जैसे कि फिल्मी सितारों, राजनीतिज्ञों और धर्मगुरुओं की तरह। जो अपने पद, अपनी प्रशंसा को थामे रखना चाहते हैं, वे निश्चित ही उसे खो देते हैं। अगर आप प्रशंसा के पीछे भागते हैं तो आपको केवल दुःख मिलता है। जब आप अनासक्त होते हैं तो प्रशंसा आपके पास आती है।

अगर आप प्रशंसा से डरते हैं तो इसका अर्थ है कि आप पूरी तरह से अनासक्त नहीं हुए हैं। भारत में साधु प्रशंसा से दूर भागते हैं। वे सोचते हैं कि वे अपनी अनासक्ति को खो देंगे और दुनिया के जाल में, सर्कस में फँस जाएँगे। यह अनासक्ति ऐसा परमानंद है कि वे अनासक्ति से जुड़ जाते हैं (हँसी)।

वे अनासक्ति और उसके साथ आनेवाली एकाग्रता और आनंद को खोने से डरते

हैं। वह कमजोर अनासक्ति है। अनासक्ति होने की अवस्था है और प्रशंसा उसके चारों ओर होनेवाली चीज। सच्ची अनासक्ति कभी नहीं खो सकती या प्रशंसा के नीचे छिप नहीं सकती है।

सच्ची अनासक्ति भव्य है। असली प्रशंसा सच्ची अनासक्ति है।

अनासक्ति के साथ ईश्वर या सत्संग की कामना की अग्नि को बुझने न दें।

आपके अंदर थोड़ी सी आग है, जो आपको ज्ञान, साधना, भक्ति और सेवा की ओर प्रेरित करती है।

कई बार उस आग को बुझाने के लिए आप ज्ञान का प्रयोग करते हैं। तथा-कथित अनासक्त लोग अकसर नीरस और उत्साहहीन होते हैं। कई बार आपने लोगों को कहते सुना होगा, "परेशान मत हो, ईश्वर चारों ओर है। गुरुजी मेरे हृदय में हैं। आप कहीं भी सत्संग कर सकते हैं। मेरी सेवा ही मेरी साधना है, इसलिए ध्यान लगाने की आवश्यकता नहीं है। वैसे भी मैं चौबीसों घंटे साधना कर रहा हूँ। जब ईश्वर की इच्छा होगी, वह मुझे सत्संग और एडवांस कोर्स के लिए फिर से बुला लेगा।"

ऐसे बहानों को अनासक्ति नहीं माना जा सकता है।

जब आप किसी तरह की सेवा करना चाहते हैं तो मन कहता है, "ओह, यह सब माया है, हर चीज एक भ्रम है। यह सब केवल घट रहा है। जब समय आएगा, चीजें अपने आप हो ज़ाएँगी।"

इस तरह से ज्ञान का दुरुपयोग होता है और व्यक्ति की सुविधा व आलस से मेल खाने के लिए बिना संदर्भ के इसे कहा जाता है। अनासक्ति के नाम उत्साह व दिलचस्पी की लौ को न बुझने दें। इस तरह से ज्ञान का प्रयोग करने से आप बहुत कुछ खो बैठेंगे।

ईश्वर व समाज के प्रति सेवा करने की इच्छा को जीवित रखें। यहाँ अनासक्ति हानिकारक होगी।

प्यार व सच के बीच एक अजीब संबंध है। प्यार व सच के बीच अगर प्रतियोगिता होती है तो प्यार जीतता है। प्यार को खोने का डर व्यक्ति को अपने प्रियजनों से झूठ बोलने को उकसाता है। उन्हें डर लगता है कि अगर उन्होंने सच कहा तो वे अपने प्यार को खो देंगे। तो क्या ताकतवर है? प्यार ताकतवर है। और उसे ऐसा ही होना चाहिए। और प्यार क्या है? अगर आप नहीं जानते तो उसे जानने का कोई तरीका भी नहीं है। इस धरती पर एक भी जीव यह नहीं कह सकता कि उसे नहीं पता कि प्यार क्या होता है, क्योंकि यह हमारा दूसरा अनुभव है। हमारा पहला अनुभव था दर्द।

ध्वनि में तालमेल संगीत है, गति में तालमेल नृत्य है, मन में तालमेल मेडीटेशन है, जीवन में तालमेल उत्सव है।

प्यार सारी नकारात्मक भावनाओं की माँ है। वे सब, जो अपने क्रोध पर नियंत्रण

नहीं रख पाते हैं, वे पूर्णतावादी हैं। वे हर चीज परफेक्ट चाहते हैं। वे पूर्णता से प्यार करते हैं। उनमें अत्यधिक पित्त (आयुर्वेद के प्राचीन विज्ञान के अनुसार शरीर का एक गुण) होता है। उन्हें हर चीज में परफेक्शन की तलाश होती है। जलन प्यार के कारण होती है। आप किसी से प्यार करते हैं, इसलिए जलन पैदा होती है।

लालच तब होता है जब आप लोगों से अधिक वस्तुओं से प्यार करते हैं। अज्ञानता तब होती है जब आप खुद से बहुत अधिक प्यार करते हैं। अज्ञानता का अर्थ है विकृत ढंग से खुद से प्यार करना। इस धरती पर कोई भी चीज ऐसी नहीं है, जो प्यार नहीं चाहती हो। फिर भी, प्यार के साथ आनेवाले दर्द व पीड़ा को हम नहीं चाहते हैं। इसे कैसे पाया जा सकता है? केवल सफाई और अपनी आत्मा को उन्नत करते हुए, जो केवल अध्यात्म के द्वारा ही संभव है। हम पदार्थ व आत्मा दोनों से बने हैं। हमारे शरीर को विटामिनों की आवश्यकता होती है। अगर कोई भी पोषक तत्त्व नहीं होता तो हम में उसकी कमी हो जाती है। इसी तरह हम आत्मा से बने हैं। आत्मा सुंदरता, खुशी, सच और आनंद है। मेरे लिए अध्यात्म वह है, जो इन सब विशेषताओं में बढ़ोतरी करता है और सारी सीमाओं को हटा देता है। हम अपने बच्चों व युवाओं की परवरिश इस आध्यात्मिक ढंग से कर सकते हैं। आजकर कॉलेज परिसर में हिंसा बहुत आम बात है। यह दुर्भाग्यपूर्ण है। अगर हिंसा है तो इसका अर्थ है कि बुनियादी तौर पर कुछ गलत हो रहा है। जब मैं बड़ा हो रहा था तब अहिंसा व समानता के साथ एक गर्व जुड़ा रहता था। स्कूल और कॉलेजों को शांति, खुशी, उत्सव व आनंद लाना होगा। पर अगर हम दुःखी हैं तो हम किसी को भी खुशी नहीं दे सकते हैं। सबसे पहले हमें अपने दुःखों को दूर करना होगा। यह असंभव है। अगर आप खुश नहीं हैं तो आप दूसरों को खुश करने के लिए कुछ नहीं कर सकते हैं। तो आप कैसे खुश रह सकते हैं? जब तक विस्तृत परिप्रेक्ष्य में नहीं सोचेंगे, आप खुश नहीं रह सकते हैं।

निराश होने की एक तकनीक है। अगर आप हमेशा केवल अपने ही बारे में सोचते रहेंगे—मेरा क्या, मेरा क्या होगा? आप निराश हो जाएँगे। हमें खुद को किसी तरह की सेवा, गतिविधियों और आध्यात्मिक चीजों में लगाना चाहिए, जो नकारात्मक तरंगों को दूर करती हैं और हमें अधिक हलका, खुश, अधिक संतोषजनक और अधिक अंतर्ज्ञानी बनाती हैं। अंतर्बोध अनिवार्य है। अगर आप व्यापारी हैं तो आपको यह जानने के लिए अंतर्बोध है कि किसमें निवेश करना चाहिए। अगर आप कवि या साहित्यिक व्यक्ति हैं तो भी आपको अंतर्बोध चाहिए। अगर आप डॉक्टर हैं, आपको अंतर्बोध चाहिए। डॉक्टर केवल जाँच के आधार पर ही इलाज नहीं करते हैं। सारे डॉक्टर मेरी इस बात से सहमत होंगे। बिना अंतर्बोध और आध्यात्मिक संपर्क के यह सेलफोन बिना सिम कार्ड के

इस्तेमाल करना जैसा होगा। हम प्रार्थना करते हैं, पर हम बिलकुल भी जुड़े नहीं होते हैं। फिर हम सोचते हैं कि हमारी प्रार्थनाएँ सुनी क्यों नहीं जातीं। क्योंकि उसमें कोई भी आध्यात्मिकता और मूल्य नहीं होते, जिसकी वजह से संपर्क नहीं सधता। इसीलिए अनेक लोग नास्तिक बन जाते हैं। उनके जीवन में कोई घटना घटती है, उनकी प्रार्थनाएँ अनसुनी रह जाती हैं और वे भ्रमित हो जाते हैं।

हम सब में अत्यधिक क्षमता होती है। आपके विचार बहुत ताकतवर होते हैं। आप जो चाहें, उत्पन्न कर सकते हैं। ऐसा नहीं है कि आप कल चाँद पर जा सकते हैं, पर ऐसा होने के लिए पहले एक सोच आनी आवश्यक है। अंतर्बोध शक्ति आनी चाहिए। सबसे पहले यह मानें कि आप निस्स्वार्थ प्रेम, शांति और सुकून की स्थिति में रह सकते हैं। जैसे कि बच्चे होने पर हम सबने किया है। हम उत्साह से भरे रहते थे।

मैं आपके साथ हूँ। आप अकेले नहीं हैं। अगर कोई अकेलापन, निराश या दुःखी महसूस करता है तो यह याद रखें कि आप अकेले नहीं हैं।

आनेवाले वर्षों में अध्यात्म अधिक आधुनिक हो जाएगा, लोग अधिक आध्यात्मिक हो जाएँगे। हर कोई चेतना के बारे में अधिक समझने लगेगा। यहाँ सार्वभौम व सत्ता की बहुत सारी परतें हैं। अधिक-से-अधिक सामने आएँगी। लोग समझेंगे। विज्ञान भी खोज करेगा।

संशय ऐसी चीज है, जो सकारात्मक होता है। आपको पता है, अगर कोई आपको कहता है कि वह आपसे प्यार करता है तो आप कहते हैं, सचमुच में? ऐसा ही है न? पर जब कोई आपके प्रति अपनी घृणा व्यक्त करता है तो उसे आप मान लेते हैं। अगर कोई आपसे पूछता है कि क्या आप खुश हैं तो आप कहते हैं, मैं पक्के तौर पर नहीं कह सकता हूँ। हम उस चीज पर शक करते हैं, जो सकारात्मक है। हम प्यार में शक करते हैं। हम लोगों की अच्छाई पर शक करते हैं। हम ईमानदारी पर शक करते हैं। हम कभी बेईमानी पर शक नहीं करते हैं। हम अपनी क्षमताओं पर शक करते हैं। हम कभी भी अपनी कमजोरियों पर शक नहीं करते हैं। हम कभी भी आपकी निराशा पर शक नहीं करते हैं, पर आपकी खुशी पर शक करते हैं। इसलिए शक हमेशा उसी के बारे में होता है, जो सकारात्मक है।

पास बैठना और सुनना उपनिषद् है। उपनिषद् उच्चतम ज्ञान के प्रवचन हैं, कैसे वे गुरु से शिष्य तक पहुँचते हैं। यह बहुत दिलचस्प है। एक उपनिषद् में बहुत ही सुंदर ढंग से कहा गया है—एक बार एक लड़का अपने पिता के पास जाता है, जो उसके गुरु भी हैं और पूछता है कि ईश्वर क्या है? पिता कहते हैं, भोजन ईश्वर है, क्योंकि हर चीज भोजन से विकसित होती है, हर चीज भोजन से कायम रहती है और उसकी कमी होने पर हर

चीज विलीन हो जाती है और हर चीज फिर भोजन बन जाती है। लड़के ने कई महीनों तक इसके बारे में सोचा और भोजन के बारे में हर चीज समझ गया, फिर दुबारा अपने पिता के पास आया और पूछा, ईश्वर क्या है?

पिता ने कहा, प्राण ईश्वर है। लड़का चला गया। उसने सोचा और प्राण के बारे में हर चीज सोची, कैसे वह शरीर से अंदर और बाहर जा रहा है, प्राण कितने प्रकार के हैं और प्राण से संबंधित हर प्रयोग का अध्ययन किया।

वह फिर अपने पिता के पास आया और फिर पूछा, ईश्वर क्या है? पिता ने बच्चे के चेहरे की ओर देखा, वह बहुत ज्यादा चमक रहा था और उस पर एक तेज था। पिता ने कहा, मन ही ब्रह्म है और मन ही ईश्वर है।

लड़का चला गया और तब तक विचार करता रहा जब तक कि उसे परम आनंद नहीं प्राप्त हो गया। न तो छात्र ने अपने गुरु से शिकायत की कि उन्होंने कहा था कि भोजन ईश्वर है, पर वह चरम नहीं है, आपने मुझे गलत चीज बताई थी। वह तो सिर्फ दुबारा प्रश्न पूछने के लिए आ गया था। इसलिए सीढ़ी-दर-सीढ़ी सिखाने का यह प्राचीन तरीका है—भोजन, फिर प्राण, फिर मन, फिर भीतरी आत्मा, फिर सार्वभौमिक आत्मा, परमानंद।

परमानंद ईश्वर है, दिक्स्थान है। आप दिक्स्थान की तरह हैं। फिर उन्होंने कहा, ''तुम में, मुझ में और अनंत में कोई अंतर नहीं है। हम सब एक हैं।'' हम, गुरु और सार्वभौमिक ऊर्जा भिन्न नहीं हैं। सभी एक ही पदार्थ से बने हैं। आज अगर आप वैज्ञानिकों से बात करते हैं, जो सिद्धांत का अध्ययन करते हैं, जो क्वांटम भौतिकी का अध्ययन करते हैं वे वही बात कहेंगे, जो उपनिषदों में कही गई है।

उपनिषदों में यह हजारों वर्षों पूर्व कहा गया था कि ईश्वर स्वर्ग में बैठा कोई व्यक्ति नहीं है, वरन् ईश्वर हर जगह मौजूद है। वह सर्वव्यापी और सर्वशक्तिमान है, जिसकी ऊर्जा से आप भी बने हुए हैं, हर चीज बनी हुई है।

कर्म के फल पर कोई नियंत्रण नहीं है। अगर ध्यान केवल परिणाम पर होगा, तब आप कार्य नहीं कर सकते हैं। एक धावक की बात लेते हैं—अगर वह पीछे मुड़कर यह देखने लगे कि कौन पीछे है और जिस मार्ग पर उसे दौड़ना है उसे न देखे तो अंततः वह हार जाएगा, चाहे वह कितना ही अच्छा धावक क्यों न हो। चाहे आप जीतें या हारें, आपको दौड़ को पूरा करने के लिए अपने मार्ग पर ही दौड़ना होगा। भगवान् कृष्ण के परामर्श पूर्णतया व्यावहारिक थे। वह अर्जुन से कहते हैं—यह जटिल है, पर यही करने के ढंग हैं।

चीजों को मेरी जरूरत है, पर मुझे चीजों की जरूरत नहीं है। पहले के बाद दो मजबूत हो जाती हैं, फिर तीन। कार को मेरी जरूरत है, पर मुझे उसकी नहीं । इस दुनिया

को मेरी जरूरत है, पर मुझे दुनिया की जरूरत नहीं है। आपको बाहरी तौर पर नकारने की जरूरत नहीं है, वरन् अपने मन में जानो। यहाँ तक कि आपका शरीर भी एक वस्तु है। यह सूक्ष्म है। पर जब यह ज्ञान आता है तो कभी भी गरीबी या कमी नहीं हो सकती है। हम सोचते रहते हैं—हमें यह चाहिए, हमें वह चाहिए। पर जब हमारी धारणा यह हो जाती है कि ईश्वर को मेरी परवाह है और मुझे कुछ नहीं चाहिए, तब आपकी जरूरतों का ध्यान अपने आप ही रखा जाता है।

लहरें आती हैं, जाती हैं। दुनिया में सब हर समय खुश रहें, यह संभव नहीं है। भोजन की महत्ता तभी होती है जब भूख होती है। अगर दुनिया में भूख नहीं होगी तो भोजन का क्या करेंगे?

विरोध हमेशा संवेगात्मक होता है। समाधान बौद्धिक होता है। संवेगात्मक विरोध को संवेगों के साथ नहीं सुलझाया जा सकता है। उसी तरह एक बौद्धिक बहस को बुद्धि से नहीं सुलझाया जा सकता है। उसके भावनात्मक पक्ष को समझना होगा। अगर आप ध्यान से अवलोकन करेंगे तो पाएँगे कि एक बौद्धिक बहस के पीछे भावनाओं का बहाव होता है। जीवन बुद्धि और भावनाओं के बीच का उत्तम संतुलन है। कब किसका प्रयोग करना है, सच्चा ज्ञान है। और आप उस ज्ञान को कैसे प्राप्त करेंगे? उत्तर है मेडीटेशन, मेडीटेशन, मेडीटेशन।

प्यार हर जगह मौजूद है। यह बुद्धिमत्ता ही है, जो प्यार को विकृत नहीं होने देती है। प्यार जब विकृत हो जाता है तो लालच, जलन, डर और घृणा बन जाता है।

जब व्यक्ति लिप्त होता है तो वह मोह को जन्म देता है। क्रोध परफेक्शन से प्यार के कारण उपजता है।

चाहे सकारात्मक हो या नकारात्मक, हर संवेदना में प्यार है। प्यार के बिना तो कोई रह ही नहीं सकता है। हम प्यार चाहते हैं, केवल प्यार—बिना दुःख के, जो प्रसन्नता व शांति दे। सच्चा प्यार परमानंद में बदल जाता है। अध्यात्म का मार्ग प्यार को लालच से दूर रखता है और दूसरी ओर ले जाता है—परमानंद व खुशी की ओर।

विचार ऊर्जा होते हैं। उनमें शक्ति होती है। जब आप उलझन में होते हैं तो आपके शब्दों का कोई प्रभाव नहीं पड़ता है। आप अपने मन में जितने साफ होते हैं, आपके शब्दों को उतनी ही अधिक शक्ति मिलती है। अगर आप दुविधा में होते हैं तो शब्दों की शक्ति बहुत क्षीण होती है। प्राणायाम और मेडीटेशन मन को साफ बनाता है। इसलिए उसमें से निकलनेवाले विचार एकदम साफ व स्पष्ट होते हैं। जो लोग संतुष्ट होते हैं, उनके शब्दों में शक्ति होती है।

भारत में आशीर्वाद लेने के लिए अपने से बड़ों के पास जाने का रिवाज है। माना

जाता है कि उनकी मन:स्थिति एकदम शांत होती है। उस स्थिति में जब आप आशीर्वाद देते हैं तो वह बहुत प्रभावी साबित होती है। विवाह के निमंत्रण-पत्रों के लिए परिवार के सबसे बुजुर्ग सदस्य से आशीर्वाद लिया जाता है। यही परंपरा उत्तरी अमेरिका, ऑस्ट्रेलिया और न्यूजीलैंड में भी है। विश्व भर में अपने से बड़ों का आदर करने का रिवाज है। इसके बिना 50 वर्ष से ऊपर के लोग अवसादग्रस्त हो रहे हैं। इसमें कोई बदलाव नहीं है। अभिभावकों को भी और अधिक खुश व जिंदादिल होना चाहिए।

जैसे-जैसे आप बड़े होते जाते हैं, खुश होते हैं। जितने बड़े होते हैं, आपकी हँसी उतनी बड़ी हो जाती है—संतुष्ट, पूर्ण। आप एक अच्छा जीवन गुजार चुके होते हैं। अब आपको केवल आनेवाली पीढ़ियों को आशीर्वाद देना है। यही परिपक्वता है, यही संतुष्टि है। यह तब आती है जब आप रोजमर्रा की चीजों से अपने को अलग कर लेते हैं। उन चीजों से दूर रहें, जो आपको दु:खी करती हैं। अपनी जिम्मेदारी लें। उसके लिए कार्य करें, पर चिंता न करें। जो लोग काम करते हैं, वे चिंता नहीं करते और जो चिंता करते हैं, वे काम नहीं करते। यह बदलाव आना चाहिए। अन्यथा आप शिकायत ही करते रहेंगे कि फलाँ आपकी बात नहीं सुनता, बहू आपकी बात नहीं सुनती।

आपको अपनी कब्र में शिकायतों के साथ नहीं जाना चाहिए। वही करें, जो आप कर सकते हैं। अपने को थोड़ा-थोड़ा खींचें। इस तरह से हमें अपने को पुन: नए सिरे से ढालने की जरूरत है। या तो हम संतुष्ट होते हैं या शिकायत करते हैं। दोनों ही ठीक नहीं हैं। फिर आप बिना कोई काम किए रहते हैं। दूसरी ओर, अगर अंतिम साँस तक आप दूसरों में गलतियाँ ही देखते रहते हैं तो वह भी ठीक नहीं है।

जब एक लुटेरा आपके दरवाजे पर आ खड़ा होता है तो आप काँपने लगते हैं, सवाल करने लगते हैं; पर उसका कोई फायदा नहीं है। लुटेरा आपको क्यों लूटेगा, यह एक निरर्थक प्रश्न है। यह उसका काम है। मान लें कि वह एक लुटेरा है। कोई आपको धोखा देता है। जब आप इस सवाल में उलझ जाते हैं कि उसने मुझे क्यों धोखा दिया तो आप परेशान हो जाते हैं और आप कोई कदम नहीं उठा पाते हैं। जब आप यह मान लेते हैं कि वह लुटेरा है तो आप पुलिस को बुलाते हैं। आप कोई कदम उठा सकते हैं। माता-पिता बच्चे के न पढ़ने पर परेशान हो जाते हैं। उसे स्वीकार लें। तब आप ज्यादा अच्छे ढंग से कुछ कर पाएँगे। अगर आप इस बात को नहीं मानते हैं तो भावनाएँ हावी हो जाएँगी और समझ पर बादल छा जाएँगे तथा अपने उठाए कदमों पर आपको पछतावा होगा।

केवल मेडीटेशन से ही मानसिक आघात से आराम मिलता है। परामर्श देना केवल सतही ही होता है। खुशी का स्रोत हमारे अपने भीतर ही है। घटनाएँ अस्थायी हैं। आप

मन के आईने पर किसी घटना को चिपकने नहीं दे सकते हैं। आप घटनाओं से निर्लिप्त रहते हैं। मन को एक साफ शीशे की तरह रखना ही योग है। जो लोग अध्यात्म के मार्ग पर नहीं होते हैं, वे कभी संतुष्ट महसूस नहीं करते हैं।

लोग कहते हैं, ज्ञान वह है जो किसी की भावनाओं को मार देता है। नहीं, ऐसा नहीं है। सद्भाव कायम रहता है। 'भगवद्गीता' में भगवान् कृष्ण ने भी कहा है कि जो व्यक्ति मुझसे नहीं बँधा है—चेतना, उच्चतम आत्मा, उसमें न ज्ञान है, न ही भावनाएँ। बिना ज्ञान और भावनाओं के खुशी या शांति मिलने का तो सवाल ही नहीं उठता है।

□

धर्म और संग को समझना

धर्म और संग। हमारा अंतर्निहित स्वभाव धर्म है। हमारा सबसे अंतर्निहित स्वभाव धर्म है और संग हमारा साथ है, हमारा परिवेश।

इसलिए घटनाएँ व दृष्टिकोण केवल दो ही चीजों से प्रभावित होते हैं।

पहला हमारा अपना सच्चा स्वभाव और दूसरा हमारा परिवेश एवं लोग, जिन्हें आप जानते हैं, जिनके साथ आप हैं। अगर समूह में कोई कहे कि चलो, हम ड्रिंक करते हैं तो हम कहेंगे, ठीक है, पीते हैं। हम चले जाएँगे। अगर समूह में एक व्यक्ति कोई गलत बातें करना आरंभ कर देता है तो कुछ देर बाद दूसरा व्यक्ति उसमें शामिल हो जाता है, फिर तीसरा और चौथा व्यक्ति। जल्दी ही हर कोई गलत बात कहने लगता है—यह समूह का असर होता है। एक बच्चा परिवेश, परिवेश में सम्मिलित मित्रों और जिस स्कूल में वह जाता है, उससे 25 प्रतिशत प्रभावित होता है। अन्य 25 प्रतिशत माता-पिता के जींस व प्रवृत्तियों से। अन्य 25 प्रतिशत उनकी अपनी मौलिकता, उनके कर्म, उनके संस्कार, उन यादों, जिनके साथ वे इस दुनिया में आए होते हैं। बाकी का 25 प्रतिशत अपने खुद के प्रयासों व अपनी समझ से। इसलिए माता-पिता का केवल 25 प्रतिशत ही प्रभाव बच्चों पर पड़ता है—केवल एक-चौथाई। उसी तरह से हमारे संग का प्रभाव हम पर पड़ता है। आमतौर पर संग का अर्थ होता है लोगों का समूह, जो अध्यात्म के मार्ग पर होता है। उस मार्ग पर चलने के लिए वे लोग उस आवश्यक ऊर्जा, जैव-विविधता ऊर्जा देने में आपकी मदद कर सकते हैं। इसलिए जब आप एक समूह में बैठकर मेडीटेशन करते हैं तो अकेले करने से यह कहीं ज्यादा बेहतर होता है। आप में से कितने लोग ऐसा मानते हैं? समूह में आप योग, प्राणायाम, हर सेवा कार्य करना चाहते हैं। जब आप अकेले होते हैं तो आप थक जाते हैं। आपका कुछ करने का मन नहीं करता है। जब आप साथ होते हैं तो बहुत सारा काम करते हैं।

अगर आपको अकेले बरतन धोने पड़ें तो आप ऊब महसूस करते हैं। पर अगर

7,8,9 लोग बरतन धो रहे होते हैं तो समय का पता ही नहीं लगता है। आप थकावट महसूस नहीं करेंगे। कितने लोगों ने ऐसा अनुभव किया है? अगर घर में कोई आपसे इतने सारे बरतन साफ करने के लिए कहे तो आप चिढ़ेंगे—और यहाँ आप खुशी से ऐसा करते हैं। इसलिए संग या समूह संग आपको जीवन में आगे बढ़ने में मदद कर सकता है। यह आपको धर्म के संसर्ग में लाता है और संग केवल ज्ञान से ही संभव है। इसीलिए भगवान् बुद्ध ने कहा है कि बुद्धम्, संघम् और धर्मम्। तीन चीजें—ज्ञान, लोगों का साथ और आपका सच्चा स्वभाव—ये तीनों चीजें महत्त्वपूर्ण हैं और वे सब एक व समान हैं।

जब आपका पेट भरा न हो, आप किसी भी समय मेडीटेशन कर सकते हैं। जब आप खाते हैं तो आपका पेट भरा होता है। उस समय जब आप मेडीटेशन के लिए बैठते हैं तो ठीक नहीं होता। या तो आप ध्यान नहीं लगा पाएँगे, आपको नींद आ जाएगी या अपच हो जाएगा; मेटाबोलिज्म में कोई दिक्कत आ सकती है।

राजनेता लोगों के साथ अपनेपन की भावना भूल गए हैं। यह एक उद्योग ही बन गया है। राजनीति को उत्तरदायित्व और लोगों के कल्याण की सुरक्षा करना माना जाता है। लेकिन यह तो अपने को अमीर और ताकतवर बनाने का जरिया बन गई है—ताकत, और पैसे का उद्योग। इसे बदलना होगा। राजनेताओं को यह समझना होगा कि वे जनता के सेवक हैं, उनकी कोई जिम्मेवारी है। कई अच्छे राजनेता भी हैं। ऐसा नहीं है कि उन्हें हम दूसरों जैसा मानें। पर उन भ्रष्ट नेताओं पर तो हमें ध्यान देना ही होगा। ऐसा केवल शिक्षा और उनमें मानवीय मूल्यों को जाग्रत् करने से ही होगा। मैं अफ्रीका के लोगों को लेकर काफी चिंतित हूँ, जहाँ उनके पास खाने को बहुत कम है। उस देश की हालत वास्तव में गिर रही है और वहाँ के राजनीतिज्ञों ने इंग्लैंड के बैंक में अरबों रुपए—280 अरब डॉलर जमा किए हुए हैं। जब मैं यूरोप की संसद् में राजनीतिज्ञों से बात कर रहा था तो उन्होंने कहा, 'गुरुजी, हमारे पास अच्छी खबर है। हमने 79 अरब डॉलर अफ्रीका वापस भेज दिए हैं, क्योंकि यह लोगों का पैसा है।' पर यह पर्याप्त नहीं है। यह उसका एक छोटा-सा अंश है, जो अफ्रीका के राष्ट्रपतियों व प्रधानमंत्रियों के पास है। उसी तरह, भारतीय राजनेताओं का अपार धन स्विस बैंक में जमा है। पर यह सब छिपा हुआ है। पूरी दुनिया में, खासकर इस क्षेत्र में आध्यात्मिक जागरूकता, नैतिक जागरूकता की आवश्यकता है। तभी इसे सुधारा जा सकता है। यह एक बड़ा कार्य है। हर किसी को इसके लिए कार्य करना चाहिए। हमें गांधी व मार्टिन लूथर जैसे राजनेताओं की आवश्यकता है, जो आध्यात्मिक हैं और जो समाज के आदर्शों को बनाए रखने के लिए लोगों की परवाह करते हैं।

केवल एक ही वायु, एक ही सूरज, एक धरती एवं एक चाँद है और उसी तरह

एक ही चेतना है। हमारे अंदर चेतना जो ज्ञान है, जो प्रकाश है, वह गुरु तत्त्व है। तत्त्व का अर्थ है सिद्धांत। पाँच तत्त्व हैं—पृथ्वी, आकाश, जल, वायु और अग्नि। ये पाँच तत्त्व हैं और फिर है मन, बुद्धि व अहंकार। फिर महातत्त्व है, जो अहंकार से परे होता है। जो अहंकार से ऊपर उठ जाता है उसे महात्मा कहते हैं। महातत्त्व से बेहतर है गुरु तत्त्व। गुरु तत्त्व अंतर और ज्ञान का वह सिद्धांत है, जो जब आपके भीतर समाहित होता है तो वह गुरु तत्त्व बन जाता है। फिर आप में ज्ञान की कोई कमी नहीं रहती है। जीवन का ध्येय पूरा हो जाता है। गुरु तत्त्व हमेशा प्रसन्नता, दुःख से आजादी और चेतना का उद्धार करता है।

निर्णय अवधारणाओं का समूह होता है, जो निरर्थक प्रतीत होता है। एक मत या एक धारणा जो निरर्थक हो जाती है, उसे आप निर्णय कहते हैं। वह निर्णय नहीं, जो न्यायाधीश अदालत में देता है, बल्कि वह जिस पर आप पहुँचते हैं। किसी व्यक्ति, धारणा या स्थिति के बारे में आपकी एक राय होती है। जब वह टूटती है तो आप कहते हैं कि मेरे पास इसके लिए निर्णय है। जब वह नहीं टूटती तो आप कहते हैं कि मुझे पता है, यह ज्ञान है, आप जानते हैं कि मैं जानता हूँ कि वह क्या है। जब निरर्थक हो जाती है तब आप उसे निर्णय कहते हैं। इसका अर्थ है कि वह या तो टूट गई है या गलत है।

निर्णय अनुभूति के विपरीत है, अनुभूति सही मत है। निर्णय गलत मत है।

ओम् नमः शिवाय की ध्वनि में पाँचों तत्त्व होते हैं—पृथ्वी, जल, अग्नि, आकाश और वायु। देखा जाए तो हिंदू धर्म कोई धर्म नहीं है। लोग हजारों वर्षों से इसका उच्चारण कर रहे हैं। मंत्र वे ध्वनियाँ होती हैं जिन्हें हम मेडीटेशन के दौरान अपनी गहराई से सुनते हैं और उसका लक्ष्य होता है व्यक्ति को उसके स्रोत पर लाना। बाद के दिनों में लोग इन मंत्रों को आकार देने लगे थे। मंत्रों में एक तरह की तरंगें और ऊर्जा होती हैं। वे सार्वभौमिक हैं।

लैटिन अमेरिका में चर्चों में भी मरनाह नाथ का प्रयोग किया जाता है। लैटिन और संस्कृत में उसका अनुवाद काफी समान है। भगवान् के लिए लैटिन में शब्द है नाथ और संस्कृत में भी 'नाथ' का अर्थ होता है भगवान्। इसलिए मरनाह नाथ का अर्थ है मेरे भगवान् जिसका उपयोग ईसाई धर्म में किया जाता है। वह असल में संस्कृत शब्द है।

दुःख का अर्थ है आप बाहरी दुनिया से जुड़े हुए हैं। खुशी का अर्थ है आप अपने तत्त्व में हैं, जो भीतर है। अगर आप अपने आराम के लिए दूसरों पर निर्भर करेंगे तो आप अपनी खुशी खो देंगे। सबसे पहले तो यह विश्वास रखें कि प्रकृति वह देगी, जिसकी मुझे आवश्यकता होगी या मैं जिसके लायक हूँ। ऐसा कभी नहीं होता कि प्रकृति आपको वह नहीं देती जिसकी आपको आवश्यकता होती है। दूसरे, मैं किसी से भी कुछ नहीं चाहता। और तीसरा, मेरे पास जो कुछ भी है वह दूसरों के लिए है और जितना संभव होगा, मैं

दूसरों की सेवा करूँगा। बस, यही। फिर दु:ख कहाँ रहेगा?

हर दिन, हर समय यह कहना कि मैं तुम्हें प्यार करता हूँ, एक समय में आकर मैं तुम्हें बरदाश्त नहीं कर सकता हूँ, मैं बदल जाता है। बहुत ज्यादा अभिव्यक्ति चीजों को बिगाड़ देती है। अगर आप बिलकुल भी अभिव्यक्त नहीं करते हैं तो यह भी ठीक नहीं है। एक संतुलन होना चाहिए। यह बीज की ही तरह है—अगर आप उसे सतह पर फैला देते हैं या गहरे दबा देते हैं तो वह अंकुरित नहीं होता है। उसे सही गहराई में डालना आवश्यक है। उसी तरह एक संतुलन अनिवार्य है।

क्या आपने माइक्रोस्कोप से नींबू के रस को देखा है? वह सूर्य की किरणों की भाँति लगता है। जब आप विटामिन सी को माइक्रोस्कोप से देखते हैं तो वह सूरजमुखी जैसा लगता है। नमक, नींबू, मिर्ची आदि कुछ चीजों में नकारात्मकता हटाने की क्षमता होती है। पश्चिम में ताजगी और सेहत में सुधार करने के लिए समुद्र में स्नान करना प्रचलित है। इस तरह से बोझ, मन की चिंताएँ और हानिकारक प्रभाव कम हो जाते हैं। विश्वास भी काम करता है। अगर आप नियमित रूप से दवाइयाँ ले रहे हों, पर आपका डॉक्टर या दवाइयों पर विश्वास न हो तो वे फायदा नहीं करेंगी।

जब आप अपने मन को पकड़ने की कोशिश करते हैं तो वह इधर-उधर भागता है। जब आप इस भागते-दौड़ते मन को पहचान लेते हैं तो आपको एहसास होता है कि आप इस मन से बड़े हैं। जब आपको पता चल जाता है कि आप यह मन नहीं हैं, यह शरीर नहीं हैं, कुछ भी नहीं हैं तो जो बचता है वह स्व होता है। अपने आपको जानना सर्वोच्च सत्ता को जानना है। तब आप पाते हैं कि आप सबकुछ हैं। आप मन हैं, विचार हैं, आप पूरी दुनिया हैं। पर ऐसा दूसरे स्तर पर होता है। जब आप स्वयं को जान लेते हैं, आप ईश्वर को जान लेते हैं। सर्वं खल्विदं ब्रह्म—प्रत्येक चीज एक ईश्वर है। इससे जानना, इस ज्ञान में कायम हो जाता है।

केवल अमीर व्यक्ति ही दूसरों को अमीर बना सकता है। केवल स्वतंत्र व्यक्ति ही दूसरों को आजादी दिला सकता है। केवल भक्त ही दूसरों में भक्ति-भाव पैदा कर सकता है। जो व्यक्ति ईश्वर से प्यार करता है वही दूसरों को भी ऐसा बना सकता है। आप में जो भी है, उसे ही दूसरे प्राप्त करते हैं और वही आप दूसरों में देखते हैं। आपकी जिंदगी में जितना अधिक सत्त्व पैदा होता है, उतनी आसानी से आपके कार्य पूरे होते हैं। हमारे काम की मात्रा को सत्त्व की मात्रा निर्धारित करती है। अगर आप बहुत अधिक प्रयास करते हैं और परिणाम आपकी उम्मीद से बहुत कम मिलते हैं तो?

इसका अर्थ है आपकी जिंदगी में सत्त्व की कमी है। जब हम मेडीटेशन करते हैं तो हमारा काम आसानी से हो जाता है। लोग इस रहस्य से अनभिज्ञ हैं। जब भी समय

मिले, मेडीटेशन करना बहुत आवश्यक है, ताकि आप अपने कामों को अधिक कुशलता व आसानी से पूरा कर सकें।

वाणी के चार स्तर हैं—परा, पश्यंती, मध्यमा, वैखरी।

जो भाषा हम बोलते हैं वह वैखरी है। यह वाणी का सबसे सही रूप है। चत्वारि वक परिमिता पदानि—वाणी के चार स्तर हैं और बुद्धि चारों रूपों को जानती है। मानव केवल चौथा स्तर बोलता है। वैखरी से सूक्ष्म है मध्यमा। आपके कहने से पहले ही विचार रूप का बोध हो जाता है। जब आप उस स्तर पर उसे पकड़ लेते हैं तो वह मध्यमा है। पश्यंती ज्ञानात्मक है। बोले जानेवाले शब्दों की आवश्यकता नहीं होती है। परा अनकहा है—जो ज्ञान अप्रत्यक्ष है, जो परे है।

□

सार्वभौम की रचना को समझना

सारी दुनिया चक्रीय है। यह कभी जन्म नहीं लेती और न ही कभी मरती है। यह अनादि है—आरंभ-विहीन और अनंत—अंतहीन। फिर ब्रह्म—सृजक का कार्य क्या है? कहा जाता है कि हर युग में बहुत सारे ब्रह्मा, शिव और विष्णु होते हैं। समय व दिक् में ऐसा होता रहता है। तो इस रचना का स्रोत क्या है? परमे व्योमन—आकाश से परे। ज्ञान आकाश से परे निहित है। ज्ञान पाँच तत्त्वों से परे निहित है।

रिचो अक्षरे परमे व्योमन।

वेद, जो बोधगम्य हैं, वैखरी नहीं हैं। यह बोध आकाश से परे है। उस क्षेत्र में सारे दैवी प्रभाव कायम होते हैं तो सर्वव्यापी हैं।

अक्षा क्या है? अक्षा को व्योम, व्याप्ति की तरह वर्णित किया जाता है। इसका अर्थ है सर्वव्यापी, सर्वशक्तिमान। अक्षा से परे क्या है? आकाश से परे कुछ हो सकता है, ऐसा सोचना भी अकल्पनीय है। केवल एक वैज्ञानिक ही इसे समझ सकता है। हर चीज आकाश में निहित है और चारों तत्त्व आकाश में हैं। सबसे विशाल है धरती, फिर जल, अग्नि, वायु और आकाश है। वायु अग्नि से सूक्ष्म है। आकाश सबसे ज्यादा सूक्ष्म है। फिर वायु-अग्नि-जल व पृथ्वी आते हैं। वह क्या है, जो आकाश से परे है? वह मन, अहंकार, बुद्धि और महातत्त्व है। यह तत्त्व ज्ञान है—सार्वभौम के सिद्धांत को जानना। जब तक आप सार्वभौम के सिद्धांत को नहीं ज... अपने को नहीं जान सकते हैं। जब आप आकाश से परे चले जाते हैं तो यह एक प्रयोगात्मक क्षेत्र है। आकाश से परे जाकर पूरी दुनिया आरंभ होती है।

प्राचीन संतों ने द्रव्य गुण संबंधों या पदार्थों एवं उसकी गुणवत्ता के बीच संबंध की बात की है। अगर हम पदार्थ से उसके गुण को अलग कर देते हैं तो यह रोचक बहस हो सकती है। पूरा दर्शन बहुत रोचक है और नतीजा यह है कि आप पदार्थ से उसके गुण को अलग नहीं कर सकते हैं। क्या चीनी से उसकी मिठास को अलग किया जा सकता

है? क्या वह तब भी चीनी ही रहेगी? क्या आग से ताप व रोशनी को अलग किया जा सकता है? क्या वह उसके बाद भी आग रहेगी?

पदार्थ में क्या चीज गुणवत्ता लाती है? पहले क्या आता है—गुणवत्ता या पदार्थ? ऐसे कई प्रश्न हैं। आप जितनी गहराई से जाते हैं वह परमे व्योमन है। यस्मिन् देवाधि विश्वे निषेदु—सारे देवी और देवता वहाँ निवास करते हैं—आकाश में। यत्तानवेदा यति वानवेदा—बिना परमे व्योमन को जाने, बिना सार्वभौम के सिद्धांतों को जाने वैदिक मंत्रों व भजनों को जानने का फायदा क्या है?

स्वरूप आकाश का गुण है। इसे पूरी तरह से अंग्रेजी में अनूदित नहीं किया जा सकता है। स्वरूप वह चेतना है। स्वरूप से विस्फोट होता है जिससे स्वरिता, रचना बहती है और साकार नाम व रूप में व्यक्त होता है। इस धरती पर प्राणी स्वरूप से निर्मित होते हैं। परमात्मा सूर्य है और देवता उसकी किरण है। बिना सूर्य के किरण नहीं होती और बिना किरण के सूर्य नहीं होता है। किरण में सात रंग होते हैं और वे सारे देवता हैं। ईश्वर सारे सात रंगों का मिश्रण है। ईश्वर कोई एक रंग से नहीं बना है। जब सारे रंग मिश्रित हो जाते हैं तो सफेद रंग प्राप्त होता है और वही परमात्मा है। आप इसे अलग-अलग अंगों की तरह समझ सकते हैं—आँखें, कान, नाक—आपको बनाने के लिए सब मिश्रित होते हैं। संपूर्ण रचना की पूर्णता को उसकी सारी ऊर्जा के साथ एक नाम दिया गया है और उसे परमात्मा, परमपिता कहा जाता है। प्राचीन शब्दावली में ईश्वर को परमात्मा, परमपिता कहा जाता था।

मंत्र वे ध्वनियाँ होती हैं, जिन्हें आप मेडीटेशन के दौरान अपने भीतर सुनते हैं और व्यक्ति को उसके स्रोत पर वापस लाना लक्ष्य होता है।

ज्ञान के व्याप्त होने की निशानी क्या होती है? प्रसन्नचित्त वह निशानी है। मैत्री, दूरदृष्टि, अंतर्बोध, वर्तमान क्षण में मन—ये ज्ञान की निशानी हैं।

एक बार जब आप रोशनी को देख लेते हैं तो आप पूरे अतीत को एक सपने की तरह देखते हैं। आगे बढ़ें, जागें और वर्तमान को देखें। वहाँ आपको खुशी दिखेगी, स्वार्थहीन खुशी। फिर आप खुश होंगे और किसी पर अपनी खुशी के लिए निर्भर नहीं होंगे। खुशी केवल आपके मन पर निर्भर होती है। जब मन पिछली बातों व भविष्य की लालसाओं से मुक्त होता है तो खुशी मिलती है।

प्रार्थना माँगना है और मेडीटेशन सुनना है। प्रार्थना में आप माँगते हैं—मुझे वह दें, मुझे यह दें। आप निर्देश देते हैं, माँग करते हैं। मेडीटेशन में आप कहते हैं, मैं यहाँ सुनने के लिए हूँ, मुझे क्या बताना चाहते हो? जब भी तुम खाली हो, मुझे बता देना। मैं यहीं हूँ। प्रार्थना का परिणाम मेडीटेशन है। प्रार्थना उच्चतम स्थिति तक जाती है और वही मेडीटेशन है।

उस ज्ञान के सामने आप मुझे कुछ भी नहीं दे पाएँगे। अगर तुम सचमुच मुझे कुछ देना चाहते हो तो मुझे चिंताएँ दो, अपने दर्द दो, उन्हें मेरे पास यहाँ दक्षिणा की तरह छोड़ दो। और अन्य काम जो तुम कर सकते हो वह है सेवा। आप जिनके भी संपर्क में आएँ, उन्हें मुसकान बाँटें। लेकिन मैंने आपको जो दिया है, उसका वह एक/दसवाँ हिस्सा भी नहीं है। और जो भी अच्छी चीज आप करते हैं, उसे समर्पित कर दें। सोच लें कि आप एक गुरु को उसकी दक्षिणा दे रहे हैं।

□

अध्यात्म के पीछे निहित विज्ञान को समझना

हमारा शरीर लगातार ऊर्जा व तरंगें छोड़ता है। आप हर समय ऊर्जाएँ छोड़ रहे होते हैं। और जब आप यह जानते हैं कि आपकी तरंगों की वजह से ही चीजें घटती हैं तो आप जान जाएँगे कि आप नियंत्रण में हैं। इसलिए जब आप सोचते हैं कि चीजें नकारात्मक हो जाएँगी तो आप वही बीज सार्वभौम में बो रहे होते हैं और वैसा ही हो जाता है। इसलिए अपने सकारात्मक विचारों, सकारात्मक सोच, सकारात्मक संकल्प के साथ कहा जाता है कि अपने अंदर से सकारात्मक तरंगें निकलने दो।

आपके भीतर नकारात्मक विचार पनपते हैं, फिर भी आप कहते हैं कि हर चीज सकारात्मक है। और ऐसा कैसे होता है? केवल सोच से ही नहीं, बल्कि स्थिर रहते हुए भी। एक विचार को दूसरे विचार से काटना केवल सतही होता है; पर विचार को मौन से, उसे बहने देने से, समर्पण से, विश्वास से, ईश्वर को समर्पित होते हुए काटना बहुत गहनतम होता है।

महर्षि पतंजलि कहते हैं कि मन में स्थिरता तब आती है जब आप हर वह चीज जिसे आप सँभाल नहीं सकते हैं, उसे ईश्वर को, सार्वभौमिक सत्ता को सुपुर्द कर देते हैं।

सार्वभौमिक सत्ता हर समय आपके आस-पास होती है। उसका कोई आकार, कोई नाम नहीं है, पर वह हमेशा आपके चारों ओर रहती है और आप उस सार्वभौमिक सत्ता को अपनी सारी इच्छाएँ समर्पित कर देते हैं। यह विश्वास रखें कि आपकी समस्या सुलझ जाएगी। यह सिद्धि है, पूर्णता। इसे आप अपने जीवन में देखेंगे—केंद्रित रहें, शांत रहें और जो हो रहा है उसे होने दें और आप देखेंगे कि चीजें बिना किसी प्रयास के घट रही हैं। वे ऐसे ही होनी हैं और अगर आपको उस तरीके से नहीं लगतीं तो मन में कोई ऐसा पेंच है जो ढीला है, जिसे कसना आवश्यक है।

लोग आशीर्वाद माँगते हैं और मैं प्रचुरता से आशीर्वाद देता हूँ। आशीर्वाद के खाली चेक पर आपको पता होना चाहिए कि उन्हें कैसे भरना है, उनको कैसे भुनाना है

और उसे भुनाने का तरीका है। ऐसा होकर रहेगा। मेरी जरूरतों का ध्यान रखा जाएगा। बिना किसी प्रश्न के अच्छा होकर रहेगा। कई बार हमें नहीं पता होता कि हम क्या इच्छा कर रहे हैं या हम उस चीज की इच्छा करते हैं, जिसके हम हकदार नहीं हैं या उससे कम इच्छा करते हैं, जिसके हम हकदार हैं। माँगे और वह दे दिया जाएगा। जब हम अधिक पाने के हकदार होते हैं और कम की इच्छा रखते हैं तो सोच-समझकर माँगें। तो क्या तरीका है? कैसे माँगें—मैं यह चाहता हूँ और या इससे बेहतर कुछ। और सकारात्मक सोच रखें, क्योंकि यह सब न्योरोंस होते हैं। एक वैज्ञानिक कहता है कि हमारे मस्तिष्क में विभिन्न तरह के न्योरोन होते हैं और कुछ ऐसे न्योरोन भी हो सकते हैं, जो अवरोध पैदा कर सकते हैं।

जब आपके सामने खड़ा व्यक्ति किसी और को छूता है तो मस्तिष्क कहता है, आपको छुआ गया है; पर हाथ में कुछ ऐसे न्योरोन होते हैं, जो मस्तिष्क को संकेत भेजते हैं जो कहता है, वह आप नहीं, जिसे छुआ गया है। अगर आपके हाथ को एनेस्थीसिया दिया जाता है और तब अगर कोई किसी और को छूता है तो आप भी उस स्पर्श को महसूस करेंगे। और वैज्ञानिक कहते हैं, हम और कुछ नहीं बल्कि न्योरोन हैं। हम सब आपस में जुड़े हुए हैं। हर कोई आपस में जुड़ा हुआ है। जितना सूक्ष्म हम देखते हैं, हम देखते हैं कि वहाँ केवल तरंगें हैं और वहाँ न्योट्रोंस, प्रोटोंस, इलेक्ट्रोंस नहीं हैं; पर केवल जो है वे हैं तरंगें। और तब वह कहते हैं कि संख्या बहुत महत्त्वपूर्ण है। रुद्रपूजा में हम कहते हैं एकाक्षेम, त्रिसरासक्षेम...कल ही हम समझें कि हम ऐसा क्यों कहते हैं। हम रुद्रपूजा में पहले विषम संख्याएँ और फिर सम संख्याओं का उच्चारण करते हैं। वे कहते हैं, अगर संख्याएँ न हों तो पूरी दुनिया खत्म हो जाएगी। हर चीज संख्याओं व आँकड़ों पर चलती है और अगर एक संख्या गायब हो जाए तो पूरी दुनिया खत्म हो जाएगी। यह ऐसा है जैसे आप सेलफोन से बात करना चाहते हैं और आप एक भी गलत अंक मिला देते हैं तो वह सही व्यक्ति तक नहीं पहुँचता है। कोई तर्क में कह सकता है कि अगर एक अंक भी गलत मिल गया तो मैं कैसे बात नहीं कर सकता? और अगर हर चीज सही है तो जीवन का संपर्क हो जाता है। इसलिए संख्याएँ इतनी महत्त्वपूर्ण हैं। और ये सब केवल तरंगें हैं।

नागासाकी और हिरोशिमा पर फेंके गए पहले अणु बम को बनानेवाले दल में शामिल एक महान् भौतिक-विज्ञानी कहते हैं, 'मैंने 35 वर्षों तक पदार्थ के बारे में अध्ययन किया और पाया कि उसका अस्तित्व ही नहीं है। अस्तित्व है तो केवल तरंगों का।' हम में से हर कोई तरंगों को छोड़ व ग्रहण कर रहा है। और मंत्रोच्चारण व गाना ऐसी सकारात्मक तरंगें उत्पन्न करते हैं कि आप ऊर्जा का स्रोत बन जाते हैं।

उस बल्ब में जो जल रहा है और वह जो नहीं जल रहा है, क्या अंतर है? एक

ऊर्जा का उत्सर्जन कर रहा है और दूसरे में कोई ऊर्जा नहीं है। और गाना, मंत्रोच्चारण करना और ध्यान लगाना बल्ब को जलाने जैसा है। क्या आपने उन लोगों के बीच अंतर पर गौर किया, जो यह सब विश्वास के साथ कर रहा है और वह जिसने ऐसा कभी नहीं किया? वह उनके चेहरे पर प्रतिबिंबित होता है। अगर आपने अभी तक गौर करना आरंभ नहीं किया है तो करना आरंभ कर दें।

तब क्या होता है, जब आप हर समय चिंता करते रहते हैं? अचानक आपको लगता है कि मस्तिष्क, ऊपरी भाग पत्थर की तरह हो गया है, दिल पत्थर की तरह हो गया है। उसी प्रकार तब क्या होता है जब आप किसी से अपने बारे में कोई नकारात्मक टिप्पणी सुनते हैं, पूरा शरीर भारी हो जाता है। लोग आपके बारे में बुरा कहें, इससे आप बच नहीं सकते हैं। कितनों के मन में यह प्रश्न उठ रहा है? और कितने लोगों ने ऐसा अनुभव किया है? अगर कोई आपके बारे में कुछ गलत कहता है या आपका कोई घनिष्ठ मित्र उदास हो तो अचानक आपको भी वैसा महसूस होने लगता है। आपकी ऊर्जा क्षीण हो जाती है। इसलिए सत्संग इतना महत्त्वपूर्ण है, यह ज्ञान इतना महत्त्वपूर्ण है।

जब आप किसी ऐसे व्यक्ति के बारे में सोचते हैं, जो तनाव में है, आप भी तनावग्रस्त हो जाते हैं और जब आप सत्संग में भाग लेते हैं तो आपका सारा ध्यान ज्ञान की ओर चला जाता है। इसलिए गुरु जरूरी है; क्योंकि जब आप गुरु के बारे में सोचते हैं, जब आप अपना ध्यान गुरु की ओर लगा देते हैं तो कुछ ही क्षणों में आपकी ऊर्जा संचित हो जाती है। आप सामान्य हो जाते हैं। कितने लोगों ने ऐसा अनुभव किया है?

एक पुरानी कहावत है—गुरु बिना गति नहीं, जिसका अर्थ है गुरु के बिना कोई प्रगति नहीं होती; क्योंकि आपके चारों ओर इतने सारे लोग हैं और आप हर किसी के मनोभावों, भावनाओं, आरोपों से प्रभावित होते हैं और आप ठहर जाते हैं, आपको यह पता नहीं चलता। पर जब गुरु होता है तो आपको इन बातों से कोई फर्क नहीं पड़ता और अगर पड़ता भी है तो सिर्फ कुछ मिनटों या घंटों के लिए और फिर आप उससे बाहर निकल आते हैं। जैसे कि अगर आपके पास रेनकोट है और बारिश हो जाती है तो आप खुद को बारिश में भीगने से बचा सकते हैं। इस संदर्भ में भारत, कोरिया, जापान यहाँ तक कि चीन के प्राचीन लोगों का कहना था कि आध्यात्मिक गुरु या ऐसा व्यक्ति, जो इस मार्ग पर चल रहा हो, बहुत जरूरी है, ताकि आपको इन नकारात्मक भावनाओं और भारीपन को बहुत दिनों तक न रखना पड़े।

दूसरे, अगर आपको लगे कि कोई भी नहीं है, कोई माध्यम नहीं है तो क्या करें? मंत्र उच्चारण करें, प्राणायाम करें, प्रकृति की सैर करें, वेदांत या यह विज्ञान—ये हर चीज तरंगें हैं।

संख्याएँ बहुत जरूरी हैं, इसलिए हम 108 बार 'ओम् नमः शिवाय' का उच्चारण

करते हैं। इसलाम में भी संख्या 786 मानते हैं। रुद्राभिषेक में हम संख्याओं के विषम व सम क्रम का उच्चारण करते हैं। वे तरंगों को बदल देते हैं। यहाँ तक कि रुद्राभिषेक में संख्याओं का उच्चारण करने का जवाब पंडितों के पास भी नहीं है। इसे समझने के लिए हमें वैज्ञानिकों की बात सुननी होगी। वे कहते हैं कि यह संपूर्ण आकाश घुमावदार है। यह आकाश पानी की तरह भी है, जैसे जब आप पानी में गेंद डालते हैं तो वह घूम जाती है। पानी एक माध्यम है, उसी तरह आकाश भी एक माध्यम है और यह बात वेदों में हजारों साल पहले भी कही गई थी और इसीलिए वह पाँचवाँ तत्त्व है। आकाश वह है, जहाँ तरंगें घूमती हैं। यह जल, पृथ्वी, अग्नि और वायु की तरह माध्यम है। और यही बात आज वैज्ञानिक कह रहे हैं। यह बहुत हैरानी की बात है कि कैसे हजारों साल पहले लोग जानते थे कि आकाश में घुमाव है, वह माध्यम है और वहाँ एक नहीं, बल्कि 10 आयाम हैं, जो आत्मा है। ये तथ्य आपके मन को उच्चतम सच की ओर ले जाते हैं।

सौर-जालक (सोलर प्लेक्सेस) को दूसरा मस्तिष्क या मध्य मस्तिष्क कहा जाता है। एक योगी के लिए आकार में सौर-जालक बहुत बड़ा होता है। वैज्ञानिकों ने भी यह बात कही है। जो लोग योग या मेडीटेशन नहीं करते हैं, उनमें यह छोटा होता है। एक योगी, जो योग और मेडीटेशन करता है, में बड़ा सौर-जालक होता है। जब सौर-जालक बड़ा होता है तो रचनात्मकता हावी रहती है और उदारता पैदा होती है; जब छोटा होता है तो ईर्ष्या पैदा होती है।

जब आपका हृदय उदार हो जाता है तो आँसू निकलते हैं, यह स्वाभाविक है। ऐसा होने दें। धर्मग्रंथों में कहा गया है कि प्यार के आँसू इतने बहुमूल्य होते हैं कि देवता तक उन्हें एक करने के लिए दौड़ते हैं। स्वर्ग में भी प्यार के आँसू नहीं हैं। इस पृथ्वी पर सबसे आश्चर्यजनक चीज है प्यार के, कृतज्ञता के आँसू होना। यह इंगित करता है कि हमारा जीवन वैभवशाली है। वे हमारे जीवन को समृद्ध और पूर्ण बनाते हैं। जीवन में पूर्णता तब मिलती है जब आपके पास कृतज्ञता के आँसू हों और वे बड़े भाग्य से मिलते हैं। आप कृतज्ञता के आँसुओं को बना नहीं सकते हैं। आप ग्लिसरीन लगाकर कृतज्ञता के आँसुओं को बहने नहीं दे सकते हैं। जब आपको यह एहसास हो जाता है कि ज़ीवन में आपने क्या-क्या पाया है, आपका हृदय उदार हो जाता है।

केवल एक ही कर्त्ता है। यह आपका कर्म नहीं है, बल्कि आपका होना है। आपने जो किया है उससे आप संत नहीं बन सकते, वरन् उससे कि आप क्या हैं। किसी के हृदय में कितनी सेवा, प्यार और करुणा है। बहुत सारे लोगों के सामूहिक प्रयास से काम होता है। पर अगर हम चाहते हैं कि हमारा अंतस चमके तो आपका अपना संकल्प ही पर्याप्त है।

अपना भाव ईश्वर के लिए नहीं छोड़ें। जो भी अनुभव हम प्राप्त कर रहे हैं वे ईश्वर की कृपा से हैं, हमारे प्रयासों से नहीं। अगर आप हर किसी को प्यार कर पाते हैं तो यह आशीर्वाद है। हमें कृतज्ञ होना चाहिए···जितना अधिक हम कृतज्ञ होंगे, हमें उतना अधिक मिलेगा। आपका क्या कहना है?

मैं साफ तौर पर जातिवाद की निंदा करता हूँ। आत्मा के लिए कोई जाति नहीं होती है। जब हम किसी अच्छे डॉक्टर के पास जाना चाहते हैं तो हम उसकी जाति नहीं देखते। जब हम किसी अच्छे वकील के पास जाना चाहते हैं, हम उसकी जाति के बारे में नहीं पूछते। इसका इस्तेमाल केवल राजनीति में होता है। मैं राजनीति नहीं जानता। मैं अपने दिल से आपके दिल तक बात करता हूँ। मुझे ईश्वर के बंदों के साथ रहना अच्छा लगता है।

जब कुछ मददगार साबित नहीं होता, प्रार्थना मदद करती है। सच्चे मन से कहें कि ईश्वर, मेरी मदद करो।

अपनी कटिबद्धताओं को दोहराने के लिए कोई भी चुनौती एक अवसर होती है।

सबसे बेहतरीन तीर्थ है आंतरिक यात्रा। एक तीर्थस्थल लोगों को एक साथ मिलकर प्रार्थना करने का अवसर होता है। जैसा कि आप जानते हैं, एक साथ मिलकर प्रार्थना करने से अधिक ऊर्जा पैदा होती है, एक सह-क्रिया। लेकिन यह मन सोचें कि ईश्वर केवल तीर्थस्थलों पर होता है। ईश्वर सर्वव्यापी और सर्वशक्तिमान है। प्राचीन ऋषियों ने कुछ स्थानों पर ध्यान लगाया और वह सारी ऊर्जा वहाँ की कुछ मूर्तियों में डाल दी। धर्मग्रंथों में ईश्वर के न कोई रूप, न कोई आकार होने की बात कही गई है। ईश्वर की किसी भी रूप और आकार में पूजा करने की बात कही गई है। कहीं से भी प्राप्त ज्ञान को मान्यता मिलती है।

हमें एक ईश्वर के बारे में समाज को शिक्षित करना है। जब ऐसा बदलाव हो जाएगा, हम किसी के साथ भी संबंधित हो सकेंगे, चाहे हमारी विचारधारा कोई भी हो। भय दूर हो जाएगा। प्रत्येक अपराधी के अंदर एक पीड़ित मदद के लिए रो रहा है···उसे क्या परेशान कर रहा है? वह अज्ञानता या हिंसा किसी का भी शिकार हो सकता है।

जीवन में उतार-चढ़ाव के बीच अंतर बहुत बड़ा है। एक सफेद कपड़े पर धूल का एक कण भी दिखाई दे जाता है। उसी प्रकार, जब मन अधिक शुद्ध हो जाता है तो हलकी सी जलन या क्रोध भी परेशान करता है। वह असहनीय है और उससे आपको बहुत जल्दी छुटकारा पाना है। यह बहुत ही स्वाभाविक है। साथ ही स्थितियों को सहन करने के लिए आपको आंतरिक शक्ति भी मिलती है।

जब हम भीतर से प्रसन्न होते हैं तो बाहर से कोई भी चीज हमें उबाऊ नहीं लगती है।

जब आप किसी चीज को पसंद नहीं करते हैं तो उस पर आपका ध्यान ज्यादा

लगा रहता है। जब आप किसी चीज को पसंद करते हैं तो भी उस पर आपका ध्यान रहता है। जब आप किसी चीज के प्रति निर्विकार रहते हैं, जब कोई विमुखता नहीं होती तो कोई ध्यान नहीं होता।

मन की प्रकृति का अध्ययन करना अपने आप में एक आश्चर्यजनक तथ्य है। अपने ही मन के बारे में अधिक-से-अधिक जानकर आपको रोमांच होगा। जब मैं कहता हूँ मन तो इसका अर्थ केवल मन नहीं होता है। मैं इसे चेतना कहना चाहूँगा, क्योंकि मन चेतना का एक कार्य है। वह सोच है, जिसे हम मन कहते हैं। चेतना के इंद्रियगोचर पहलू का नाम मन है। निर्णायक पहलू, बुद्धि। चेतना का अध्ययन करना सबसे कठिन है। और समय व परिपक्वता के साथ हर किसी को मिल जाता है।

आपको ज्ञानोदय की आकांक्षा करनी चाहिए और ज्ञानोदय एक निस्स्वार्थ खुशी है, एक निस्स्वार्थ प्यार और जीवन है, जिसमें आप चालक की सीट पर बैठे होते हैं। आपको ज्ञानोदय की आकांक्षा करनी चाहिए। तभी से जब से आप जीवन में कुछ आकांक्षा करना पहचान लेते हैं। पहले उच्चतम पर जाएँ, फिर सारी अच्छी चीजें साथ आ जाएँगी, आपको उसके लिए प्रयास नहीं करना पड़ेगा। जब मैं कहता हूँ, आपको प्रयास नहीं करना पड़ेगा तो इसका अभिप्राय है कि आपको चिंता नहीं करनी पड़ेगी। जब आप उच्चतम की आकांक्षा करते हैं, आपके कार्य सहज होने चाहिए और सहजता में आप देखेंगे कि चीजें यथावत् होने लगी हैं।

जब आप चिंता करते हैं तो उस एकाग्रता को खोने की प्रवृत्ति होती है। यह वैसा ही है जब आप बहुत व्यस्त या थके हुए होते हैं। स्वयं को सौंपने का अर्थ है अपने पास वापस लौटना, अपने एकाग्र बिंदु पर बार-बार लौटना—आपके अंदर निहित मुख्य तत्त्व पर।

आपको पता होना चाहिए कि आपके पास एक सुंदर मन है। यह मन मुक्त, प्यारा, सुंदर, संतुष्ट है, न कि व्यग्र। इसलिए जब आपका मन केंद्रित होता है तो वह सुंदरता निखरकर बाहर आती है।

मेरी चेतना नित नूतन है। पहले हम खुद से ऊब जाते हैं और फिर दूसरों को बोर करते हैं या दूसरों से बोर हो जाते हैं। जब हम अपने में खुश होते हैं तो बाहर से कोई भी चीज हमें नीरस नहीं लगती है।

ज्ञान या बोध की चाह करने का अर्थ है—आधा काम हो गया। बाकी है थोड़ा-सा अनुशासन और आपको पता होना चाहिए कि आपको मिल जाएगा। वह आपको दे दिया जाएगा। इसीलिए आपके पास मार्ग है, गुरु है। आपको मिल जाएगा। शमा जली है तेरे लिए, तुझको कुछ नहीं करना है। आपको कुछ नहीं करना है, सिर्फ भीतर से खाली व रिक्त रहें।

दुनिया में करने को बहुत सारी चीजें हैं। अतीत में रहने का समय कहाँ है। दुनिया हर क्षण नई होती है। उसके साथ चलें। पीछे मुड़कर बीती बातों को न याद करें। आगे बढ़ें।

ज्ञानोदय सबसे बड़ी खुशी है। जब बड़ी खुशी है तो छोटी खुशियों की ओर क्यों जाएँ? ईश्वर में विश्वास करना आसान नहीं है, ईश्वर है—अगर आप इसका अनुभव कर लेते हैं तो मन शांत हो जाता है। तब आप पाते हैं कि केवल ईश्वर ही है और मेरा कोई अस्तित्व नहीं है।

अपनी आत्मा को उठाने के लिए, अपने को सत्य के मार्ग पर ले जाने के लिए किया गया कुछ भी काम, जो अपने अंदर मानवीय मूल्यों का समावेश करे, जो आपको सबसे भीतर और सबसे बाहरी से जोड़े, वही अध्यात्म है। ध्यान, प्राणायाम, योग, सेवा, गायन, मंत्रोच्चारण, अपने आस-पास खुशी निर्मित करना सब अध्यात्म के भाग हैं। अगर आप दुःख पैदा करते हैं तो वह अध्यात्म नहीं है। आप प्रसन्नता निर्मित कर सकते हैं, वही अध्यात्म है।

आरोप वह है, जिसे आप आलोचना कहते हैं, जिसे आप स्वीकार नहीं कर सकते। आप आरोप का सामना कैसे करते हैं? धैर्य के साथ। उसके लिए अत्यधिक धैर्य और विश्वास की आवश्यकता होती है कि सच हमेशा जीतता है, चीजें तब बेहतर हो जाती हैं।

आप अपने में बदलाव देखते हैं, यही काफी है। दूसरे नहीं देख पाते, क्योंकि वे अपने ही मन में जकड़े हुए हैं। धैर्य के साथ स्वयं को बेहतर ढंग से व्यक्त करें। कई बार हमारी भावनाओं के साथ हमारे कार्य मेल नहीं खाते हैं। बाहरी क्रिया-कलाप बेशक कठोर हों, पर हो सकता है, आप भीतर से कठोर न महसूस करते हों। आपकी भावनाएँ बदल गई हैं, पर आपके कार्य और अभिव्यक्ति नहीं बदली है। अधिकतर मामलों में ऐसा ही होता है। तब आपको अपनी अभिव्यक्ति को थोड़ा बदलना होता है।

जब आप अपने मित्रों से कुछ अपेक्षा नहीं रखते हैं तो आप एकाग्र हो जाते हैं। जब आप किसी से मित्रता रखते हैं तो कुछ अपेक्षाएँ भी रहती हैं। आपको मैत्रीपूर्ण संबंध बनाना आनंददायक लगता है। मैत्रीपूर्ण होने का आनंद लेना बंद कर दें। लेकिन मैत्रीपूर्ण व्यवहार रखें, क्योंकि वह आपका स्वभाव है। तब आप एकाग्रचित्त रह पाएँगे।

पर्यावरण वास्तव में एक गंभीर मुद्दा है। आप सबको अधिक पेड़ लगाने चाहिए, फ्रिज का कम प्रयोग करना चाहिए और शाकाहार को अपनाना चाहिए। आज के वैज्ञानिक कहते हैं कि अगर पूरी दुनिया पशुओं को मारना बंद कर दे तो संपूर्ण हरियाली से जुड़ा मुद्दा सुलझ जाए। एक पशु को मारना 500 पेड़ों के काटने के बराबर है, क्योंकि वह उतनी ही मीथेन छोड़ता है। जितना खाना एक पशु के लिए इस्तेमाल होता है उतने में

400 लोग खाना खा सकते हैं। शाकाहारी बनें—स्वस्थ रहें और धरती को बचाएँ। यह बहुत ही सरल है।

असहाय महसूस करना कमजोरी की निशानी है, पर अगर असहाय भाव के साथ आपके अंदर एक प्रार्थना जाग्रत् हो जाए तो एक अज्ञात, अदृश्य, प्रामाणिक ताकत आपके पास आ जाए। पर आप स्वयं को असहाय या प्रार्थना करने के लिए बाध्य नहीं कर सकते हैं। यह स्वत: आती है।

समर्पण का भाव ऐसा है कि आप उसके न होने पर उसकी चाह करते हैं। एक बार जब आपको समर्पण या भक्ति की झलक दिखाई दे जाती है तो उसकी अनुपस्थिति में मन में हलचल महसूस होने लगती है। समर्पण अनुपस्थित नहीं होता है, पर आपको लगता है जैसे वह वहाँ नहीं है और इस एहसास से आप बेचैन हो उठते हैं। अगर हम ज्ञान के प्रकाश में देखें, भक्ति सूत्र में नारद ने कहा है कि समर्पण का प्रत्येक संकेत यह है कि आप उसकी उपस्थिति में आनंद का अनुभव करते हैं और उसकी अनुपस्थिति आपको बेचैन कर देती है। इससे पता चलता है कि आप में समर्पण भाव है। और जब मन में इस तरह की बेचैनी का अनुभव करते हैं तो अपने को भाग्यशाली समझें।

हर प्रश्न का उत्तर तुरंत नहीं मिल सकता है। एक बार एक युगल एक गुरु के पास गया और दो प्रश्न पूछने की अपनी इच्छा जाहिर की। गुरु ने कहा, 'अगर तुम दो वर्षों तक सेवा करते हो तो तुम्हें अपने प्रश्नों का उत्तर मिल जाएगा।' प्रश्न जितना अनमोल होता है, उसका उत्तर पाने के लिए उतने ही प्रयास करने पड़ते हैं।

अपने पर विश्वास रखें। अपने पसंद के कार्यों और आप जिस मार्ग पर चल रहे हैं, उस पर भरोसा रखें। अगर आप खुद पर भरोसा नहीं करते हैं तो गुरु पर कैसे भरोसा करेंगे? अपने पर भरोसा होना ही काफी है।

एक गुरु संशय दूर नहीं करता है, वरन् और संशय पैदा करता है। आप जितना अधिक संशय की अग्नि में जलते हैं, उतने मजबूत होकर बाहर निकलते हैं। सच कभी भी संशय से नहीं डरता है और सच कभी छिप नहीं सकता है।

प्राचीन भारत में विश्वामित्र, वाल्मीकि, गौतम जैसे अनेक ऋषि हुए हैं और अगर आप उन सब पर संशय करने लगेंगे तो स्वयं को ज्ञान से वंचित करेंगे।

अगर आप अपना ध्यान वास्तविक व असली पर लगाते हैं तो आप नकली पर संशय करेंगे। पर अगर आपका सारा ध्यान नकली पर होगा तो आप असली पर भी संशय करने लगेंगे।

दैवी ऊर्जा का प्रभाव इतना होता है कि वह मन में सारी नकारात्मक प्रवृत्तियों को परिवर्तित कर देता है। योगसूत्रों में जो भी कहा गया है वह एकदम सही है—तत् सानिधि वैर त्याग—सच की संगति में, उन लोगों की संगति में, जो मेडीटेशन करते हैं, व्यक्ति वैर

भाव की भावना से मुक्त हो जाता है।

जन्म का रहस्य पाँच रहस्यों में से एक है। प्रकृति बहुत दयालु है, जिसने जन्म को एक रहस्य की तरह रखा है, अन्यथा पिछले जन्मों में घटी सारी घटनाओं को याद करके आप एक दु:खद जीवन गुजार रहे होते। पर आपके जीवन में एक समय ऐसा आएगा, जब आपका मन वर्तमान क्षण में पूर्णतया स्थापित हो जाएगा, याददाश्त जाग्रत् हो जाएगी और आपको याद आ जाएगा कि आप क्या थे और पिछले जन्मों में आप क्या थे। अगर कुछ लोगों के साथ ऐसा नहीं होता है तो भी कुछ गलत नहीं है।

पूरी दुनिया कारण व प्रभाव से बनी हुई है। अगर कोई अमीर है तो उसका भी कारण है। अगर कोई गरीब है तो उसकी भी वजह है। पर क्या इसका अर्थ है कि हमारे पास कर्म की कोई स्वतंत्रता नहीं है? आपके पास निश्चित तौर पर स्वतंत्रता है। हमें भेदभाव दिया गया है। इसलिए, हमारे पास कर्म की स्वतंत्रता है और हम पिछले जन्मों के फल भी भोग रहे हैं। यह ऐसा ही है जैसा कि आपको किसी से कुछ पूँजी मिलती है। अब यह आप पर है कि आप उसके साथ क्या करना चाहते हैं। एक अमीर व्यक्ति गरीब बन सकता है और एक गरीब अमीर। हर तरह की संभावनाएँ हैं। आपके कर्मों ने निश्चित किया है कि आप कहाँ जन्म लें। पर यह आप पर निर्भर करता है कि आप कहाँ पहुँचना चाहते हैं।

वैराग्य या अनासक्ति विवेक या भेदभाव से जुड़ी है। जब हम छोटे बच्चे थे, हम कैंडी, लॉलीपॉप या खिलौने चाहते थे। जैसे-जैसे हम बड़े हुए, ये इच्छाएँ स्वयं ही खत्म हो गईं। हम खिलौनों के प्रति अनासक्त हो गए, पर किसी और चीज से जुड़ गए। समय के साथ इच्छाएँ बिना किसी प्रयास के खत्म होने लगीं। जब हम जागरूकता के साथ आगे बढ़ते हैं तो हमारी आसक्ति प्यार के साथ और अधिक तेजी से कम होती जाती है।

हमें एक बात याद रखनी चाहिए कि यहाँ सारी कहानी खत्म हो जाएगी। हम सब मृत्यु को प्राप्त हो जाएँगे। हम सब भूमिगत हो जाएँगे। जीवन का अंत होगा। जब हम पीछे मुड़कर देखते हैं तो पाते हैं कि कितने ऐसे लोग हैं जिन्हें हम जानते थे। वे जा चुके हैं। जो हमारे साथ थे, वे भी मर चुके हैं। और भी जाएँगे। हर कोई जाएगा और एक दिन हम भी चले जाएँगे। यह स्थायी सच है, जीवन का निश्चित सच।

□

दीवाली के महत्त्व को समझना

दीवाली का अर्थ है रोशनी का त्योहार। आप में से प्रत्येक अपने लिए रोशनी है। यह त्योहार पूरे भारत, नेपाल, सिंगापुर, मलेशिया, श्रीलंका, इंडोनेशिया, मॉरीशस, सूरीनाम, त्रिनिदाद और दक्षिण अफ्रीका में मनाया जाता है। लोग एक-दूसरे को 'दीवाली मुबारक हो' कहते हैं और मिठाई खिलाते हैं।

दीवाली के दौरान हम सारी पिछली बातों को भुला देते हैं। जो कुछ भी मन में दबा होता है, आप पटाखे जलाते हैं और उसे निकल जाने देते हैं। पटाखों की तरह सब जल जाता है और एक नया मन खिल उठता है। यही दीवाली है।

एक मोमबत्ती काफी नहीं है। हर किसी को खुश व आनंदमय होना चाहिए। हर किसी को खुश व ज्ञानी होना चाहिए। ज्ञान का प्रकाश जल गया है। प्रतीकात्मक रूप से हम ज्ञान का प्रकाश जलाएँगे और उत्सव मनाएँगे।

दीवाली का संदेश है—पुरानी बातों को भूल जाओ, जीवन को ज्ञान के साथ मनाओ। बिना ज्ञान के यह वास्तविक उत्सव नहीं हो सकता है। ज्ञान यह जानने में है कि ईश्वर मेरे साथ है।

आज वह दिन भी है, जब आप अपनी सारी संपत्ति को देखते हैं। आप याद करते हैं कि आपके पास इतनी दौलत है और उसकी प्रचुरता को महसूस करते हैं। अन्यथा मन हमेशा कमी को ही देखता है—ओह, यह वह नहीं है, यह नहीं है। उसके लिए पछतावा, इसके लिए पछतावा। कमी से प्रचुरता कीं ओर बढ़ें। अपने सामने सारे सोने व चाँदी के सिक्कों को रखने की पुरानी परंपरा है। आप अपने सामने सारी दौलत रखते हैं और कहते हैं—देखो, ईश्वर ने मुझे यह सब दिया है। मैं बहुत कृतज्ञ हूँ।

'बाइबल' में कहा गया है, जिनके पास ज्यादा है वह उन्हें दिया जाएगा; जिनके पास नहीं है, जो भी थोड़ा-बहुत उनके पास है, वह भी उनसे ले लिया जाएगा। उस प्रचुरता को महसूस करते हुए आप जान जाते हैं कि आपको बहुत दिया गया है। फिर हम

लक्ष्मी पूजा करते हैं। धन व समृद्धि की देवी की पूजा की जाती है और भगवान् गणेश की भी—वह चेतना का आवेग, जो हमारे मार्ग के सारे अवरोधों को दूर कर खुशी प्रदान करता है—वह मंत्रोच्चारण आज किया जाता है।

प्रत्येक देश के लिए हम दीया जलाते हैं। यूरोप में 27 देश हैं। हम प्रत्येक देश के लिए एक दीया जलाएँगे। फिर हम कुछ मिनटों के लिए मेडीटेशन करेंगे। मेडीटेशन करने के बाद हम सार्वभौमिक ऊर्जा, ताकत का धन्यवाद करेंगे, जिसने हमें प्रचुरता में सबकुछ दिया है। हम और अधिक के लिए भी प्रार्थना करेंगे, ताकि हम अधिक सेवा कर सकें। बिलकुल। सोना-चाँदी तो सब बाहरी प्रतीक हैं। असली दौलत तो हमारे भीतर है। इतना अधिक प्यार, शांति व प्रसन्नता है। इसके अतिरिक्त और क्या दौलत आपको चाहिए? ज्ञान असली दौलत है। आपका चरित्र, आपकी शांति और आत्मविश्वास असली दौलत है।

जब आप दैवत्व के संबंध के साथ बढ़ते हैं तो उससे अधिक समृद्ध तो और कुछ हो ही नहीं सकता है। जब आप दैवत्व के साथ, असीम के साथ खुद को जुड़ा पाते हैं तो यह समृद्ध भावना आपके भीतर आती है। जब लहरें याद रखती हैं कि वे समुद्र से जुड़ी हैं, वे समुद्र का भाग हैं तो वह ताकत बृहद् होती है।

भगवान् कृष्ण अर्जुन से कहते हैं, जो मुझे प्रिय है वह यह है जो किसी से घृणा नहीं करता, जिसके पास किसी तरह का अहंकार नहीं है—मैं, मैं, मेरा। जो सफलता या असफलता में शांत रहता है। जो भी उसे मिलता है—दुःख या खुशी—वह हर चीज को मुसकराकर लेता है।

हर बच्चा आध्यात्मिक ज्ञान के साथ पैदा होता है; पर जब आप बड़े हो जाते हैं, आप उसे खोने लगते हैं। योगी होने का अर्थ है फिर से बच्चा बनना, अपने शुद्ध तत्त्व से जुड़ना।

एक टीचर आपको सवाल देता है और चाहता है कि आप उसका उत्तर दें। स्कूल और कॉलेजों में आपको उत्तर नहीं दिए जाते हैं और आपसे उनके सवाल ढूँढ़ने के लिए कहा जाता है। एक टीचर का काम है उलझन पैदा करना, ताकि आप उत्तर पाने के लिए अपनी बुद्धि, अपने दिमाग, अपने अंतर्बोध और अपनी भीतरी आवाज का इस्तेमाल कर सकें।

केवल शांत मन के अंदर ही उचित विचार आ सकते हैं। परेशान व दुविधाग्रस्त दिमाग केवल दुविधापूर्ण विचारों को ही जन्म देगा और दुविधापूर्ण विचार प्रचुरता में आ रहे हैं। विचारों को कैसे दिशा दी जाए, यह भी अपने आप में एक कला है, चुप्पी की कला। आप उसे कैसे कर सकते हैं? मेडीटेशन के साथ मन शांत और एकाग्र हो जाता

है; विचार केंद्रित, अर्थपूर्ण हो जाते हैं।

एक गुरु चाहता है कि उसका शिष्य प्रगति करे, आगे बढ़े, स्थिर रहे, खुश रहे, निस्स्वार्थ रहे और लोगों की सेवा करे। और जो शिष्य जो भी कुछ गुरु से चाहता है, गुरु उसे वह देता रहता है। शुरू में शिष्य छोटी-छोटी चीजें माँगता है और फिर बड़ी-बड़ी चीजें। गुरु कई बार उन छोटी चीजों को उसे दे देता है, कई बार नहीं देता।

एक महान् संत ने कहा था कि किसी ऐसे को अपने करीब रखें, जो आपकी निंदा करता हो। उससे आपका घर, आपका दिमाग साफ रहेगा—बिना साबुन और पानी के। जैसे आपको अपने शरीर को साफ करने के लिए साबुन और पानी की जरूरत होती है वैसे ही जो आपकी निंदा करता है, उसे अपने करीब रखिए। अगर आपके आस-पास का हर व्यक्ति आपकी प्रशंसा ही करेगा तो हो सकता है, वे आपके सामने सच न रखें। ऐसा व्यक्ति, जो आपकी निंदा कर रहा है, वह आपके सामने आपकी सारी कमजोरियाँ रख देगा। निंदा का स्वागत करें; जो भी आपकी निंदा करता है, उसका स्वागत करें। निंदा से दूर न भागें। आपको एकदम सही आलोचना करनी आनी चाहिए और लेनी भी। यही ताकत है। और कोई अच्छा निंदक या बुरा निंदक नहीं होता है। उन्हें अपने करीब रखने का अर्थ है कि आलोचक से दूर न भागें। उनसे बात करना न छोड़ें। जो आपकी निंदा करता है, उससे आप बात करना छोड़ देते हैं। अगर कल किसी ने आपकी निंदा की थी तो आज आप उससे सामान्य ढंग से बात करें, उससे दूर न भागें।

सार्वभौम अत्यधिक रहस्यमय है। हर चीज रहस्यमय है। हमें हर चीज को समझने की कोशिश नहीं करनी चाहिए। रहस्य को ऐसे ही रहने दें। संपूर्ण ज्ञान है खराब से—'मुझे नहीं पता, मुझसे मत पूछो' से सुंदर ढंग से कहे गए 'मुझे नहीं पता' तक जाना है।

जब आप मेडीटेशन कर रहे होते हैं, हम समाज के लिए, दुनिया के लिए बहुत अच्छा कर रहे होते हैं। यह सकारात्मक कण उत्पन्न कर उन्हें वातावरण में छोड़ता है और यह सकारात्मक कण ही हैं जो सोच, मन, आत्मा और शरीर, पर्यावरण व सार्वभौम को प्रभावित करते हैं। यह न केवल हमारे लिए, वरन् दुनिया भर के लिए बहुत महत्त्वपूर्ण, बहुत अनमोल है।

□

शाकाहारी बनने के फायदों को समझना

इसके कई पहलू हैं। कर्म का अर्थ है पदार्थ में छिपी छाप और कैसे आपका शरीर मेल खाता है।

मान लीजिए, एक शेर हिरण का शिकार करता है और उसे खा लेता है तो शेर को कर्म नहीं मिलते। एक बिल्ली चूहे को खा लेती है तो बिल्ली को चूहे के कर्म नहीं मिलते। ये सारे जानवर शिकार करने और खाने के लिए बनाए गए हैं। अगर आप मानव शरीर को देखें तो पाएँगे कि वह शाकभक्षियों जैसा है। हमारी लार में टैनिन नामक एक पदार्थ होता है, जो केवल गाय, हाथी व बकरी में ही होता है—सारे शाकभक्षी जानवरों में होता है। यह इंगित करता है कि मानव की लार शाकभक्षी जानवरों के लिए बनी है।

दूसरे, मानव की आँत बहुत बड़ी होती है—छह फीट बड़ी। यह शेर, बाघ, कुत्ते में नहीं होती है; पर यह सारे शाकभक्षियों में होती है। अगर आप मानव की शारीरिक संरचना को देखें तो पाएँगे कि हमारे दाँत कुत्तों जैसे नहीं होते हैं। सारे शाकभक्षी जानवरों के दाँत कुत्तों जैसे नहीं होते हैं। केवल मांसभक्षी जानवरों के होते हैं।

अगर आप इन पहलुओं को देखते हैं तो हमारा तंत्र शाकाहारियों से मेल खाता है। इसलिए हम कह सकते हैं कि जब आप शाकाहारी भोजन करते हैं, आपको उसके कर्म नहीं मिलते हैं। अगर आप कुछ ऐसा खाते हैं, जो आपके शरीर से मेल नहीं खाता है—जैसे अगर एक हाथी एक अंडा खाता है या एक गाय को आप मांस खिलाते हैं तो गाय को वे कर्म मिलेंगे।

कर्म क्या हैं? कर्म वे प्रभाव होते हैं, जो प्रकृति के विरुद्ध होते हैं और जो चेतना में कुछ बदलाव कर सकते हैं। यह चेतना के लिए हानिकारक हो सकते हैं।

उसी तरह जब हम विकिरणीकरण के सामने आते हैं, जो हमें नहीं आना चाहिए तो हमें बीमारियाँ हो जाती हैं। इसका मतलब हुआ, हम वे कर्म प्राप्त करते हैं। कर्म का अर्थ है स्नायु तंत्र पर शक्तिशाली प्रभाव, जो हर समय आवश्यक नहीं होते हैं।

अगर आपके पास नशीली दवाइयाँ हैं, आपके पास नशीली दवाइयों के कर्म हैं और उनका प्रभाव शरीर पर इतना व्यापक होता है कि कुछ समय बाद आप उन्हें लेना नहीं छोड़ सकते हैं। आपका शरीर तब उनकी माँग करता है। आपका शरीर विकृत हो जाता है। आपको बहुत ज्यादा दर्द व तकलीफ झेलनी पड़ती है। नशीली दवाइयों की लत से बाहर आने के लिए बहुत सारे प्रयास करने पड़ते हैं। यही बात शराब के लिए भी है।

भोजन इतना प्रभावी नहीं होता है। फिर हमारा तंत्र शाकाहार के लिए बना है, खासकर अगर आप अपने मन व चेतना में अधिक सूक्ष्म होना चाहते हों।

सारे महान् वैज्ञानिक, कई सफल व्यक्ति शाकाहारी हैं। यह स्वाभाविक ढंग से हो जाता है। आपका शरीर केवल वही चाहता है। इसका अर्थ हुआ कि आपकी प्रकृति के साथ संगति है। इतना ही। ऐसा नहीं है कि जो शाकाहारी नहीं हैं, वे अच्छे नहीं हैं। वे भी आपकी तरह ही अच्छे हैं। पर अगर वे प्रकृति के साथ संगति बिठा लेते हैं तो उनकी चेतना कहीं अच्छी हो जाती है।

□

कर्म को समझना

कर्म चेतना में प्रभाव होते हैं। प्रभाव समान स्थितियाँ, घटनाएँ और कार्य-कलाप बनाते हैं। इसलिए कर्म में तीन चीजें होती हैं—एक तो छिपे हुए कर्म—यह है कर्म प्रभाव की तरह, कर्म कार्य की तरह और कर्म परिणाम की तरह।

आप केले की ओर देखते हैं। केले की ओर देखना एक कर्म है। यह एक कार्य है और आप उसे खाना चाहते हैं, क्योंकि आप जानते हैं कि आप उसे पहले भी खा चुके हैं। यह केले का प्रभाव है। यह प्रभाव की तरह कर्म है। तब आप उसकी इच्छा करते हैं। वह उसका परिणाम है। वह भी कर्म है। उसे देखना, उसे खाने की इच्छा करना, उसकी लालसा और वस्तुत: उसे खाना भी एक कर्म है।

बहुत अधिक सपने लेना, बहुत अधिक कुछ करने की चाह रखने से अनिद्रा की बीमारी हो जाती है। मैं कुछ नहीं चाहता, मैं कुछ नहीं करता—ये दो बातें मन में रखें। आप एक शिशु की तरह सो जाएँगे।

मेरे अंदर, मेरे बाहर और सार्वभौम में हर ओर एक सार्वभौम शक्ति है। यही शक्ति सार्वभौम में होनेवाली हर चीज के लिए जिम्मेवार है। सारी विविध रचना इसी शक्ति की वजह से है और यह शक्ति मेरा खयाल रखती है। कई लोग इसे ईश्वर कहते हैं, कई कुछ और। उसे क्या कहा जाता है, इससे कोई फर्क नहीं पड़ता है। एक शक्ति है, एक ऊर्जा है। वह अत्यधिक करुणामयी है और वह मेरे साथ है और मेरी सहायता करेगी।

□

आध्यात्मिक विकास को समझना

आपने हमेशा ईश्वर की कल्पना एक पिता के रूप में की है, जो कहीं स्वर्ग में रहता है। पर क्या आप एक बच्चे के रूप में ईश्वर को देख सकते हैं? जब आप ईश्वर को एक पिता के रूप में देखते हैं तो आप माँग करना चाहते हैं और उससे लेना चाहते हैं। पर जब आप ईश्वर को एक बच्चे की तरह देखते हैं तो आपकी कोई माँग नहीं होती है। ईश्वर आपके अस्तित्व का मुख्य तत्त्व है। आप ईश्वर के साथ गर्भवती हैं। आपको अपने गर्भ का ध्यान रखना है और इस बच्चे को संसार में लाना है। जब तक आप बूढ़े नहीं हो जाते और मर नहीं जाते, ईश्वर आपका बच्चा रहता है, जो आपसे चिपका रहता है। यह बच्चा पोषण के लिए आपसे चिपककर रोता रहता है। साधना, सेवा और सत्संग पोषण हैं।

ईश्वर को निराकार देखना और आकार में देखना कठिन है। निराकार इतना अमूर्त है और आकार में ईश्वर बहुत सीमित प्रतीत होता है। इसलिए कुछ लोग नास्तिक रहना पसंद करते हैं। पर नास्तिक होना वास्तविकता नहीं है, वह तो केवल सुविधा की बात है।

जब आप में पूछताछ का उत्साह होता है या सच की तलाश में होते हैं तो नास्तिकता एक तरफ छूट जाती है। पूछताछ के उत्साह के साथ आप उस चीज को अस्वीकार नहीं कर सकते, जिसे आपने प्रमाणित न माना हो। एक नास्तिक बिना प्रमाणित किए ईश्वर को नकार देता है। ईश्वर को नकारने के लिए आपके पास असीमित ज्ञान होना चाहिए और जब आपके पास असीमित ज्ञान होता है, आप ईश्वर को नकार नहीं सकते हैं। किसी के यह कहने के लिए कि ईश्वर कोई अस्तित्व ही नहीं रखता है, उसे संपूर्ण सार्वभौम के बारे में पता होना चाहिए। इसलिए आप कभी भी 100 प्रतिशत नास्तिक नहीं हो सकते हैं। एक नास्तिक केवल मानने वाला है, जो सो रहा है। वस्तुतः एक नास्तिक वह होता है, जिसके पास ईश्वर की अवधारणा होती है। किसी व्यक्ति के लिए यह कहना कि मैं किसी चीज में विश्वास नहीं करता हूँ, का अर्थ है उसे अपने ऊपर

विश्वास करना चाहिए। इसलिए वह उसके बारे में अपने ऊपर विश्वास करता है, जिसके बारे में वह जानता तक नहीं है।

एक नास्तिक कभी भी सच्चा नहीं हो सकता है, क्योंकि सच्चाई के लिए गहराई की आवश्यकता होती है और वह गहराई में जाने से इनकार करता है। क्योंकि वह जितना अधिक गहराई में जाता है, उसे खालीपन मिलता है, उसको सारी संभावनाओं के क्षेत्र को मानना पड़ता है कि ऐसे कई रहस्य हैं जिन्हें वह नहीं जानता है। तब उसे अपनी अज्ञानता को स्वीकारना पड़ता है, जिसे करने से वह इनकार करता है; क्योंकि वह क्षण सच्चा बन जाता है, वह गंभीरता से अपनी नास्तिकता पर संशय करने लगता है।

एक संशयहीन नास्तिक होना असंभव है, इसलिए आप कभी भी सच्चे और संशयहीन नास्तिक नहीं हो सकते हैं। जब नास्तिक को अपनी अज्ञानता का एहसास होता है तो वह क्या करता है? क्या वह गुरु के पास जाता है? गुरु उसका क्या करता है? नास्तिकता तब होती है जब कोई व्यक्ति न तो मूल्यों पर विश्वास करता है, न ही अमूर्त पर। जब एक नास्तिक गुरु के पास आता है तो क्या होता है? आप अपने ही आकार का अनुभव करने लगते हैं और पाते हैं कि आप निराकार, खोखले और रिक्त हैं। और आप में यह अमूर्त निराकार अधिक और अधिक ठोस हो जाता है।

गुरु अमूर्त को अधिक वास्तविक बना देता है और जो आपको ठोस लग रही थी वह अवास्तविक प्रतीत होने लगती है। तब संवेदनशीलता और सूक्ष्म भाव छा जाता है। प्यार का बोध, संवेदना की तरह नहीं बल्कि अस्तित्व के आधार की तरह दिखने लगता है। निराकार आत्मा सृष्टि में हर आकार में चमकती है और नास्तिकता को छिन्न-भिन्न करते हुए जीवन का रहस्य और गहरा हो जाता है। तब यात्रा आरंभ होती है और उसकी चार अवस्थाएँ हैं।

पहली अवस्था है स्वरूप (निराकार को आकार में देखना) यानी कि सारे आकारों में ईश्वर को देखना। अकसर ईश्वर को आकार में देखने के बजाय निराकार देखने में ज्यादा सहज महसूस किया जाता है, क्योंकि आकार के साथ व्यक्ति एक दूरी, एक द्वैत भाव महसूस करता है; जबकि निराकरण का भय और अन्य सीमाओं का भय होता है।

गहन निद्रा और समाधि को छोड़कर जीवन में हमारा आदान-प्रदान आकार के साथ ही है। और अगर आप आकार में ईश्वर को नहीं देखते हैं तो जीवन का जाग्रत् भाग दैवत्व से खाली होता है। जो लोग ईश्वर को निराकार मानते हैं, वे प्रतीकों का प्रयोग करते हैं और शायद ईश्वर से ज्यादा वे प्रतीकों से प्रेम करते हैं। अगर ईश्वर खुद आकर किसी ईसाई को क्रॉस या मुसलमान को अर्धचंद्राकार को छोड़ने के लिए कहे तो शायद वह न करे। निराकार को प्यार करना केवल आकारों के द्वारा ही संभव है।

दूसरी अवस्था है सामीप्य, यानी कि जिस आकार को आपने चुना है उसके बिलकुल पास महसूस करना और निराकार तक पहुँचना। इससे संपूर्ण सृष्टि के साथ एक जुड़ाव महसूस होता है। इस अवस्था में व्यक्ति अस्वीकृति व अन्य डरों से छुटकारा पा लेता है। पर यह समय व काल से बँधा है।

तीसरी अवस्था है सान्निध्य, यानी कि ईश्वर की उपस्थिति को महसूस करना, जिसके माध्यम से आप समय व काल की सीमाओं को पार कर जाते हैं।

आखिरी अवस्था है सयुज्या, यानी कि जब आप दृढ़ता से ईश्वर के साथ जुड़ जाते हैं, तभी आप महसूस करते हैं कि आप ईश्वर के साथ एकाकार हो गए हैं। आपको परमप्रिय के साथ पूर्णतया समाहित होना होता है और सारा द्वैत भाव गायब हो जाता है।

अपने ईश्वर का ध्यान रखें। नास्तिक संशय से इधर-उधर भागता रहता है। संशय, अविश्वास और अज्ञानता आपके मन में व्याप्त हैं, इसलिए उसका खयाल रखें।

□

शिव व शिवरात्रि के सही मर्म को समझना

शिव तत्त्व के बारे में कुछ समझते हैं। केवल थोड़ा सा ही जाना जा सकता है। बुद्धि को संतुष्ट होना चाहिए और परिष्कृत भावनाओं को जाग्रत्। इस संतोष को लाने के लिए जो पवित्र व संपूर्ण है, वैज्ञानिक और आध्यात्मिक दोनों ज्ञान होने अनिवार्य हैं। ईश्वर को ढूँढ़ने के लिए लंबी तीर्थयात्राओं पर जाने की आवश्यकता नहीं है। जहाँ आप हैं वहाँ अगर आप ईश्वर को नहीं पा पाते तो कहीं और पाना असंभव है। जहाँ मन विलीन हो जाता है, शिव वहाँ है। आप जहाँ भी हैं, वहीं कायम रहें। जिस क्षण आप कायम, केंद्रित हो जाएँगे, आप पाएँगे कि ईश्वरत्व हर जगह है। यही मेडीटेशन है। भगवान् शिव का एक नाम विरूपाक्ष भी है—अर्थात् जो निराकार है, फिर भी सबकुछ देखता है। हम जानते हैं कि हमारे चारों ओर वायु है और उसे हम महसूस भी कर सकते हैं। पर तब क्या होगा, जब वायु भी आपको महसूस करने लगे? आकाश हमारे चारों ओर है, हम उसे जानते हैं। पर अगर आकाश भी आपको पहचाने और आपकी उपस्थिति को महसूस करे तो क्या होगा? ऐसा होता है। वैज्ञानिक इसे जानते हैं और वे इसे सापेक्षता का सिद्धांत कहते हैं। वह जो देखता है और जिसे देखा गया है, दोनों ही देखने पर प्रभावित होते हैं। ईश्वर आपके चारों ओर है और आपको देख रहा है। उसका कोई आकार नहीं है। वह सत्ता का निराकार बीज और लक्ष्य है। वह द्रष्टा, दृष्टि और दृश्य है। यह निराकार भाव शिव है।

जाग्रत् होना और इस शिव तत्त्व को महसूस करना शिवरात्रि है।

आमतौर पर जब उत्सव होता है तो ज्ञान खो जाता है। ज्ञान के साथ उत्सव में गहन विश्राम शिवरात्रि है। जब आपके सामने कोई परेशानी आती है, आप सजग व सतर्क हो जाते हैं। जब सबकुछ ठीक होता है तो हम विश्राम कर रहे होते हैं। शिवरात्रि पर हम ज्ञान के साथ विश्राम करते हैं। कहा जाता है कि जब सब सो रहे होते हैं, एक योगी जाग रहा होता है। योगी के लिए हर दिन शिवरात्रि है। आदि शंकराचार्य ने अपने पद्यों में भगवान्

शिव की बड़ी खूबसूरती से व्याख्या की है।

अद्यांताहिनम्—ऐसा जिसका न आदि है, न अंत। सर्वदा वह भोलेनाथ हैं, जो हर समय हर जगह विद्यमान होते हैं। हम सोचते हैं कि शिव कहीं और अपनी गरदन में साँप लपेटे बैठे हैं। शिव वह हैं जिनमें हर चीज ने जन्म लिया है, जो इस क्षण हर चीज को घेरे हुए हैं और जिनमें दुनिया की हर चीज विलीन हो जाती है। इस दुनिया में आप जो भी आकार देखते हैं, वे सब उनके आकार हैं।

वह संपूर्ण सृष्टि में व्याप्त हैं। वह कभी जन्म नहीं लेते और उनका कभी अंत नहीं होता। वह शाश्वत हैं।

वह चेतना की चौथी अवस्था हैं—तुरीय अवस्था, ध्यानमग्न अवस्था जो जाग्रत्, गहन निद्रा और सपने की स्थिति से परे है।

वह अद्वैत चेतना हैं, जो हर जगह विद्यमान है। इसलिए शिव-पूजा करने के लिए आपको उनमें खुद को विलीन करना होगा। शिव होने के लिए आप शिव-पूजा करते हैं। चिदानंद रूप—वह चेतना हैं जो केवल आनंद है।

तपो योग गम्या—वह जिसे केवल योग और तप से ही जाना जा सकता है। वेदों के ज्ञान में शिव तत्त्व का अनुभव किया जा सकता है। शिवोहम् (मैं शिव हूँ), शिव केवलोहम् (केवल शिव है) प्राप्त की जाती है। शिवरात्रि का दिन खुशी व संतोष की लहर को अनुभव करने के लिए होता है। बिना योग के शिव का अनुभव नहीं किया जा सकता है। योग का अर्थ केवल आसन लगाना (शारीरिक मुद्रा) नहीं है, वरन् शिव तत्त्व का अनुभव है, जो मेडीटेशन और प्राणायाम से संभव है···जब वह एहसास भीतर से होता है···

'शंभू' शब्द भी वहीं से आया है—यह समझने के लिए कि ईश्वर, सृष्टि और आत्म कितना सुंदर है। यह तो चमत्कार ही है कि कैसे इस सृष्टि में एक ही चेतना हर प्राणी में विद्यमान है? इससे बड़ा चमत्कार और कोई नहीं है। कैसे यह एक अनेक बन गया है? एक से अनेक किए जाने की यह परंपरा (शिवरात्रि की) इतनी अनूठी है। इसके लिए योग व मेडीटेशन अनिवार्य हैं। बिना मेडीटेशन के मन शांत नहीं होता है। शिवरात्रि के अवसर मेडीटेशन, भजन सब उत्सव का भाग होते हैं। हर किसी को पूरे मन से इसमें भाग लेना चाहिए। हर किसी को गाना चाहिए। शिव सारे कारणों के कारण हैं। जिनकी वजह से हर चीज वहाँ है—पेड़ बढ़ रहे हैं, सूर्य उग रहा है, हवा बह रही है···हर चीज होने का कारण शिव हैं—जिनकी वजह से हर चीज घटती है और जिनके बिना कुछ नहीं होता। पंचमुख, पंचतत्त्व—ये शिव के पाँच मुख हैं—वायु, जल, पृथ्वी, अग्नि, आकाश। इन पाँचों तत्त्वों को समझना तत्त्व ज्ञान है। शिव को अष्टमूर्ति (आठ रूप) के

रूप में भी पूजा जाता है—मन, याददाश्त, अहंकार भी शामिल हैं। ये शिव के आकार और निराकार दोनों रूप हैं। शिव की पूजा करने का अर्थ है शिव तत्त्व में विलीन हो जाना और फिर कुछ अच्छे की कामना करना। क्या कामना करनी चाहिए? दुनिया के अच्छे के लिए खुले दिल से कामना करें, दुनिया में कोई भी दु:खी न रहे। सर्वजन सुखिनो भवंतु। और इस अवसर पर एक संकल्प लें। यह आपकी साँस, आपकी धड़कन की तरह आपके पास बार-बार आता है। और जब आप ऐसा संकल्प ईश्वर को समर्पित कर देते हैं तो वह अवश्य ही पूरा होता है।

हम प्रकृति की भी पूजा करते हैं। इस धरती पर ईश्वरत्व हर चीज पर व्याप्त है। बिना पेड़ों, पहाड़ों, नदियों, पृथ्वी और इस पृथ्वी पर रहनेवाले लोगों का सम्मान किए बिना पूजा अधूरी ही रहती है। सबका सम्मान करना दक्षिणा है। दान का अर्थ देना और दक्षिणा का अर्थ है कुछ देना, जो हमारी सारी अशुद्धियों को साफ कर देगा। ऐसा अर्पण जिसमें आपके सारे पाप धुल जाते हैं। दक्षिणा के बिना कोई पूजा पूरी नहीं होती है। जब हम समाज में निपुणता के साथ काम करते हैं और मन के भटकने से मुक्त होते हैं तो क्रोध, चिंता, दु:ख जैसी सारी नकारात्मक प्रवृत्तियों का विनाश हो जाता है। मैं कहूँगा अपनी परेशानियाँ, चिंताएँ और दु:ख दक्षिणा में दे दो। और ऐसा कैसे संभव है? साधना, सेवा और सत्संग से।

परिष्कृत भावनाओं और विश्वास के समुद्र में विलीन होने के लिए बुद्धि की नाव पर सवार हों। गुरु अमूर्त को अधिक वास्तविक बना देता है और जिसे आप ठोस मानते हैं वह अधिक वास्तविक प्रतीत होता है। भावुकता और सूक्ष्मता छा जाती है। प्यार की कल्पना, लेकिन संवेदना की तरह नहीं वरन् अस्तित्व की परतों की तरह दिखाई देने लगता है। सृष्टि में हर निराकार आत्मा चमकती है और जीवन का रहस्य गहरा होकर नास्तिकता को छिन्न-भिन्न कर देता है। तब यात्रा आरंभ होती है।

□

प्रकृति के साथ मानव संबंध को समझना

विज्ञान व आध्यात्मिकता में खोजे गए यथार्थ को अकसर एक-दूसरे से असंबंधित माना जाता है। दोनों को अन्वेषण के उत्साह में अपने आधार मिलते हैं। आधुनिक विज्ञान वस्तुनिष्ठ विश्लेषण है, जबकि अध्यात्म सापेक्ष ज्ञान है। विज्ञान आधारभूत प्रश्नों के साथ आरंभ होनेवाली श्रृंखला के साथ बाहरी दुनिया का अन्वेषण करता है, जैसे—यह क्या है? दुनिया आखिर है क्या? जबकि अध्यात्म इस प्रश्न के साथ आरंभ होता है कि मैं कौन हूँ?

प्राचीन समय में ज्ञान के इन दो रूपों में कोई विवाद नहीं था, बल्कि माना जाता था कि उनके बीच गहरा और सूक्ष्म संबंध है। मनुष्य का ज्ञान स्वयं सार्वभौम को जानने के लिए पूरक था और उसने उस संसार के बारे में एक मजबूत व उचित संबंध कायम कर लिया था, जिसमें वह रहता था। इन दो प्रकार के ज्ञान के बीच असंबद्धता कई तरह की चुनौतियाँ पैदा कर रही है, जिसका आज हम एक वैश्विक समुदाय के रूप में सामना कर रहे हैं।

प्राचीन ज्ञान मानव में अनुभव की पाँच परतें होने की बात करता है—वातावरण, शारीरिक देह, मन, अंतर्बोध और हमारा अस्तित्व या आत्मा।

वातावरण के साथ हमारा संबंध अनुभव का हमारा पहला स्तर है और सबसे महत्त्वपूर्ण भी। अगर हमारा वातावरण साफ और सकारात्मक है तो उसका हमारे अस्तित्व की बाकी अन्य परतों पर सकारात्मक प्रभाव पड़ता है। परिणामस्वरूप उनमें एक संतुलन आ जाता है और हम अपने भीतर और अपने आस-पास के लोगों के साथ शांति व एक तरह का संबंध होने की भावना का अनुभव करते हैं।

मानव सोच में वातावरण के साथ एक आंतरिक रिश्ता निर्मित हो जाता है। ऐतिहासिक रूप से प्रकृति, पर्वत, नदियाँ, पेड़, सूरज, चाँद सबका प्राचीन संस्कृतियों में सम्मान किया जाता था। यह तो जब से हमने प्रकृति व स्वयं के साथ संबंध को छोड़कर

वहाँ से हटना शुरू किया, हमने वातावरण को प्रदूषित व नष्ट करना आरंभ कर दिया। हमें उस दृष्टिकोण को पुनर्जीवित करना होगा, जो प्रकृति के साथ हमारे संबंध को मजबूत करता है। आज हम ऐसी दुनिया में रहते हैं, जहाँ कई लोग लालची हो गए हैं और शीघ्र लाभ चाहते हैं और बहुत जल्दी परिणाम पाने के इच्छुक हैं। उनके क्रियाकलाप पर्यावरणीय संतुलन में बाधा उत्पन्न करते हैं और न केवल बाहरी पर्यावरण को प्रदूषित करते हैं वरन् सूक्ष्म स्तर पर न केवल अपने भीतर बल्कि अपने आस-पास के लोगों में भी नकारात्मक भावनाओं को भी उत्प्रेरित करते हैं। ये नकारात्मक ऊर्जाएँ विस्तृत होकर बार-बार बढ़ती जाती हैं और वही इस दुनिया में हिंसा व दुःख का मूल कारण हैं।

ऐसी ही भावनाओं के कारण अधिकतर युद्ध व विवाद पैदा होते हैं और परिणामतः पर्यावरण को नुकसान पहुँचाते हैं, जिसे फिर ठीक होने में बहुत समय लग जाता है। हमें मानव सोच को ठीक करना चाहिए, जो शारीरिक व भावनात्मक दोनों तरह के प्रदूषण का मूल कारण है। अगर हमारे अंदर करुणा और स्नेह जाग्रत् हो जाए तो वे गहनतम संबंध के लिए आधार निर्मित करेंगे और दूसरों व पर्यावरण दोनों का खयाल करेंगे।

प्राचीन समय में अगर कोई व्यक्ति एक पेड़ काटता था तो वह बदले में पाँच पेड़ लगाता था। पहले समय के लोग पवित्र नदियों में कपड़े नहीं धोते थे, केवल मृतक व्यक्ति की राख नदी में विसर्जित की जाती थी, ताकि हर चीज वापस प्रकृति में जाकर विलीन हो जाए। हमें प्रकृति का संरक्षण व सम्मान करने की पुरानी परंपरा को पुनर्जीवित करना होगा। प्रकृति के पास संतुलन करने के अपने तरीके हैं। अगर आप प्रकृति का अवलोकन करें तो पाएँगे कि पाँच तत्त्व, जो उसका आधार हैं, एक-दूसरे से पूरी तरह विपरीत हैं। जल अग्नि को बुझा देता है, अग्नि हवा को बुझा देती है। प्रकृति में अनगिनत किस्में हैं—पक्षी, सरीसृप, स्तनधारी—ये सारी किस्में एक-दूसरे की विरोधी हैं, तब भी प्रकृति उनमें संतुलन बनाए रखती है। अपने भीतर की, अपनी आस-पास की दुनिया की विरोधी शक्तियों को किस तरह संतुलित करना चाहिए, यह बात हमें प्रकृति से सीखनी चाहिए। यही नहीं, हमें अपनी दुनिया को एक खुले मन से अनुभव करना चाहिए, जो तनाव से मुक्त हो और उस जगह से हमें अपनी सुंदर धरती को बचाने के साधन निर्मित करने चाहिए। ऐसा होने के लिए मानव चेतना को लालच व शोषण से ऊपर उठना होगा। अध्यात्म अपने स्वयं के अंतरतम स्वभाव का अनुभव, अपने, दूसरों और अपने वातावरण के साथ इस महत्त्वपूर्ण संबंध का आधार प्रदान करता है। हमारे स्वयं को स्वाभाविक स्वभाव के साथ यह संपर्क नकारात्मक भावनाओं को दूर करता है, चेतना को समृद्ध बनाता है और संपूर्ण धरती का खयाल व उसके प्रति प्रतिबद्धता निर्मित करता है। हमारी चेतना को समृद्ध करने और हमारे संपर्क को गहरा करने में क्या मददगार

साबित होगा? यहाँ कुछ आधारभूत व प्रभावी बिंदु दिए जा रहे हैं—उचित आहार। हमारा भोजन हमारे दिमाग को प्रभावित करता है। दिमाग पर भोजन के प्रभाव पर जैन धर्म ने बहुत सारे अनुसंधान किए हैं। आयुर्वेद व चीनी पद्धतियों और दुनिया भर में कई पद्धतियों में मन:स्थिति पर भोजन के प्रभाव के बारे में बताया गया है। आधुनिक विज्ञान इस बात की पुष्टि करता है कि हमारे संवेगों पर भोजन का सीधा असर पड़ता है। भावनात्मक रूप से परेशान बच्चे अधिक खाते हैं और मोटापे का शिकार हो जाते हैं। एक उचित व संतुलित भोजन का हमारे संवेगों पर सकारात्मक प्रभाव पड़ता है और उससे हमारी चेतना पर।

□

हलकी से संयमित एक्सरसाइज

पंचकर्म। आयुर्वेद की प्राचीन चिकित्सीय पद्धतियों में आंतरिक शुद्धता की प्रक्रिया होती है, जिसे पंचकर्म कहा जाता है जिसमें मसाज, एक निर्धारित आहार और सफाई शामिल होती है। उसने हजारों लोगों को तनाव व व्यवहार संबंधी विकारों से बाहर आने में मदद की और कई बीमारियों का यह इलाज भी है।

योग, मेडीटेशन और प्राणायाम। अपने खुद के शरीर व वातावरण के लिए एक तरह का सम्मान पैदा करने के लिए यह बहुत महत्त्वपूर्ण है। वे एक विषाक्त-मुक्त तंत्र को बनाए रखने में मदद करते हैं और इस तरह भावनात्मक उथल-पुथल के बार-बार होने में कमी करते हैं।

संगीत व नृत्य। ये शरीर-मन मिश्रण में लय व सामंजस्य ला सकते हैं, विशेषकर वह संगीत, जो बहुत तेज और उत्तेजक न हो। सौम्य संगीत व्यक्ति के अंदर एक लय पैदा करता है, जैसे कि लोक व शास्त्रीय संगीत।

प्रकृति। प्रकृति के बीच समय बिताना, चुप्पी को महसूस करना और प्रार्थना में संलग्न होना अपने ही मन में झाँकने में बहुत मददगार साबित होता है।

और अंत में—कम भाग्यशालियों की सेवा करना।

हमारी आवाजें सशक्त होनी चाहिए। सत्य व धर्म की आवाजें कमजोर हैं। जब हिंसा की आवाज सशक्त होती है, वह परेशानी पैदा करती है। जब प्यार की आवाज सशक्त होती है और हिंसा की आवाज कमजोर तो वह सतयुग होता है। राम की आवाज रावण से सशक्त होगी। तभी वह जीत सकते हैं। यही बात भगवान् कृष्ण के लिए है।

जब जीवन संघर्ष जैसा लगे तो हमें ज्ञान पर ध्यान केंद्रित करना चाहिए। यहाँ तक कि अर्जुन को भी पहले लड़ने के लिए नहीं कहा गया था। उसे ज्ञान व मेडीटेशन करने के लिए कहा गया था। तभी कोई कार्य कर सकता है। हमेशा ज्ञान को ग्रहण करें और फिर कार्य करें।

ज्ञान प्राप्त करने के लिए हमें हिमालय पर जाने की आवश्यकता नहीं है। जीवन की रोजमर्रा की गतिविधियों से भी ज्ञान मिल सकता है। कई बार काम में परफेक्शन पाने की चाह क्रोध पैदा कर देती है। अगर कोई कुछ गलत करता है तो क्रोध पैदा हो सकता है।

तीन तरह के परफेक्शन होते हैं—मन में परफेक्शन का अर्थ है अपने मन को शांत रखना। वाणी में परफेक्शन होने का अर्थ है तभी बोलना जब आवश्यकता हो, विवादों में उलझने की आवश्यकता नहीं है। क्रिया-कलापों में परफेक्शन। क्रिया-कलापों में परफेक्शन 100 प्रतिशत संभव नहीं है।

हालाँकि मन व वाणी का परफेक्शन साधना, सेवा व सत्संग से पाया जा सकता है। एक बार जब हमारा मन व वाणी सही हो जाते हैं, काम भी अपने आप परफेक्ट हो जाता है।

भारत की संस्कृति सबको आत्मसात् कर लेती है। कोई भी अलग नहीं है। हमने हर किसी को अपना बना लिया है। जैसे कि, गुरु ग्रंथ साहिब सरल भाषा में ब्रह्म ज्ञान का विवरण देता है। भारत का यही विशेष पहलू है। हमें इस ज्ञान को अपने तक ही नहीं रखना चाहिए। हमें उसे बाँटना चाहिए, ताकि हर किसी को लाभ मिल सके। यह भी जरूरी है।

अकसर लोग पूछते हैं, "हम इतने सारे देवी-देवताओं की पूजा क्यों करते हैं?" परमात्मा एक है, फिर भी उसे अलग-अलग नामों से बुलाया जाता है। वैसे ही जैसे एक ही आटे से कभी नूडल्स बनाए जाते हैं तो कभी समोसा या कुछ और। उसी तरह से यह वही परमात्मा है, जिसकी हम पूजा विभिन्न नामों, आकारों व रंगों में करते हैं।

आरती का अर्थ है पूर्ण प्रसन्नता। जब हमारे जीवन की खुशी ईश्वर के चारों ओर होती है, तभी हमें संपूर्ण खुशी प्राप्त होती है।

हमें सारे रीति-रिवाजों के अर्थों को जानना चाहिए और तभी हम खुश होंगे और दूसरों को खुश रख पाएँगे। हमें दुःख से छुटकारा पाना चाहिए। हम सबको प्राणायाम करना चाहिए। हमें कम-से-कम 10 मिनट रोज अपने श्वास पर ध्यान केंद्रित करना चाहिए। इसे प्राणायाम और क्रिया कहा जाता है। इसके द्वारा लोग आनंद का अनुभव कर सकते हैं। आनंद में होने का अर्थ है पूर्ण विश्राम। यह क्रिया स्वास्थ्य बनाए रखने के साथ-साथ हमारे मन, बुद्धि और भावनाओं को भी शुद्ध करती है। यह हमें अपराध-बोध से बाहर आने में और वर्तमान क्षण में जीने में मदद करती है।

जहाँ सब खुश होते हैं, ईश्वर आते हैं। जब मन खुश होता है, हमारा कार्य हो जाता है और हम दूसरों को अपने को ठीक करने का आशीर्वाद दे पाते हैं। हमारे भीतर ही सारी शक्तियाँ छिपी हैं। आत्मज्ञान इन्हें बाहर लाता है। अगर आप लोगों को आशीर्वाद देते हैं तो हर चीज कार्यान्वित हो जाती है। आपके पास सेलफोन तो है, पर अगर आप नंबर मिलाएँगे

नहीं तो क्या वह काम करेगा? आपको स्वयं को प्रकृति, आत्मा व परमात्मा के साथ जोड़ना होगा। तब हर चीज कार्यान्वित हो जाएगी।

30 मिनट की मेडीटेशन आपको चमकदार बना देगी। हम सबको प्रतिदिन 30 मिनट मेडीटेशन अवश्य करना चाहिए। हम सबको मंदिर जाना चाहिए और कुछ मिनटों तक आँखें बंद करके बैठना चाहिए। बिना मेडीटेशन किए मंदिर से बाहर न निकलें।

हमारे पास हर चीज है और हम यहाँ अपने मन को मुक्त, साफ व पवित्र रखे यहाँ बैठे हैं। हमारी केवल एक ही शर्त है कि आपको अपने सारे तनाव, परेशानियाँ व पीड़ाएँ छोड़नी होंगी। आपको ये सब यहाँ छोड़ना होगा और एक मुसकान के साथ घर जाना होगा। जीवन को खुशी के साथ जीना चाहिए। मैं आपको यह याद दिलाने के लिए हूँ कि ईश्वर यहाँ है और वह आपका अपना है।

जिस क्षण आपने स्वरूप को समझ लिया, आपने उसे तोड़ दिया। आपने जान लिया कि यह सब आपके मन का बुना है और यह कि ऐसा बार-बार होता है। यह एहसास समय के साथ अपने आप आ जाता है। और जब ऐसा हो तो प्रसन्न व कृतज्ञ रहें। कल्पना करें कि आप आज से पाँच-दस वर्ष पहले कहाँ थे? आप किस तरह से बदल गए? तब से कितना सुधार हुआ है? इस पर ध्यान केंद्रित करें। हम जितना अधिक कृतज्ञ होंगे उतनी ही अधिक कृपा हमारे जीवन में बनी रहेगी।

आप मान लेते हैं कि आप में समर्पण भाव है। समर्पण होने के लिए बहुत अधिक प्रयास न करें। हमें यह मान लेना चाहिए कि हम में प्यार व समर्पण है। जब आप इसे मान लेते हैं, आप में निहित समर्पण बढ़ जाता है। अगर आप सोचते हैं कि आप में बिलकुल भी समर्पण नहीं है तो वह सचमुच दिखाई देगा ही नहीं।

मेडीटेशन तब होती है जब आप जाग्रत् होते हैं और साथ ही शांत भी।

गहन निद्रा में आपको कुछ भी नहीं पता होता है। केवल जागने के बाद ही आपको पता चलता है कि आप सोए हुए थे। और सपना सपना ही है। जो अनुभव पहले से ही आपके पास हैं वे जब फिर से आपके मन, आपकी चेतना में आते हैं तो वह स्वप्न है।

अगर आपको उसकी बहुत अधिक जरूरत है तो आप बिना प्रार्थना किए नहीं रह सकते हैं और इस बात का भरोसा रखें कि जो आपकी जरूरत है, ईश्वर उसका ध्यान रखेगा।

चाह व प्यार एक ही सिक्के के दो पहलू हैं। आप यह नहीं कह सकते कि मैं तुम्हें प्यार करता हूँ, पर तुम्हारी चाह नहीं करता हूँ। और बिना प्यार के किसी की चाह करना असंभव है। इसीलिए कहा गया है—राधेश्याम। राधा चाह है और श्याम प्यार। राधेश्याम (चाह व प्यार) जीवन में साथ-साथ चलते हैं।

प्राण हर चीज में विद्यमान है। वस्तुतः हम वायु में, प्राण में, प्राण के समुद्र में तैर रहे हैं। जब अभिव्यक्ति की इकाई में विविधता होती है तो अंतर पड़ता है। पत्थर में प्राण

की एक इकाई है। जल में प्राण की दो इकाइयाँ हैं। अग्नि में तीन इकाई हैं और वायु में चार इकाई। पौधों में पाँच इकाई प्राण हैं। पशुओं में प्राण की छह इकाइयाँ हैं। मानव सात से सोलह इकाई प्राण रखने की क्षमता रखता है। प्राण की अभिव्यक्ति संपूर्ण सार्वभौम है। जब प्राण एक से कम होता है तब आप निराश महसूस करते हैं। जब प्राण इससे भी नीचे चला जाता है तो आप आत्महत्या करने की सोचने लगते हैं। जब प्राण सामान्य होता है, आप सामान्य महसूस करते हैं। जब प्राण अधिक होता है तो आप उत्साहित महसूस करते हैं। जब प्राण बहुत ज्यादा होता है तो आप ऊर्जावान और आनंदित महसूस करते हैं। इसलिए जब लोग उदास और निराश होते हैं तो केवल परामर्श देने से कोई फायदा नहीं होता है। तो प्राण के स्तर को बढ़ाने के लिए क्या करना चाहिए? जब प्राण अधिक होते हैं तो खुशी, उत्साह और आनंद होता है। जब प्राण कम होते हैं तो दिमाग शिकायत करने लगता है, निराशा छा जाती है, आलस आता है, आत्महत्या करने की इच्छा होती है। सब कुप्राण का ही खेल व प्रदर्शन है।

युवा ऊब चुके हैं और यह उनका भाग्य है। अगर वे संतुष्ट हो जाते तो विकास रुक जाता। जब वे ऊब जाते हैं तो उनमें प्यास जागती है। वे आसपास मौजूद चीजों से संतुष्ट नहीं हैं। और यही वह अवस्था है जब वे अपने भीतर झाँकने के लिए कदम उठा सकते हैं, अपनी आंतरिक यात्रा में कदम रख सकते हैं, अध्यात्म की ओर कदम बढ़ा सकते हैं। जब आप अपने आस-पास की चीजों से ऊब जाते हैं तो अत्यधिक विकास में एक दिलचस्पी पैदा होती है। जब आपको अपने ही भीतर खुशी का स्रोत मिल जाता है, तब आपके आस-पास की हर चीज से भी खुशी का वह स्रोत झलकने लगता है, तब आपको हर चीज दिलचस्प लगने लगती है। उत्प्रेरणा से निरंतर इंद्रियों की होनेवाली बरसात आलस पैदा कर सकती है। आलस नीरसता है, वह एक प्रकार की नीरसता है। जब प्राण का स्तर बढ़ जाता है तो आप आलस को छोड़ उत्साहित हो जाते हैं।

सबसे अविश्वसनीय चीज है आपका मन, क्योंकि आप नहीं जानते कि उसे क्या पसंद है और कब उसे वह पसंद नहीं आएगा। इसीलिए स्रोत तक मन को लाना बहुत महत्त्वपूर्ण है। आध्यात्मिक विकास में उसका एकाग्र होना बहुत महत्त्वपूर्ण है। यह समझना कि क्या क्षणिक है और क्या स्थायी, क्या चीज आपको स्थायी खुशी दे सकती है और क्या अस्थायी सुविधा और दीर्घकालीन दुःख दे सकता है, किस चीज से परेशानी व स्थायी खुशी मिल सकती है और किससे दीर्घकालीन परेशानी मिल सकती है, महत्त्वपूर्ण है। इसे ही विवेक, अंतर करना, ज्ञान कहा जाता है—उससे इसे जानना।

□

33 करोड़ देवी-देवताओं के महत्त्व को समझना

करोड़ या कोटि का अर्थ है प्रकार। 33 करोड़ का अर्थ है 33 प्रकार के दैवी आवेग। हमारे शरीर में भी 33 प्रकार के दैवी आवेग होते हैं। हमारे शरीर में 33 प्रकार के जींस होते हैं। एक विशेष प्रकार का आँख बनाता है, एक विशेष प्रकार का नाक बनाता है, उसी तरह कान के परदे, बाल, नाखून बनाता है। ये सब एक विशेष प्रकार के जींस से बनते हैं, जो 33 अलग-अलग प्रकार के हैं।

उसी तरह दैवत्व की 33 किरणें हैं। एक रोशनी है, एक ईश्वर है, एक परमात्मा है, फिर भी 33 पहलू हैं। देव दैवत्व के 33 अलग-अलग पहलू हैं। यहाँ करोड़ की बात नंबर की तरह नहीं की जा रही है। ईश्वर का कोई आकार नहीं है; पर प्राचीन संत कहते थे कि आप किसी भी रूप और नाम से उनकी पूजा कर सकते हैं। सारे हजारों नाम ईश्वर के हैं। यह बहुत ही गहन विज्ञान या ज्ञान है। यह आश्चर्यजनक है। जब आप इसमें भीतर तक जाते हैं तो आपके आश्चर्य की कोई सीमा नहीं रहती है। जिन लोगों ने इसे लिखा है, इसे खोजा है—उनके पास असीम ज्ञान है। सार्वभौम इतना आसान नहीं है। यह बहुत जटिल है। आधुनिक विज्ञान भी कहता है कि आप जितने गहरे जाते हैं, वहाँ विभिन्न प्रकार के कण हैं। इसलिए सार्वभौम विविधता लिये हुए है। वह ईश्वर जो सब कुछ संचालित करता है, शासन करता है, जिसने यह विविधतापूर्ण सार्वभौम बनाया है, देवता है।

अंग्रेजी नाम 'डेविड' संस्कृत शब्द है। देव+विद। देव का अर्थ ईश्वर, विद का अर्थ है जानना। डेविड का अर्थ है—जो दैवत्व को जानता हो। दैवत्व कहीं ऊपर स्वर्ग में नहीं है। वह दुनिया में, सार्वभौम में, हर जगह मौजूद है। और यह तभी समझा जा सकता है जब मन शांत हो और हमारे दिल में वास करता हो और जब भावनाएँ व बुद्धि चुप्पी में घुली शांति में समाहित हो जाएँ तब आप सार्वभौम की सूक्ष्म वास्तविकता को महसूस कर सकते

हैं और वही देवता है।

जो पूर्णता से जन्म लेती है वही पूजा है। जब कृतज्ञता भावातिरेक स्थिति तक पहुँच जाती है तो कृतज्ञता से गला भर आता है, तब उस अवस्था में आप जो भी क्रियाकलाप करते हैं, वही पूजा है। हम हर चीज समर्पित कर देते हैं— वह भावना पूजा है।

बुरी चीजों को भूलना और अच्छी चीजों को याद रखना ही अच्छा होता है। दोनों मिलकर ही जीवन बनता है; पर हम यह बात भूल जाते हैं और सारी नकारात्मक चीजों को याद रखते हैं। आप जो सत्संग में सुनते हैं, उसे याद रखना जरूरी है। दूसरे लोगों की गलतियों को भुला देना महत्त्वपूर्ण है। अपनी गलतियों को न दोहराना, याद रखना महत्त्वपूर्ण है। दूसरों की गलतियों से सीखना याद रखना भी महत्त्वपूर्ण है।

अश्वमेध का अर्थ है शुद्धीकरण करना। शवा का अर्थ है वह जो अतीत या भविष्य है। अश्व का अर्थ है जो वर्तमान में है और मेध का अर्थ है शुद्धीकरण करना। अश्वमेध तब होता है जब मन, बुद्धि में वर्तमान क्षण में शुद्धीकरण होता है। मन, बुद्धि को वर्तमान क्षण में रखें।

इस 'मैं' को जानना भक्ति की अवस्था में ले जा सकता है। यह सहज है। समर्पण की कोई आवश्यकता नहीं है, क्योंकि वह पहले से वहाँ है। इसका अर्थ अहंकार के दर्दनाक भाग से नहीं है। यह तो जानना है कि हर चीज ईश्वर की है, काँटे और गुलाब भी ईश्वर के हैं। जब आप समर्पण करते हैं तो क्या होता है? आपके अंदर एक स्थायी शांति छा जाती है, एक हँसी व्याप्त हो जाती है, जिसे आपसे कोई नहीं छीन सकता है।

आदि शंकराचार्य ने कहा था कि सत्य की परिभाषा वह है, जो समय से अछूती है। यह वह है जो उसी कल, आज और कल में कायम रहती है। इस परिभाषा के हिसाब से चलें तो शरीर व मन सत्य नहीं हैं। सत्य सृजन की परत है। हमारे अस्तित्व के भीतर कुछ है, जो बदल नहीं रहा है और वही पूर्ण सत्य है। इसलिए जब आप बूढ़े हो जाते हैं तो आपको नहीं लगता है कि आप बूढ़े हो गए हैं। हमें पता होता है कि हममें कुछ ऐसा है जो कभी मरेगा नहीं।

दिक्कत तब पैदा होती है जब आप केवल अपनी जेब में ही नहीं, अपने दिमाग में भी धन को लेकर चलते हैं। अगर आपकी जेबें खाली हों तो हर समय उसके बारे में सोचने से क्या फायदा? धन अपने आप में एक साधन है, न कि लक्ष्य। यह विश्वास रखें कि आपको जितने धन की आवश्यकता है वह आपको मिल जाएगा। इस विश्वास के साथ प्रयास जारी रखें और आगे बढ़ जाएँ। आप जितना कमाते हैं, उसका 2-3 प्रतिशत दूसरों पर खर्च करें। इसे हम धन-शुद्धि कहते हैं।

संस्कृत में एक शब्द है 'अन्न-शुद्धि'। इसमें चावल में घी मिलाने की बात कही गई है। अगर आप केवल चावल खाते हैं तो वह आपके शरीर के लिए ठीक नहीं है, क्योंकि

आपके रक्त में शर्करा का स्तर अचानक बढ़ जाता है। उसमें थोड़ा सा घी या मक्खन मिलाने से स्टार्च के शर्करा में बदलने की प्रक्रिया धीमी हो जाती है। इससे पाचन प्रक्रिया धीमी हो जाती है और मधुमेह होने की संभावना कम हो जाती है। इसलिए हम कहते हैं कि चावल तब शुद्ध हो जाता है जब हम उसमें घी मिलाते हैं। उसी तरह धन तब शुद्ध हो जाता है जब हम उसे जरूरतमंदों में बाँटते हैं।

आपका शरीर, मन, चेतना सब सत्य, प्यार, सौंदर्य और शांति से बने हैं। यह तो मानकर चलें कि आप खुद से प्यार करते हैं। कोई भी अपने से प्यार किए बिना नहीं रहता है, क्योंकि आप प्यार हैं। अगर आपको लगता है कि आप खुद को प्यार नहीं करते हैं तो यह मात्र भ्रम है।

अगर सेलफोन की तकनीक दुनिया में हर जगह पहुँच सकती है तो वे तकनीकें और ज्ञान, जो लोगों को खुश और शांतिपूर्ण बनाती हैं, हर घर में क्यों नहीं पहुँच सकती हैं? वे अवश्य ही पहुँच सकती हैं। हमारे पास कुछ करने की सोच तो है। जो देखने में असंभव प्रतीत होता है, उसे संभव बनाना मेरी आदत व शौक है।

आप अनुशासन में क्यों रहना चाहते हैं? वह आपको खुश बनाएगा? क्या वह आपकी फिटनेस और सेहत में सुधार करेगा? तो सही आकार में रहना प्यार है या बीमार होने का डर है, जो आपको अनुशासित रखता है? प्यार, डर और लालच अनुशासन लाते हैं।

जब आपकी इच्छा और एकाग्रता वहाँ होती है, कार्य संपन्न हो जाता है। अगर आपकी इच्छा न हो तो कार्य नहीं होगा। सुदर्शन क्रिया इसलिए काम करती है, क्योंकि उसके पीछे इच्छा होती है। कोई भी कार्य करने के लिए आपके पास इच्छा और एकाग्रता होनी चाहिए। तब कार्य संपन्न हो जाता है।

जब बायाँ नथना सक्रिय होता है तो दायाँ मस्तिष्क सक्रिय होता है और यही इसके विपरीत होता है। दायाँ मस्तिष्क संगीत है, बायाँ मस्तिष्क तर्क है। इसलिए जिनके दाएँ नथने सक्रिय हैं वे मेरी बात को बेहतर ढंग से समझ सकते हैं। अगर दोनों सक्रिय होते हैं तो आप साधना में होते हैं। अगर केवल दायाँ नथना सक्रिय हो तो मेडीटेशन नहीं होती है। जब भी आप अपनी आँखें खोलते व बंद करते हैं आपकी अवस्था में बदलाव आता है। खाना खाने के बाद दाएँ नथने का आधिपत्य होना चाहिए। जब दायाँ नथना कार्य करता है तब मेटाबोलिज्मि (चय-पचय) 50 प्रतिशत अधिक होता है। जब बायाँ काम कर रहा होता है तो हमारा मेटाबोलिज्म काफी धीमा होता है।

सक्रिय नथने बदलते हैं, क्योंकि वे प्राण (ऊर्जा) के समुद्र में रहते हैं। स्थिति के अनुसार साँस दाएँ से बाएँ नथने की ओर जाती है। अगर आप किसी चर्च, मंदिर या पूजा के स्थल के पास से गुजर रहे होते हैं तो दोनों नथने सक्रिय हो जाते हैं। शरीर व आत्मा दोनों के प्राण इन स्थानों पर अधिक होते हैं। जब पूजा के स्थलों पर लोगों में पूर्ण भक्ति भाव

होता है तो ऐसा होता है। जब आप किसी आध्यात्मिक मार्गदर्शक से मिलते हैं तो आपके दोनों नथने सक्रिय हो जाते हैं। जब आप किसी आध्यात्मिक व्यक्ति से मिलते हैं, आपकी अपनी आवाज आपको बता देती है।

वर्तमान में रहें। इच्छा का अर्थ है कल खुश होना चाहना। आज खुश और आनंदमय रहें। बच्चों की तरह अगर आप उनसे पूछते हैं कि वे क्या चाहते हैं तो वे कहते हैं, कुछ नहीं। क्योंकि वे आज में खुश हैं।

नकारात्मक विचार तीन कारणों से आते हैं। अगर आपका रक्त-संचार ठीक न हो, अगर आपका लिंफेटिक तंत्र ठीक न हो या आपका पेट खराब रहता हो। इन मामलों में नकारात्मक विचार उत्पन्न होते हैं। आप फलों का सेवन कर अपनी आँतों को साफ कर सकते हैं। प्राणायाम भी मदद करेगा। कुछ दिनों तक त्रिफला का सेवन करें। योग, प्राणायाम व मेडीटेशन करें। आप फर्क महसूस करेंगे। समूह साधना भी फायदा करेगी।

जब आप रोते हैं तो आप अच्छा महसूस करते हैं। पुरानी बातें स्वत: बह जाती हैं। आपको ईश्वर के करीब करने के लिए कोई प्रयत्न नहीं करना पड़ता है। ईश्वर आपके सबसे पास है। ईश्वर से कोई नहीं बच सकता। आप चाहे अच्छे हों या बुरे, ईश्वर आपके चारों ओर है। वैसे ही जैसे वायु आपके चारों ओर है। चाहे आप जाग रहे हों या सो रहे हों, वायु आपके चारों ओर होती है। जब आपको गरमी लगती है, आप पंखे के सामने खड़े हो जाते हैं। पंखा सिर्फ हवा फेंक रहा होता है, जो पहले से ही वहाँ होती है। सत्संग पंखे की तरह है। गुरु पंखे की तरह है। तभी आप हवा के बहने को महसूस कर सकते हैं।

स्मृति से दर्द को दूर कर दें। पर अगर आप ऐसा करने का प्रयास करेंगे तो आप उसकी याद वापस ले आएँगे। हालाँकि मेडीटेशन में आप दर्द को एक उत्तेजना की तरह महसूस करते हैं, न कि किसी घटना से जुड़ा हुआ। आर्ट ऑफ साइलेंस कोर्स में होलो व एम्पटी (रिक्त व शून्य) मेडीटेशन में आप एक उत्तेजना की तरह दर्द को महसूस करते हैं। माँ की कोख से इतने छोटे मार्ग से बाहर निकलने का जीवन का सबसे पहला अनुभव दर्द भरा होता है। उससे पहले हम परमानंद में होते हैं। आपको खाने तक की आवश्यकता नहीं होती है। फिर अचानक पानी निकल जाता है और आप रोते हुए बाहर आते हैं। क्या आपने नवजात शिशु के चेहरे के भावों पर गौर किया है? ऐसा लगता है मानो वे दस घंटों के कठिन परिश्रम के बाद बाहर आए हैं। वह पहला अनुभव दर्द का होता है। फिर बच्चा माँ की आँखों में देखता है और माँ प्यार का अनुभव करती है।

□

दर्द को घटना की तरह न देखें

प्रकृति की देखभाल करें, जैसे कि स्थानीय समुदाय प्रकृति की पूजा करते हैं। पर्यावरण का सम्मान करें। भारत में अगर आप किसी जगह एक पेड़ काटते हैं तो आपको वादा करना होगा कि अगले 40 दिनों में आप उसी प्रकार के और पाँच पेड़ लगाएँगे। यह एक तरीके का अनुष्ठान है, जिसमें जो पेड़ काट रहा होता है वह उससे बात करता है कि कटने के बाद वह हमारे लिए उपयोगी होगा। हमें प्रकृति की देखभाल करनी चाहिए, न कि उसका शोषण करना चाहिए।

पूरा जीवन एक खेले जानेवाला जीवन है। यह संघर्ष नहीं है। कोई भी आपको नष्ट नहीं कर सकता है। आप नश्वरता की बूँद हैं, उसकी बूँद हैं, जो शाश्वत है। आपकी आत्मा शाश्वत है। अगर आपके मन में इस समय कुछ भाव नहीं उठ रहे हैं तो भी कोई बात नहीं है। मैं वही कहूँगा, जो मैं जानता हूँ और एक दिन हो सकता है, आप उसे मान लें। किसी भी चीज से न डरें। हमारे पास कोई और विकल्प नहीं है।

जब आप अवधारणाओं में फँस जाते हैं, आप डिब्बे में होते हैं। जब आप अनुभव कर लेते हैं तब आप डिब्बे से बाहर आते हैं।

वर्ष 2011 एक आकर्षण है। वह एक उत्तेजना-सा बन गया है। कोई भी खबर तब तक अच्छी नहीं होती जब तक कि वह उत्तेजना नहीं बन जाती। हमें बहुत काम करना है। लोग अधिक आध्यात्मिक बन जाएँगे। यह एक अनिवार्यता बन जाएगी, न कि फैशन। स्वर्ण युग आ चुका है।

बिना शब्दों के बहुत चीजें कही जा सकती हैं। कुछ चीजें शब्दों के साथ भी नहीं कही जा सकतीं और कुछ बिना शब्दों के भी नहीं कही जा सकती हैं। अगर आप कहेंगे भी तो समझ नहीं आएँगी।

आप बहुत भाग्यशाली हैं। जब आप वापस घर जाएँ तो इन शब्दों को याद रखें। आप बहुत भाग्यशाली हैं। आप इतने आश्चर्यजनक व सुंदर हैं। इस ज्ञान को याद रखें।

खुशी व मुसकान सब तक पहुँचाएँ, चिंता कम करें और हर किसी के जीवन में अधिक प्रसन्नता लाएँ। आप यह काम करें और ईश्वर को आपका ध्यान रखने दें। सबको देख मुसकराएँ।

आप जो भी प्रयास करते हैं, वह सामने नजर आ जाता है। अपने पर कोई पट्टा न लगाएँ। कोई 'हमेशा' न हो।

मान लें कि आप अपनी क्षमताओं से अनभिज्ञ हैं। आप सोच सकते हैं कि आपके सामने हमेशा कोई-न-कोई कठिनाई रहती है; पर ऐसा सोचना यह इंगित करता है कि आपका प्रयास नकारात्मक दिशा की ओर है। इतना जान लें कि आप जो भी चाहते हैं, वह हो जाएगा।

कर्म से बिना जुड़े कर्म करना ही पूरी 'गीता' का सार है। यह योग की बात है, युद्ध की नहीं, बल्कि आपकी सोच की है। जब आप युद्ध जैसी स्थिति से घिरे रहेंगे तो अपने को कैसे सँभालेंगे? जीवन में सबसे बुरी स्थिति तब आती है जब आपको युद्ध का सामना करना पड़ता है और अपने दुश्मन से नहीं, बल्कि अपने लोगों से युद्ध करना पड़ता है। जब आपको अपने ही भाई-बहनों से युद्ध करना पड़ता है तो आप स्थिति को कैसे सँभालेंगे? किसी दुश्मन से, जिसे आप पसंद नहीं करते हैं, युद्ध करना ज्यादा आसान है। पर अपने परिवार के किसी सदस्य से युद्ध करना सबसे विषम स्थिति होती है।

अगर बुरी-से-बुरी स्थिति में आप अपने मन को सँभाल सकते हैं तो आप किसी भी स्थिति का सामना कर सकते हैं। आप अपने मन, चेतना, स्वयं को किस तरह सँभाल सकते हैं, गीता का संपूर्ण सार है, युद्ध नहीं। कर्म में निपुणता योग है।

राजा जनक के महल में ऐसा ही ज्ञान अष्टावक्र ने दिया था। जब आप में ऊर्जा का अतिरेक होता है और आप मुक्ति चाहते हैं तो वही अष्टावक्र की अवस्था है। और जब आपकी ऊर्जा कम होती है, पूर्णतया निराश, पूर्णतया टूटी व अवसाद से घिरी तो वह अर्जुन की अवस्था है। उस समय 'भगवद्गीता' में उसे आत्मा का ज्ञान दिया गया था।

प्यार का स्वभाव ऐसा है कि उसे लगता है कि वह पर्याप्त नहीं है। प्यार में आपको कभी नहीं लगता कि यह काफी है, यह पर्याप्त है। जब आप प्यार में होते हैं तो आप सोचते हैं कि आप ज्यादा करें, ज्यादा दें और ज्यादा प्यार करें। और पाने की भावना, वह अपूर्णता की भावना। इसलिए प्यार असीमित है। असीमित का कोई अंत नहीं होता, कोई सीमा नहीं होती—अधिक और अधिक, कभी ऊब नहीं होती। नीरसता का अर्थ ही है सीमा।

देवदूतों में अच्छी भावनाएँ होती हैं। वे बहुत परोपकारी होते हैं। वे होते हैं, न केवल यहाँ बैठे लोगों में बल्कि वे मृत शरीरों में भी होते हैं।

आध्यात्मिक रूप से फलने-फूलने का अर्थ है जीवन में हर दिशा में फलना-फूलना—खुश रहना, अपने व अपने आस-पास के लोगों के साथ सहज रहना।

जब नीरसता होती है तो कुंठा भी होती है। वे जुड़वाँ हैं। पर अगर वे आपके जीवन पर हावी हैं तो वह दु:ख है। और अगर वे क्षण मात्र के लिए आते हैं और आपको छूकर निकल जाते हैं, अगर वे आपके जीवन में नमक की तरह हैं तो ठीक है। उससे स्वाद बढ़ता है। पर अगर नमक ही खाना बन जाए तो आप परेशानी में घिर सकते हैं।

अगर आप दैवी प्यार में बढ़ना चाहते हैं तो आपको अहंकार छोड़ना होगा और उन सारी कृत्रिम दीवारों को तोड़ना होगा, जो हम अपने व दूसरों के बीच खड़ी कर लेते हैं। इन दीवारों से हम दूसरों का आकलन करते रहते हैं और हम सोचते हैं कि दूसरे हमारा आकलन कर रहे हैं।

एक गैर-कटिबद्ध मन दु:खों से भरा होता है। कटिबद्ध मन को कभी कठिन स्थिति का सामना करना पड़ जाए, पर उसे परिश्रम का फल मिलता है।

जीवन का परम उद्देश्य है सेवा करना।

सात्त्विक बुद्धि वह होती है जो फल की चिंता किए बिना खुशी से काम करती है। चीजें हों या न हों—दोनों ही स्थिति में वे अपना उत्साह नहीं खोते हैं।

प्रचुरता आप में निहित मन:स्थिति है। अगर आप सिर्फ अभाव को देखेंगे तो जीवन में अभाव बढ़ जाएगा। देखें कि आपके पास क्या है और तब प्रचुरता बढ़ जाएगी।

विश्वास यह समझना है कि जो आपको चाहिए वह आपको हमेशा मिलेगा। ईश्वर को करने का एक मौका देना ही विश्वास है।

आप जिस क्षण जो भी महसूस कर रहे हैं, 100 प्रतिशत वैसा ही महसूस करें। ईश्वर के साथ उसे बाँटें।

प्यार विलीन, गायब, समाहित और ईश्वर के साथ एकाकार हो जाना है। प्यार का अर्थ है पूर्णतया समर्पण कर देना।

□

अभिभावकों के लिए विशेष टिप्स

घुड़सवारी कैसे करते हैं? जब आप घोड़े की पीठ पर बैठते हैं तो आपको उसके साथ बढ़ना चाहिए। आपको गति के साथ हिलना चाहिए, अन्यथा आपकी पीठ में दर्द हो जाएगा। अभिभावकों को हिलना चाहिए। आपको उनके साथ उड़ना चाहिए, उन्हें जानना चाहिए और बहुत सौम्यता से मार्गदर्शन करना चाहिए। कभी आप लगाम सख्त कर देते हैं तो कभी ढीली छोड़ देते हैं। यही बात बच्चों के साथ भी होती है। थोड़े से सख्त रहें, पर उन्हें आजादी भी दें।

संसार में हर चीज परफेक्शन के एक स्तर से दूसरे स्तर पर जाती है। दूध अच्छा है, पर जब वह दही बन जाता है तो भी अच्छा होता है। आप दही में से क्रीम निकाल लेते हैं और वह भी अच्छा है। और तब आप मक्खन बनाते हैं और वह भी परफेक्ट है।

यह तो देखने का नजरिया है। इसे दूसरे ढंग से ऐसे देखा जा सकता है—दूध खराब हो गया और आपने उसका पनीर बना लिया। जब दही खराब हो गया तो आपने उसमें से मक्खन निकाल लिया। यह देखने का एक अन्य नजरिया है। आप किस तरह से चीजों को देखते हैं, हर चीज उस पर ही निर्भर करती है। यह अपूर्णता ही है, जो परफेक्शन को महत्त्व देती है। किसी को आप परफेक्ट कैसे कहते हैं? क्योंकि कुछ ऐसा है, जो परफेक्ट नहीं है। इसलिए कुछ परफेक्ट है, इसे समझने के लिए किसी का परफेक्ट न होना अति आवश्यक है। इसलिए जो परफेक्ट नहीं है, वही परफेक्ट को परफेक्ट बनाता है।

दिमाग ऊर्जा है, जो पूरे शरीर पर है। आपके शरीर की हर कोशिका ऊर्जा को उत्सर्जित करती है और आपके चारों ओर उस ऊर्जा का जोड़ ही दिमाग है। कई बार मस्तिष्क में दिमाग उपस्थित नहीं होता है, पर दिमाग पूरे शरीर पर होता है।

लोगों के पास मानसिक हाथ होते हैं, यानी कि उनके पास सचमुच हाथ नहीं होते हैं; पर उन्हें लगता है कि उनके पास हाथ हैं और वे खुजली या दर्द जैसी संवेदना महसूस

करते हैं। किसी दुर्घटना या लड़ाई में जो लोग अपने हाथ या पैर गँवा चुके हैं, उन्हें बाद में कभी लगता है कि उनके हाथ-पैर हैं। हालाँकि शारीरिक तौर पर ये उनके पास नहीं होते हैं। इससे पता चलता है कि दिमाग केवल एक ही स्थान पर नहीं होता है, वह पूरे शरीर पर है। शरीर का प्रभामंडल दिमाग है। हम सोचते हैं कि दिमाग शरीर के अंदर है, लेकिन इसके विपरीत है—शरीर दिमाग के अंदर है। शरीर मोमबत्ती की बत्ती के समान है और दिमाग चारों ओर फैला प्रकाश है।

आप नियति तय करते हैं। आपने जो कल किया था वह आनेवाले कल की नियति होगा और आप जो अभी करते हैं वह अगले दिन की नियति होगी।

आनंद का पहला कदम है तनाव-मुक्त रहना। चिंता व कल की महत्त्वाकांक्षा आपको थका देती है। बीते कल की घृणा व क्रोध भी हमारे मन को जकड़े हुए हैं। उसी तरह घबराहट हमारे उत्साह को कम कर देती है। विश्रांति की स्थिति में आपको हर चीज मजेदार लगती है। जीवन एक खेल बन जाता है।

भगवान् शिव का एक नाम है विरूपाक्ष—अर्थात् जो निराकार है, फिर भी सबकुछ देखता है। हम जानते हैं कि हमारे चारों ओर हवा है और हम उसे महसूस भी कर सकते हैं। पर तब क्या होगा जब हवा भी आपको महसूस करने लगे? अंतरिक्ष हमारे चारों ओर है, और हम उसे पहचानते हैं—पर अगर वह भी हमें जानने-पहचानने लगे तो क्या होगा? ऐसा होता है। केवल हम जानते नहीं हैं। वैज्ञानिक इसे जानते हैं और वे इसे सापेक्षता का सिद्धांत कहते हैं।

□

गुरु पूर्णिमा के महत्त्व को समझना

वर्ष में 12-13 पूर्ण चंद्रमा में वैशाख के पूर्ण चंद्रमा को (उनके जन्म और प्रबुद्धता) समर्पित है और ज्येष्ठ का पूर्ण चंद्रमा माँ धरती को और आषाढ़ का पूर्ण चंद्रमा गुरुओं की स्मृति को समर्पित है। यही गुरु पूर्णिमा है।

यह वह दिन है, जब शिष्य पूर्णतया जाग्रत् होता है और इस दौरान वह केवल कृतज्ञ ही महसूस करता है। यह कृतज्ञता द्वैत (आप और मैं) की नहीं है, बल्कि अद्वैत की है। यह कहीं से कहीं बहनेवाली नदी नहीं है, वरन् अपने ही भीतर बहता समुद्र है। इसलिए गुरु पूर्णिमा के दिन कृतज्ञता उस पूर्णता का प्रतीक है।

गुरु पूर्णिमा उत्सव का उद्देश्य है। पीछे मुड़कर यह समीक्षा करना व देखना कि इस एक साल में हमने कितनी तरक्की की है। ज्ञान प्राप्त करने के इच्छुक व्यक्ति के लिए गुरु पूर्णिमा महत्त्व का दिन है। वह नववर्ष का दिन है। यह आध्यात्मिक मार्ग पर अपनी प्रगति की समीक्षा करने, अपनी दृढ़ता को पुनर्जागत् करने और लक्ष्य पर ध्यान केंद्रित करने और यह तय करने का दिन है कि आनेवाले वर्ष में वह क्या चाहता है। जैसे कि पूर्ण चंद्रमा उगता व अस्त होता है, कृतज्ञता के आँसू निकलते हैं और अपने स्वयं के भीतर की विशालता में राहत पाते हैं।

हमारे शरीर में करोड़ों कोशिकाएँ हैं और हर कोशिका का अपना जीवन होता है। कई कोशिकाएँ प्रतिदिन पैदा होती हैं और कई मरती हैं। इसलिए आप चलनेवाले नगर में हैं। पृथ्वी पर अनेक शहर हैं और पृथ्वी सूर्य के इर्द-गिर्द घूम रही है। उसी तरह से अनेक कोशिकाएँ और अनेक जीवित प्राणी आपके भीतर हैं और आप चारों ओर चल रहे हैं। आप चलता-फिरता नगर हैं। मधुमक्खी के छत्ते की तरह बहुत सारी मधुमक्खियाँ हैं, जो आती हैं और उसमें बैठती हैं, पर रानी मधुमक्खी एक ही है। अगर वह चली जाती है तो बाकी अन्य मधुमक्खियाँ भी चली जाती हैं। उसी तरह से हमारे शरीर में एक अणु है, रानी मक्खी है। अगर वह वहाँ नहीं होगी तो हर चीज चली जाएगी। उसमें ढूँढ़ें, उस

नन्हे से अणु के अंश में आत्मा या स्वयं को ढूँढ़ें। वह हर जगह है, फिर भी कहीं नहीं है। वही रानी मक्खी है और वही आप हैं। वही ईश्वर है और वही गुरु सिद्धांत है। जैसे कि पितृत्व, मातृत्व होता है, वैसे ही गुरुत्व होता है। आप में हर को किसी का तो गुरु बनना ही होता है। आप यह भूमिका निभाते हैं, आप सलाह देते हैं और जाने-अनजाने लोगों का मार्गदर्शन करते हैं और उन्हें प्यार देते हैं। पर बदले में कुछ अपेक्षा रखे बिना ऐसा 100 प्रतिशत भाव रखते हुए करो। यह है गुरु भाव में जीना। ईश्वर, आप में और गुरु भाव में कोई अंतर नहीं है। वह सब एक ही चीज पर आ रहे हैं—रानी मधुमक्खी पर।

मेडीटेशन राहत देती है और उस अणु में शांत है। इसलिए उन सब चीजों के बारे में सोचें, जिनके प्रति आप कृतज्ञ हो सकते हैं और जो आप चाहते हैं, वह माँगें। और हर किसी को आशीर्वाद दें। हम प्राप्त तो करते हैं, पर केवल प्राप्त करना ही काफी नहीं है, हमें उन्हें देना व आशीर्वाद देना है, जो जरूरतमंद हैं।

हम सोचते हैं कि शिव गले में साँप लपेटे कहीं और बैठे हैं। शिव हर उस चीज में हैं जिसने जन्म लिया है, जिन्होंने इस क्षण हर चीज को घेरा हुआ है और जिनमें सृष्टि की हर चीज विलीन हो जाती है। इस सृष्टि में हर रूप जो आप देखते हैं, वह उनका रूप है।

चेतना के विकास के लिए तीन अनिवार्य चीजें होती हैं—संगीत, ज्ञान व मौन। ज्ञान तार्किक समझ है। रोज कुछ क्षण मौन रहने का अभ्यास करने से हम अपनी सजगता को खिसका सकते हैं। इसे पात्रता कहा जाता है। बुद्धि की क्षमता निर्मित करना मौन के कुछ क्षणों में हो सकता है। बस, यही आवश्यक है। संगीत का उद्देश्य है मौन की ओर ले जाना और ज्ञान का उद्देश्य है आश्चर्यलोक की जगह ले जाना।

इस समय क्या हो रहा है? तैयार होने का आभास? मैं कुछ नहीं कह रहा हूँ और आप कुछ पकड़ने की प्रतीक्षा कर रहे हैं। क्या आप इस बात से अवगत हैं? कुछ पकड़ने के बजाय अपना ध्यान प्रतीक्षा में लगाएँ। यही तैयार रहना है। यह ध्यानमग्न सजगता है। मैं जो कह रहा हूँ, आप समझ रहे हैं न? जब आप तैयार होते हैं तो क्या होता है? अचानक आपके अंदर एक बदलाव होना आरंभ हो जाता है। दृश्य से आप भविष्य की ओर जाने लगते हैं। अब आप भविष्यवक्ता व दृश्य दोनों हैं। आप मुझे देख रहे हैं और समझने की कोशिश कर रहे हैं कि मैं क्या कह रहा हूँ।

अपने ऊपर वापस ध्यान लगाएँ। आप बैठे हैं···पढ़ रहे हैं।

अपने श्वास पर ध्यान दें। अपने मन में कुछ समझें। हर समय आप 'हाँ' और 'न' कह रहे हैं और अपने मन में व्यक्तिगत संवाद कर रहे हैं। यह अपने साथ प्रवचन करने जैसा है। जो मैं कह रहा हूँ, क्या आप समझ रहे हैं? दृश्य से भविष्यवक्ता बनना संभव योग से होता है। यह श्वास व मेडीटेशन से होता है। यह आपके अंदर करुणा का समुद्र

लाता है। यह बुद्धि को तीक्ष्ण व एकाग्र बनाता है। आप अधिक अंतर्बोधी व सजग बन जाते हैं। आप अधिक मित्रवत् व आत्मविश्वासी बन जाते हैं।

विश्वास या भरोसे के तीन स्तर हैं—पहला, जब आप में आत्मविश्वास होता है, आप अपने आसपास के लोगों पर विश्वास करते हैं। यह समाज में लोगों की अच्छाई पर विश्वास होना होता है। यहाँ बहुत सारे अच्छे लोग हैं। फिर, विश्वास वह होता है जो दिखाई नहीं देता, वरन् महसूस किया जाता है। इसे समझना आसान नहीं है, फिर भी इसे नकारा नहीं जा सकता है। तीसरा, ईश्वर पर भरोसा होना। ईश्वर पर भरोसा होने से पहले आप में दुनिया की अच्छाई पर भरोसा होना चाहिए। हम जितना सोचते हैं, दुनिया में उससे अधिक अच्छाई है। केवल कुछ ही दुविधाग्रस्त, भटके और तनावग्रस्त लोग हैं, जो हर तरह की हिंसा में उलझे हुए हैं। देखा जाए तो दुनिया अच्छी है।

□

अध्यात्म के पहले नियम को समझना

हम अकसर दुनिया को दोष देते हैं और इस तरह से स्वयं को दोष देने लगते हैं। अध्यात्म का पहला नियम है दूसरों को और साथ-साथ स्वयं को भी दोष देना बंद करना। क्या आपने यह पहला कदम उठाया है? क्या आप यह कर सकते हैं? इसके बिना आगे बढ़ने का कोई फायदा नहीं है। दूसरों को तथा स्वयं को दोष देना बंद करें और फिर देखें कि क्या होता है। तुरंत ऊर्जा और उत्साह का ज्वार फूट पड़ेगा। मेरा अभिप्राय यह नहीं है कि आपको अपने में कभी कोई गलती दिखाई नहीं पड़े। अपने में गलतियाँ ढूँढ़ें और उन्हें ठीक करें। आपको अपनी गलतियों को पहचानकर आगे बढ़ जाना चाहिए। यह खुद को दोष देने से अलग है। अपने पर व समाज की अच्छाइयों पर भरोसा रखें ।

इस संपूर्ण सृष्टि के सार पर भरोसा रखें।

क्या आप सेलफोन का इस्तेमाल करते हैं? फोन के काम करने के लिए आपको सिम कार्ड की आवश्यकता होती है। अगर आपके पास सिम कार्ड नहीं है और आप नंबर मिला रहे हैं तो वह कहीं नहीं लगेगा। उसी तरह से हमारी बहुत सारी प्रार्थनाएँ जुड़ नहीं पा रही हैं, इसीलिए उनका जवाब नहीं मिल रहा है। आपने सिम कार्ड तो डाला ही नहीं है। अब आपने सिम कार्ड डाला है, पर आप बेसमेंट में हैं। वहाँ सिग्नल नहीं पहुँच रहा। उसी प्रकार आपको बैटरी की आवश्यकता होती है। आपको बेसमेंट में सिम कार्ड, बैटरी तथा पहुँच की आवश्यकता होती है और तभी आप कहीं भी किसी को फोन कर सकते हैं। इस तरह से हमारी आत्मा का शांत व संयमित रहना आवश्यक है। ज्ञान, संगीत व मौन वे तीन चीजें हैं, जो जीवन को पूर्ण बनाती हैं। प्रार्थनाएँ सुनी जाती हैं। भावनाओं के साथ गाते रहें। भरोसे, मौन, आत्मविश्वास व ज्ञान के साथ प्रार्थनाएँ सुनी जाती हैं।

तनाव प्रबंधन, अनासक्ति व विस्तृत दृष्टिकोण के द्वारा तनाव दूर किया जा सकता है। जब आप 90 वर्ष के होते हैं तो इस जीवन से क्या चाहते हैं? आप क्या ले जाना चाहते हैं? आप क्या देना चाहते हैं? आप दुनिया पर क्या छाप छोड़ना चाहते हैं? आप दुनिया

से कैसे भाव लेना चाहते हैं? जरा सोचें। इन पाँच प्रश्नों पर विचार करें और तनाव आपको छोड़ देगा। अनासक्ति व श्वास आपको ऊँचा उठाएगी। थोड़ी सी भक्ति आपका कल्याण करेगी।

कई बार मैं क्रोध दिखाना चाहता हूँ और लोग मुझ पर यकीन नहीं करते। यह मेरी समस्या है। चीजें थोड़े क्रोध के साथ सही ढंग से काम करती हैं। अगर आप उससे अभिज्ञ हों तो क्रोध अच्छा है। वह उतनी ही देर तक रहना चाहिए जितना कि पानी पर खिंची लकीर रहती है। कुछ लोग पिछले दिन, पिछले महीने या दस वर्ष पुराने गुस्से को पाले रहते हैं। दिमाग परेशान रहता है। क्रोध, कुंठा, ईर्ष्या और लालच से बाहर निकलें। मेडीटेशन से लाभ होगा। प्राणायाम, सुदर्शन क्रिया और योग से लाभ मिलेगा।

विचार कहाँ से आते हैं? वे एक मुक्त दिमाग से आते हैं? विचार मुक्त नहीं होते हैं। कुछ क्षणों के लिए अपने विचारों से दिमाग को मुक्त करें। जब आश्चर्यचकित, हैरान, प्यार में गहरे तक डूबे हुए, समाधि, मेडीटेशन या गहन निद्रा में होते हैं, आपका दिमाग विचारों से मुक्त होता है। तब आप में ऊर्जा भर जाती है।

हमें उस ताकत तक जागना होगा जिससे हम बने हुए हैं, वह है प्यार। जैसे कि हमारा शरीर एमिनो एसिड, कार्बोहाइड्रेट्स और प्रोटीन से निर्मित है, उसी तरह हमारी आत्मा प्यार से निर्मित है। प्यार ही है, जो विकृत हो जाता है और बाकी अन्य भावनाएँ बन जाता है। केवल विवेक है, जो प्यार को पवित्र रख सकता है। बिना ज्ञान या विवेक के प्यार दु:ख है। विवेक के साथ प्यार खुशी है। यह बिलकुल सरल बात है।

आत्मा क्या है? हमने उसके बारे में बहुत कुछ सुना है, स्वयं को जानने के बारे में सुना है। आत्मा क्या है? हमारा अस्तित्व क्या है?

क्या आप जानना चाहते हैं? यहाँ कितने लोगों ने भौतिकी या रसायन पढ़ा है? हर कोई अवश्य ही भौतिकी के बारे में थोड़ा-बहुत जानता ही होगा। हमारा शरीर अरबों कोशिकाओं से बना है। शरीर में प्रत्येक कोशिका का जीवन होता है। आप मृत त्वचा कोशिकाओं को हटाने के लिए स्क्रब का प्रयोग करते हैं। बहुत सारी कोशिकाएँ रोज पैदा होती हैं और मरती हैं। पुराने साधु ऐसा ही कहा करते थे। आप चलता-फिरता नगर हैं। पुरुष एक नगर है। आत्मा उस नगर या शरीर में रहती है, जो चलता-फिरता है। क्या आप जानते हैं कि आपकी आँतों में 50,000 बैक्टीरिया होते हैं?

शरीर हर दिन बदल रहा है। फिर भी कुछ है, जो नहीं बदल रहा है। इसे समझने के लिए आपको मधुमक्खी के छत्ते का अध्ययन करना चाहिए। आपने वह छत्ता देखा है? वहाँ कौन रहता है? रानी मधुमक्खी। जब रानी मधुमक्खी चली जाती है तो हर चीज गायब हो जाती है। उसी तरह से आपका शरीर करोड़ों अणुओं से बना हुआ है। आपके शरीर में एक रानी मधुमक्खी है। प्रत्येक शरीर शहद से भरा एक छत्ता है। अपने में रानी मधुमक्खी को ढूँढ़ें और वही मेडीटेशन है। आपके पूरे शरीर में अरबों अणु हैं। वे मानव शरीर में उतने ही

हैं जितने कि किसी चींटी या हाथी में। शरीर का बाहरी आकार महत्त्वहीन है। यह अज्ञात या आत्मा है, जो बदलती नहीं है। वह हमेशा रहती है। कोई भी आपको इस ज्ञान से डिगा नहीं सकता है। आपको सबके साथ सहज महसूस होगा। कुछ भी आपको परेशान नहीं करेगा। यही अध्यात्म का सार है।

ईश्वर को विविधता पसंद है। अगर खाने को केवल भिंडी हो तो उससे क्या फर्क पड़ता है? पर आपके पास आलू, टमाटर, बींस, हर तरह के फल, सब्जियाँ व फूल हैं। लगता है, ईश्वर को विविधता पसंद है। उसने हम में से कितनों को भिन्न-भिन्न रंगों, आकारों और नैन-नक्शों के साथ बनाया है। निश्चित ही वह कोई सेना का व्यक्ति नहीं है। वह चीज जो विविधता पसंद करती है, वह खुद भी अलग ही होगी। यही प्राचीन संतों ने मेडीटेशन के दौरान खोजा था। एक गणेश हैं और एक विष्णु हैं, पर बहुत सारे भिन्न आकारों में। एकता में विविधता को देखें और विविधता का उत्सव मनाएँ। हमारे साधु-संत धैर्य अपनाने, विविधता और समान अवसरों की बात करते थे।

अंतर क्यों है? विभिन्न धर्मों में सामान्य बात को तलाशें। विभिन्न जगहों के अनुसार विभिन्न रीति-रिवाज हैं। समय ने भेदभाव पैदा कर दिए। एक बुद्ध थे, पर अब बौद्ध धर्म के 32 प्रकार हैं। एक ईसा मसीह थे, पर अब ईसाई धर्म के 72 संप्रदाय हैं और पैगंबर मोहम्मद थे और अब इसलाम के पाँच अलग-अलग संप्रदाय हैं। हिंदू धर्म में तो कितनी विविधता है। उसे गिना नहीं जा सकता है। पर हर कोई वेदों, उपनिषदों में यकीन करता है। कितने भिन्न संप्रदाय हैं? उन्हें क्यों नहीं होना चाहिए? उन्हें होने दें। विविधता में एकता देखें।

आप अपने में निहित ताकत को भूल जाते हैं—प्रार्थना व अपने संकल्प की ताकत। आप क्रिया करते रहते हैं और आपका ध्यान रखा जाता है। अपनी प्रार्थनाओं में छोटी चीजें न माँगें। बड़ी चीजें माँगें—सरकार अच्छी व स्थायी हो जाए, यह ज्ञान अधिक-से-अधिक लोगों तक पहुँचे। एक पवित्र समाज बनाना आपके हाथ में है। आप एक सामूहिक आंदोलन आरंभ कर सकते हैं। बहुत सारे अच्छे लोग हैं और बहुत कम लोग हैं, जो परेशानी पैदा कर सकते हैं; पर उनका प्रभाव देख लगता है कि वे बहुत सारे हैं। आप एक साथ मिल जाएँ और फिर देखें कि आप क्या अंतर पैदा कर सकते हैं।

अपनी गलती को पहचानना और आगे बढ़ना अच्छा है। छुपाने या कैफियत देने का कोई फायदा नहीं है। दिमाग को बचाएँ। जब दिमाग स्थापित हो जाता है तो आप चाहकर भी गलतियाँ नहीं कर पाते हैं। अपने को जानने के ज्ञान के साथ डर, क्रोध और दु:ख जैसी सारी नकारात्मक भावनाएँ गायब हो जाती हैं।

□

स्व समुद्र है और दिमाग लहर है

अपने मन से सारी नकारात्मक बातों को निकाल दें। जब मन वासना, लालच, अधिकार भावना, घमंड आदि से मुक्त हो जाता है, जब मन शुद्ध रूप में होता है, जिसके साथ हम सब पैदा हुए हैं। प्रकृति आपको सुनती है। आप प्रकृति के बच्चे हैं और प्रकृति आपको प्यार करती है। जब वह प्रकट होता है, जब आप साफ होते हैं तब दो चीजें होती हैं—आपकी इच्छाएँ पूरी हो जाती हैं और आप दूसरों की इच्छाएँ भी पूरी कर सकते हो।

दूरी की वजह से इस धरती पर गलतफहमियाँ होती हैं, क्योंकि कोई निकटता नहीं है, कोई भी दूसरे के बगल में नहीं बैठता है। एक ही घर में लोग अलग-अलग ग्रहों पर रहते हैं। नगर में लोग विभिन्न तारामंडलों में रहते हैं।

आपका शरीर इस समाज, इस दुनिया का है और दुनिया, समाज आपका ध्यान रखेगा। आप ईश्वर के हैं और वही आपका ध्यान रखेगा। वस्तुतः ईश्वर आपका ध्यान रख रहा है। यह भेद करें कि आप अपने शरीर से अलग हैं। जैसे ही आप ऐसा करेंगे, आप देखेंगे कि आप अपने शरीर से अलग हैं और आप ईश्वर के हैं। आपकी हँसी सदा आपके होंठों पर थिरकती रहेगी।

धन को कभी भी खुशी के साथ न जोड़ें। अगर आप देखें तो एक गरीब आदमी भी खुश है। वस्तुतः, वे कहीं ज्यादा खुश हैं। पर आप में पैसा एक झूठी सुरक्षा पैदा कर सकता है—आपको लगता है कि आपके पास पैसा है, आपके पास हर चीज है। पैसा आराम की बात है। आप धन क्यों चाहते हैं? आराम के लिए। पर पैसा आपको केवल एक प्रकार का आराम दे सकता है—शारीरिक आराम। यह भावनात्मक या आध्यात्मिक आराम नहीं देता है।

अगर आपका साथी भी इसी मार्ग पर है और आपको समझता है तो आप दोनों ही इससे उन्नति कर सकते हैं। अगर एक साथी किसी दुविधा में रहता है तो दूसरा उससे

उबरने में मदद कर सकता है। अगर एक प्रैक्टिस नहीं कर रहा है तो दूसरा उसे ऐसा करने के लिए कह सकता है और प्रोत्साहित कर सकता है। उन्हें अध्यात्म के मार्ग पर चलने को कह सकता है, ताकि उससे अधिक फायदा हो सके। मैंने कई युगलों को देखा है—अगर एक मार्ग से भटक रहा होता है तो दूसरा उसे वापस खींच लाता है। पति या पत्नी की खातिर वे अध्यात्म के मार्ग पर चलते रहते हैं, ज्ञान प्राप्त करते रहते हैं। ऐसा मैंने अनेक परिवारों में होता देखा है। हालाँकि, इसके विपरीत, अगर दोनों अलग-अलग दिशाओं पर चलते हैं और अगर एक वास्तव में मार्ग पर नहीं होता है तो यह बात दूसरे के लिए बाधा उत्पन्न कर सकती है, हालाँकि ऐसा होना अनिवार्य भी नहीं है।

बुरी आदतों को छोड़ने के लिए आप तीन चीजें कर सकते हैं—

1. प्यार—अगर आप किसी से प्यार करते हैं तो उन्हें वादा करें कि उनकी खातिर आप अच्छी आदतें नहीं छोड़ेंगे।

2. डर—जब इस बात का डर होता है कि यह गलत आदत मेरा बड़ा नुकसान कर सकती है तब आप उसे छोड़ देते हैं।

3. लालच—अगर कोई आपसे कहे कि इस बुरी आदत को छोड़ने से आपको 1 करोड़ डॉलर मिलेंगे तो आप 1 करोड़ डॉलर अपनी जेब में डालने के लिए उस बुरी आदत को छोड़ देंगे। अगर कोई कहता है कि अगर आप एक हफ्ते तक सिगरेट या शराब नहीं पीते हैं तो आपको 1 करोड़ डॉलर मिलेंगे तो क्या आप सिगरेट या शराब पीएँगे? बिलकुल भी नहीं। अगर कोई कहे कि अगर आप एक महीने तक सिगरेट या शराब नहीं पीएँगे तो आपको 10 करोड़ डॉलर मिलेंगे तो वे कहेंगे, केवल 30 दिनों के लिए ही क्यों, मैं 35 दिनों तक नहीं पिऊँगा। मैं इतने दिनों तक पूरी तरह से निश्चित रहना चाहता हूँ। 29 दिन न हों। कुछ महीनों में केवल 30 दिन होते हैं, कुछ में 31, इसलिए मैं 35 दिनों तक करूँगा। जब आप अपनी आदत से अधिक मूल्यवान किसी चीज को मानते हैं और आपको पता होता है कि वह आपको मिलेगी तो आप अपनी गलत आदत छोड़ने को तैयार हो जाते हैं। इसलिए प्यार, डर और लालच से आप उसे करना बंद कर देते हैं। एड्स के डर से नजदीकी काफी हद तक कम हो गई है। एड्स जैसी भयानक बीमारी का पता लगने के बाद से नजदीकी काफी हद तक कम हो गई। इसीलिए एक बड़े काम के प्रति समर्पण की भावना आपको छोटे-छोटे लालच से बचा सकती है।

प्यार एक उपहार है। अगर वह है तो है, अगर नहीं है तो आप किसी से प्यार करने के लिए स्वयं को बाध्य नहीं कर सकते हैं। क्या आप बाधित कर सकते हैं? अगर आप ऐसा करते हैं तो वह इसके विपरीत ही होगा। आप तनाव-मुक्त रहें और ज्ञान में गहरे चले जाएँ और अचानक एक दिन आपको पता चले कि सब मेरे भाग हैं और हर कोई

समान है। तब प्यार कोई क्रिया नहीं है, कोई कर्म नहीं है। आपको किसी से प्यार करने की आवश्यकता नहीं है, आप प्यार हैं, आप समझ लेंगे कि प्यार एक संज्ञा है। आप वहाँ एक चमकते हुए प्यार की तरह हैं। निस्संदेह आप लेने-देनेवाले प्यार के बारे में बात नहीं कर रहे हैं। आप किसी से प्यार करते हैं और वे आपको कुछ देते हैं। यहाँ लोग शांति को फैलाते हैं, इसलिए यह आसान है। वे अपनाने के मूलभूत बिंदुओं को जानते हैं और फुटबॉल बनना नहीं चाहते हैं। निश्चित तौर पर यहाँ यह कहीं ज्यादा आसान है और हमारा काम है दुनिया को ऐसा बनाना, ताकि दुनिया में कहीं भी यह आसान हो जाए। दुनिया भर में लोग कहते हैं, आर्ट ऑफ लिविंगवाले लोगों के चेहरों पर मुसकान रहती है। एक चमक, एक आत्मविश्वास, एक हँसी रहती है जिसका कोई मुकाबला नहीं कर सकता है। इस पर लोग हमेशा ही कुछ-न-कुछ कहते रहते हैं।

एक चीज के बारे में अब सुनें, आप दूसरे व्यक्ति के लिए तभी सही होते हैं जब आप सामंजस्य कर सकते हैं। रिश्ते का अर्थ है सामंजस्य, यह देना है। आप जो दूसरे व्यक्ति को दे सकते हैं, देते हैं और इंतजार करते हैं कि वह आपको बदले में भी दे। अगर आप दूसरों से माँग करते हैं तो रिश्ता लंबे समय तक नहीं चल सकता। माँग प्यार को नष्ट कर देती है। माँग व दोष देना रिश्ते को नष्ट कर देता है। इसलिए आपको पता होना चाहिए कि दूसरों की प्रशंसा कैसे करनी है और दोष देने, गलती निकालने के बजाय स्थिति को सँभालना चाहिए। दूसरों का कल्याण करना आपका ध्येय होना चाहिए। फिर आप किसी के लिए भी सही व्यक्ति होंगे और हर कोई आपसे प्यार करेगा, अगर आप जान-बूझकर किसी को तकलीफ नहीं पहुँचाएँगे। यह पहला बिंदु है। दूसरा, आप सुधार व बदलाव कर सकते हैं, आप में आलोचना सुनने का धैर्य है। तीन चीजें मैं गिन रहा हूँ। आप में आलोचना बरदाश्त करने का धैर्य है। चौथा, आप अन्य व्यक्ति के दृष्टिकोण को जानते हैं या कहाँ तकलीफ होती है, आप जानते हैं। आपको दूसरे व्यक्ति को उसके शब्दों व कार्यों से परे जाकर देखना चाहिए। क्या आपको पता है, जब कोई 8 से 10 घंटे काम कर रहा होता है, जब वे घर वापस आते हैं तो बहुत थके हुए होते हैं। अगर वह बिजनेसमैन है और जब शेयर बाजार गिरता है तो वह इतना परेशान होता है और शांति पाने के लिए घर वापस आता है। इसलिए आपको स्थितियों को देखना चाहिए कि साथी कैसा है और उसे कुंठा, क्रोध आदि की अपनी सही भावनाओं को व्यक्त करने का मौका देना चाहिए।

जब व्यक्ति क्रोधित या कुंठित होता है तो एक ही विकल्प होता है। सारी दुनिया अपेक्षा रखती है कि वह कुंठाओं को अपने तक ही रखे। कोई भी उसकी कुंठा को बाँटना नहीं चाहता है; पर जब वे घर आते हैं तो वे अपने साथी के साथ होते हैं। वे

अपनी सारी कुंठा निकाल व बाँट लेते हैं। उस समय पत्नी को एक दाई की तरह भूमिका निभानी चाहिए—उन्हें प्रसव करने देना चाहिए। जब कोई प्रसव-पीड़ा से गुजर रहा होता है और आप कहें कि बच्चे को जन्म दें, उसे अंदर ही रखें। वे क्या कर सकती हैं? वे कितनी देर तक अंदर रख सकती हैं? कहीं तो उन्हें निकालना ही होगा। जब वे अपने तनाव के साथ आते हैं। पत्नी को उन्हें अपनी बात कहने देनी चाहिए। कहें, ठीक है, अपने तनाव को बाहर निकल जाने दो, आप जिस को भी दोष देना चाहते हैं, देने दें। आप मुझे मारना चाहते हैं या स्वयं को, ठीक है, मार लो। उन्हें तनाव-मुक्त होने का मौका दें। आप कह सकती हैं, आपने सारा दिन जो सँभाल रखा था, उसे बाहर निकलने दें, शेयर बाजार का सारा तनाव, या जो भी हो। अगर किसी व्यक्ति ने कार्यस्थल पर कोई गलती की है या उसके साथ अन्याय हुआ है तो वे जब वे वापस आते हैं, उन्हें उससे मुक्त होने के लिए कोई जगह चाहिए होती है। भार-मुक्त होना सही शब्द है मेरे खयाल से। हर चीज से भार-मुक्त हो जाएँ और उसके लिए आप जगह रखें। समझें कि वे क्यों परेशान हैं, वे क्यों अप्रसन्न हैं—तभी आपका रिश्ता चलेगा। पर अगर आप उम्मीद रखें कि वे आपको कुछ न कहें, 24 घंटे, हफ्ते में सातों दिन और 365 दिन आपके साथ मधुर व्यवहार करें और हर समय उनमें गलती ही ढूँढ़ें।

हमेशा आप उन्हें कचोटती रहें कि तुम बेकार हो, तुम ऐसे हो, वैसे हो···बेचारा पति या पत्नी। वे क्या करेंगे? उन्हें लगेगा कि उनका कोई सहारा नहीं है। कोई भी आगे बढ़ने में उनकी सहायता नहीं कर रहा है, उन्हें बढ़ा नहीं रहा है और वे हताश हो जाते हैं। बड़ा व्यक्ति वही होता है जिसमें ग्रहण करने, अपनाने और किसी के साथ भी सामंजस्य बैठाने की अधिक क्षमता होती है। अगर आप किसी के साथ भी सामंजस्य बिठा सकते हैं तो आप उतने ही महान् व बड़े हैं और यह स्तर कम, और कम हो सकता है। अगर आप जानते हैं कि आपकी किसी को अपनाने की क्षमता केवल 10 प्रतिशत है तो आप तब पूरी तरह से दुःखी हो जाएँगे, अगर वह जीरो प्रतिशत हो। आप किसी भी तरह से अपने जीवन में बढ़ नहीं सकते हैं। इस धैर्य का होना ही विवेक है, जीरो से 100 प्रतिशत तक विकास करें।

यह एक अच्छा प्रश्न है—मैं यहाँ क्यों हूँ, मैं क्या करूँ? पूछते रहें। जब आप ये प्रश्न पूछते रहते हैं तो या तो आप पागल हो जाते हैं या ज्ञानी बन जाते हैं। मैं चाहता हूँ, आप विवेकी बनें। यह न कहें कि पागल लोग विवेकी होते हैं। इसके विपरीत होता है—विवेकी लोग कई बार पागल भी होते हैं।

बिना दुनिया से जुड़े उसका आनंद उठाएँ। आपको अंदर गहरी श्वास लेनी होगी। पर आप उसे रोके नहीं रह सकते हैं। ताजा हवा का आनंद लेने के लिए उसे आपको

बाहर छोड़ना होगा। जीवन में भी यही बात लागू होती है। जाने देना महत्त्वपूर्ण है।

जो लोग खाली होते हैं, वे पछताते हैं कि उनमें कोई अनुशासन नहीं है। वे यही वादा करते रहते हैं कि वे अनुशासित होंगे।

जो लोग अनुशासित होते हैं, वे लक्ष्य की ओर देखते हैं। अनुशासन अपने आप में लक्ष्य नहीं है, यह साधन है।

उन लोगों को देखें, जिनमें कोई अनुशासन नहीं है। वे बहुत दुःखी लोग होते हैं। बिना अनुशासन के आजादी बिलकुल दुःख है। बिना आजादी के अनुशासन दम घोंटने वाला होता है।

व्यवस्था नीरस होती है और अस्त-व्यस्तता तनावपूर्ण। हमें अनुशासन को मुक्त और आजादी को अनुशासित बनाना है।

जो लोग हमेशा किसी-न-किसी के साथ होते हैं, वे एकांत को ढूँढ़ते हैं। जो लोग अकेले होते हैं, वे इतना अकेलापन महसूस करते हैं कि किसी का साथ ढूँढ़ते हैं।

जो लोग ठंडे स्थानों पर हैं, वे गरम जगहों पर रहना चाहते हैं। जो लोग गरम जगहों पर हैं, वे ठंडा पसंद करते हैं।

यही जीवन की दुविधा है—हर कोई एकदम सही संतुलन की तलाश कर रहा है। सही संतुलन रेजर के किनारे जैसा है। इसे केवल अपने में ही पाया जा सकता है।

इस नगर तक कोई सड़क नहीं जाती है और इस घर की कोई सीढ़ी नहीं है।

आप वहाँ कैसे पहुँचेंगे? इस बारे में सोचें।

जब आप ईश्वर के संपर्क के साथ आगे बढ़ते हैं तो उससे अधिक समृद्ध और कुछ नहीं होता है। जब आप ईश्वर के साथ जुड़ा हुआ महसूस करते हैं, उस असीम के साथ जुड़ा महसूस करते हैं तो वह समृद्ध भावना आपके भीतर आती है। जब लहरें याद करती हैं कि वे समुद्र से जुड़ी हैं, कि वे समुद्र का भाग हैं तो वह ताकत विशालकाय होती है।

आपको प्रतिदिन ध्यान लगाना चाहिए। आप दाँत ब्रश करते हैं, शरीर को साफ रखने के लिए नहाते हैं। उसी तरह आपको थोड़ी-बहुत ज्ञान की बातें सुननी चाहिए और ध्यान लगाना चाहिए। बुद्धि की सफाई ज्ञान से होती है—वह ज्ञान जो आपको बताता है कि हर चीज अस्थायी है। संगीत व सामंजस्य भावनाओं को साफ करता है और हृदय को समृद्ध करता है। पर देने से हृदय पवित्र हो जाता है। ज्ञान व ध्यान के साथ हर चीज पवित्र हो जाती है।

जब कोई मरता है तो आपको एहसास होता है कि यही सत्य है। एक दिन हर किसी को मरना है। जब आप जीवित होते हैं, आप इस सत्य को नहीं समझ पाते। आप

अवांछित चीजों में फँसे रहते हैं।

सत्य वह है, जिससे आप बच नहीं सकते हैं।

सौंदर्य वह है, जिसे त्यागा नहीं जा सकता है।

प्यार वह है, जिसे अभिव्यक्त नहीं किया जा सकता है।

याद रखने के लिए ये तीन बातें काफी हैं। इतनी ही आप सह सकते हैं।

आपको पता है कि ऐसा क्यों कहा जाता है कि विवाह स्वर्ग में तय होते हैं? ऐसा इसलिए, क्योंकि आपके लिए पहले से ही साथी चुना जा चुका होता है। आपको सिर्फ उसे अपनाना होता है और आगे बढ़ना होता है। आपकी प्लेट में जो है, उसके साथ आगे बढ़ें।

सबसे अच्छी बात यह है कि आप कमियों पर ध्यान नहीं देते हैं। सकारात्मक चीजों पर ध्यान लगाएँ। अगर रिश्ते में दोनों लोगों का ध्यान अध्यात्म की ओर होता है तो वे समानांतर रेखाओं की तरह आगे बढ़ते हैं। बिना असीम से टकराए आगे बढ़ें। जिस क्षण वे अपना ध्यान एक-दूसरे की ओर लगा देते हैं, टकराहट आरंभ हो जाती है। इसलिए दोनों का आध्यात्मिक मार्ग पर होना जरूरी है।

पहले समझना होगा कि आजादी क्या है। आपके मन में जो भी बोझ है, उसे हटा दें। मन को शांत करें। मन कहेगा—मैं यह चाहता हूँ, मैं वह चाहता हूँ। संकल्प करें—मैं खुश हूँ, संतुष्ट हूँ और किसी चीज की मुझे जरूरत नहीं है। जब आप मुक्त होते हैं, आनंद आपके पीछे आता है।

दूसरे के समक्ष असहज महसूस करना अहंकार है। आत्मविश्वास सहज महसूस करना है। स्वाभाविक रहना अहंकार का प्रतिकारक है और स्वाभाविक रहना आत्मविश्वास का पूरक है। वह आत्मविश्वास के साथ चलता है और उससे अलग नहीं किया जा सकता। जब आप में आत्मविश्वास होता है, आप सहज रहते हैं। अगर आप सहज हैं तो आप में विश्वास होगा।

ईश्वर इतना कम-स्तरीय नहीं है कि आपको उसे याद करना पड़े। याद अपने आप रहता है। याद रखने के लिए प्रयास न करें। आपको तब कोई चीज याद करनी पड़ती है, जब वह आपके दिल को छूती नहीं है। जब दिल भावनाओं से ओत-प्रोत होता है तो आपको याद करने के लिए कोई प्रयास नहीं करना पड़ता है।

ईश्वर के लिए ये विभिन्न नाम हैं। जैसे कि आप हर दिन अलग-अलग कपड़े पहनते हैं। आज आपने काले कपड़े पहने हुए हैं, कल आप कोई और पहनेंगे।

जब आप कल कपड़े बदलेंगे तब भी आप वही रहेंगे, ठीक है न? उसी तरह चाहे जो भी नाम या रूप हो, वह एक ही ईश्वर है।

प्रत्येक मानव पवित्र है, पर गंदगी से भरा हुआ है। प्रत्येक मानव हीरे की तरह है।

बस इतना ही है कि हीरा कीचड़ में है, वह कीचड़ नहीं बनता। आपको उसे उठाकर केवल धोना है। और वह फिर चमकने लगता है। हीरे का चमकने का स्वभाव हमेशा रहता है, पर वह मिट्‍टी व कीचड़ से सना है।

जब आप कर्म कर रहे हों तो ठीक से करने या ठीक से न करने के चक्र में न उलझें, अन्यथा दिमाग चकरा जाएगा। जब आप काम करें तो उसे पूरा अपना 100 प्रतिशत दें। जब आप 100 प्रतिशत देते हैं तो अचानक आपको एहसास होता है कि आप उसे नहीं कर रहे हैं, बल्कि वह हो रहा है। न करना एक अनुभव है, यह आपका कुछ करने या पाने की कोशिश करना नहीं है।

हमारा श्‍वास हमारी भावनाओं से जुड़ा है। प्रत्येक भावना के लिए साँस में एक विशेष लय होती है। इसलिए जब प्रत्यक्ष ढंग से अपनी भावनाओं को नियंत्रित नहीं कर पाते हैं, श्‍वास की सहायता से आप कर सकते हैं। अगर आप थिएटर में हैं तो आप जानते हैं कि अगर आपको क्रोध दिखाना है तो निर्देशक आपको अपनी साँसों को तीव्र करने के लिए कहेगा। अगर आपको कोई शांत दृश्य दिखाना है तो निर्देशक आपको धीरे व हलके ढंग से साँस लेने को कहेगा।

अगर हम अपने श्‍वास की लय को समझ लेते हैं तो हमारे मन पर हमारा अधिकार हो सकता है। हम क्रोध, छल, लालच जैसी नकारात्मक भावनाओं पर विजय पा सकते हैं और दिल से मुसकरा सकते हैं। हमें बच्चों जैसी सुंदरता और मासूमियत अपने जीवन में वापस लानी होगी, जो ईश्‍वर ने प्रत्येक मानव प्राणी को उपहार में दी है।

□

बच्चों को समझना

देखा जाए तो हम एक तरह से बच्चों जैसे ही हैं। काश, हम बड़े होने के बजाय बच्चों जैसे ही होते। एक बच्चा एक दिन में 400 बार, किशोर 17 बार हँसता है और एक वयस्क बिलकुल भी नहीं हँसता है। अगर दुनिया के लोग ज्यादा हँस सकें तो दुनिया में कम विवाद होंगे।

दुर्भाग्यवश आज गर्व को आक्रामकता व हिंसा के साथ जोड़ा जाता है। जो आक्रामक होता है और आपे से बाहर हो जाता है उसे स्कूल-कॉलेज में हीरो समझा जाता है। हमें गर्व को हिंसा से हटाकर अहिंसा से जोड़ना होगा।

हमें अपने बच्चों को हिंसा-मुक्त और तनाव-मुक्त दुनिया का सपना देना होगा।

मुझे यकीन है कि इन पाँच चीजों से हम यह पा सकते हैं—

1. पहली चीज है संगीत व नृत्य।

2. दूसरी है खेल। कंप्यूटर व वीडियो गेम्स के आने से बच्चे जैसे पहले बाहर जाकर खेलते थे, अब नहीं जाते हैं। वे अपने को उन वीडियो गेम्स में बाँधे रहते हैं, जिनमें से अधिकांश हिंसात्मक होते हैं। हमें उन्हें खेलों में अधिक हिस्सा लेने के बारे में बताना होगा।

3. तीसरी है यात्रा। हम भारत, अमेरिका, कई बार यूरोप, पोलैंड, जर्मनी और यहाँ ब्लैक फोरेस्ट में भी कार्यक्रम चलाते हैं, जहाँ हम सारे देशों के बच्चों को एक हफ्ते के लिए एक साथ लाते हैं। कई बार वे अपनी भाषा बोलते हैं, पर केवल साथ रहने से उनके बीच इस तरह जुड़ाव पैदा हो जाता है कि सारे अवरोध टूट जाते हैं और वे सहज महसूस करने लगते हैं। हमें उन्हें दूसरी जगहों पर जाने तथा अन्य संस्कृति व धर्मों के लोगों से बातचीत करने में मदद करनी चाहिए। हमें बच्चों को बहु-संस्कृति और बहु-धर्म शिक्षा देनी चाहिए। मुझे लगता है कि सारे बच्चों को दुनिया के सारे ज्ञान के बारे में थोड़ी-बहुत जानकारी तो होनी चाहिए—हिंदू धर्म, बौद्ध धर्म, यहूदी धर्म, ईसाई धर्म, कैथोलिक धर्म, शाओज्मि, शिंटोज्मि। दुनिया के सारे प्रमुख धर्मों व संस्कृतियों की थोड़ी-बहुत जानकारी उन्हें एक

विस्तृत सोच के साथ बढ़ने में मदद करेगी। अगर केवल दुनिया में कुछ लोग ही ये सोचते रहेंगे कि वे ही केवल सही हैं तो दुनिया रहने के लिए सुरक्षित जगह नहीं रहेगी। अपनेपन की यह भावना कि हम विभिन्न रंगों, भाषाओं व खाने की आदतों के बजाय एक वैश्विक परिवार का हिस्सा हैं, बच्चों और युवाओं में विकसित करनी होगी।

4. चौथी है किसी तरह के सेवा कार्यों में बच्चों को शामिल करना। जब बच्चे किसी तरह के सेवा कार्यों में शामिल होते हैं तो उनके सामने कई आयाम खुलते हैं।

5. फिर है योग और मेडीटेशन। मैंने योग को इतना धर्मनिरपेक्ष बना दिया है कि किसी भी धर्म के लोगों को इसे करने में कोई आपत्ति नहीं है। ये मात्र कुछ श्वसन तकनीकें हैं और कुछ मुद्राएँ हैं, किसी धर्म व संप्रदाय से जुड़ी हुई नहीं हैं।

हिंसा का अर्थ अपना बचाव करना और अहिंसा का अर्थ आत्मरक्षा न कर पाना नहीं है। निस्संदेह आपको अपना बचाव करने के लिए तैयार रहना चाहिए; पर अपने मन व दिल में आपको अहिंसा का ही पोषण करना चाहिए। और आप देखेंगे कि अहिंसा के सामने हिंसात्मक लोग तक अपनी हिंसात्मक प्रवृत्तियों को छोड़ देते हैं।

जब मैं वाशिंगटन डीसी और दूसरी बार लॉस एंजिल्स में था, मेरे साथ ऐसा कई बार हुआ। दोनों ही बार एक व्यक्ति मुझ पर हमला करना चाहता था। उसने ईसा के नाम पर मुझे गाली दी और कहा कि यह सब पाप है, योग पाप है। जैसे ही वह आया, वह लंबा-तगड़ा व्यक्ति, मैंने कहा, ठहरो। हमारे पास कोई हथियार नहीं है और हमारे पास बचाव का कोई तरीका नहीं है। वह घुटनों के बल बैठ गया और रोने लगा। हर कोई हैरान रह गया। वह सत्संग था, उसी तरह, किसी ने उम्मीद नहीं की थी कि कोई हमला करे।

मैंने सिर्फ कहा, ठहरो, ठहरो और वह झुक गया और रोने लगा। बाद में उसने भी कोर्स किया। आपको पता है कि यह भ्रामक धारणा, जो हिंसा पैदा कर सकती है। यह तनाव और एक तरह का भेदभाव है, जो हिंसा का कारण बन सकता है। पर जब हम अहिंसा में विश्वास करते हैं और हम जब दिलों में उस ताकत के साथ चलते हैं तो आप एक बड़ा परिवर्तन देखेंगे। ऐसी कितनी ही घटनाएँ हैं।

बहुत समय पहले मैं दिल्ली और नोएडा में था। हजारों लोग मेरी कार को जलाने टॉर्च लेकर आए। मैंने सिर्फ अपना हाथ दिखाया और कहा, ठहरो, तुम जो चाहे कर सकते हो। मुझे आपसे बात करने के लिए केवल 10 मिनट चाहिए। पर इतना ही काफी था, उन 10 मिनटों में सबकुछ बदल गया। उन दिनों, 1980 में, नोएडा का विकास नहीं हुआ था। वहाँ सारा जंगल था। वह डकैतों से भरा एक गाँव था। इसलिए हमें अहिंसा में विश्वास करना चाहिए। मेरे कहने का अभिप्राय यहाँ नहीं है कि आप हथियार न रखें या आत्मरक्षा न करें।

नकारात्मक लोग आपके अंदर बहुत सारी निपुणताएँ ला सकते हैं। आपको उन्हें धन्यवाद कहना चाहिए। वे आपको सिखाते हैं कि उनसे कैसे व्यवहार करें, कैसे तमाम स्थितियों से निबटें एवं आगे बढ़ें और वे सारे बटन दबाते हैं और आपको सारे बटनों से मुक्त कर देते हैं।

अगर कोई हमेशा ही झूठ बोलता हो तो क्या करें?

किसी ने मुझसे कल सवाल पूछा कि क्या गुरुजी, आप मुझसे नाराज हैं? मैंने कहा, नहीं । इसका अर्थ यह नहीं है कि आप लगातार झूठ बोलते रहें। अब मैं जानता हूँ कि कुछ लोग गलत काम करते हैं, गलत बात कहते हैं और दूसरे लोगों के भरोसे का दुरुपयोग करते हैं। वे कहते हैं, मैंने अभी फोन पर गुरुजी से बात की है और उन्होंने ऐसा कहा है। मैं माफ कर देता हूँ और क्रोधित नहीं होता हूँ; पर मुझे उन पर दया आती है, क्योंकि वे अपने सिरों पर ही मिट्टी डाल रहे हैं। वे अपने लिए मुश्किलें पैदा कर रहे हैं। तो ऐसे लोगों पर क्रोधित होकर मैं अपना दिमाग क्यों खराब करूँ? मुझे गुस्सा नहीं आता, बल्कि दया आती है कि वे जाते हैं और यहाँ-वहाँ परेशानी पैदा कर देते हैं।

पिताजी ने एक उक्ति लिखी थी—दुनिया लोगों व गलतियों से भरी हुई है। गलतियों को माफ कर दो और लोगों से प्रेम करो। उन्होंने कितनी अच्छी बात कही थी।

अगर कोई आपके साथ कुछ गलत करता है तो उसे इस कोण से देखें कि उस व्यक्ति ने जो किया, वह करनेवाला वह मात्र डाकिया था। यह पहला कोण है। दूसरा है कि वह व्यक्ति अज्ञानी था, उसे नहीं पता था कि वह क्या कर रहा है, इसलिए वह कर रहा था। तीसरा है यह देखना कि वह व्यक्ति स्वयं इसका शिकार है, इसलिए उसने वैसे ही गलती की जैसे दूसरे ने की थी। इस तरह से आप अपनी सोच को विस्तृत कर लेते हैं। अचानक आपको लगता है कि हर चीज बदल रही है।

जब भगवान् कृष्ण समाधि में बैठे थे, उसी समय उन्होंने 'गीता' सुनाई थी। युद्ध के बाद अर्जुन ने उनसे कहा कि आपने जो सुंदर ज्ञान मुझे दिया था, उसे मैं भूल गया हूँ, उस समय बहुत भीड़ थी और युद्धभूमि पर इतना शोर था कि मैं आपको ठीक से सुन नहीं पाया। आपने जो कहा था, वह मुझे दुबारा बताएँ। तब कृष्ण ने उत्तर दिया, अब मैं तुम्हें नहीं बता सकता हूँ। उस समय मैं समाधि में था, इसलिए मैंने तुम्हें सामने बिठाया और उस समय जो मेरे मन में आया, मैंने तुम्हें बता दिया। अब मैं तुम्हें दुबारा नहीं बता सकता हूँ।

इसलिए जो भी कुछ भगवान् कृष्ण ने कहा, वह कोई व्यक्ति इस ज्ञान को नहीं बता रहा था, वरन् सार्वभौम बोल रहा था।

ये संदेश शिव तत्त्व, आत्म तत्त्व से आते हैं।

उन्होंने कहा, मैं सूर्य हूँ, मैं बारिश हूँ, मैं सत्य हूँ, मैं असत्य हूँ, हर चीज मैं ही हूँ। यह बहुत गहन ज्ञान है।

हर चीज केवल एक तत्त्व, अणुओं से बनी है। आपकी माँ, आपके पिता किससे बने हैं? हर कोई एक ही चीज से बना है, अनाज से बना है। अनाज खाया जाता है और फिर शरीर बढ़ता है। जो भी उसे खाता है, वे सब बढ़ते हैं और शरीर उसी से बना है। इसलिए हर कोई एक तत्त्व से बना है; एक शक्ति, एक ऊर्जा से बना है। इसलिए वह कहते हैं कि पूरी दुनिया उसी एक चेतना, ऊर्जा और पदार्थ से बनी है।

पंखा, माइक और लाइट सब एक ही प्रवाह, बिजली से चल रहे हैं। पर लगता है कि माइक अलग है, लाइट अलग है और पंखा कुछ और है। वे सब अलग लगते हैं, पर वे एक ही चीज से बने हैं। उसी तरह, अगर सूरज न होता तो पृथ्वी का अस्तित्व ही नहीं होता। अगर पृथ्वी नहीं होती तो कैसे पौधे, पेड़ या मानव होते? तो हमारा स्रोत क्या है? भौतिक पहलू से हमारा स्रोत पृथ्वी है, उससे अधिक सूक्ष्म है सूर्य। सूर्य का स्रोत क्या है? सार्वभौमिक ऊर्जा। इसलिए भगवान् कृष्ण कहते हैं कि सार्वभौमिक ऊर्जा मैं हूँ।

वह आत्मा है, जो आप हैं और जो मैं हूँ और हर चीज इस सार्वभौमिक ऊर्जा से बनी है और यही आज के वैज्ञानिक कहते हैं। जो क्वांटम भौतिकी पढ़ते हैं, वे कहते हैं—पूरी दुनिया एक ऊर्जा से बनी है। पहले कहा गया था कि अलग-अलग प्रोटोन और इलेक्ट्रोन थे जो काम कर रहे थे और चीजों को चला रहे थे; पर अब कहा जाता है कि एक ही ऊर्जा है, हर चीज प्रवाह से चलती है। जिन चीजों को हम भौतिक मानते हैं, वे असल में हैं ही नहीं। यह सब ऊर्जा है, जिसके बारे में भगवान् कृष्ण ने बरसों पहले 'भगवद्गीता' में कहा था।

अवजानन्ति मम् मुधम् मानुसिम् तन तनुमस्स्तिम्, परम भवम् अजन्तो मम् भुता-महेश्वरम्—ये लोग मुझे एक सार्वभौम ऊर्जा, चेतना के मेरे असली रूप में नहीं देखते हैं और वे सोच रहे हैं कि मैं मानव हूँ। मैं मानव शरीर में हूँ, पर मेरे अंदर चेतना वह उच्चतम चेतना है। मैं मानव नहीं हूँ, मैं शक्ति हूँ।

'विष्णु सहस्रनाम' में कहा गया है—'सोहामेकेना श्लोकेने स्तुता ईवाना सुमशायाहा', एक सोहम् में हर चीज आ गई है। एक शब्द राम में विष्णु के हजारों नाम लिखे हैं और वह भी सोहम् में लिखा है। कभी आप 'विष्णु सहस्रनाम' सुन सकते हैं, ध्यान लगा सकते हैं। सारे मंत्रों के प्रभाव होते हैं, पर सबसे महत्त्वपूर्ण है मेडीटेशन। मंत्रों के परे जाना भी आवश्यक है, सबकुछ होने देना भी, तब आपका मन शांत रहता है।

मौन रहना और यह जानना कि ईश्वर हर चीज का ध्यान रख रहा है—यही प्रार्थना का उत्तम प्रकार है, मेडीटेशन का उत्तम प्रकार है।

सारे अवरोधों को तोड़ दें और महसूस करें कि आप सौभाग्यशाली हैं। यही एकमात्र कदम आपको उठाना है। बाकी सब अपने आप हो जाएगा।

अगर आप स्वयं को गुरु के नजदीक नहीं महसूस कर पा रहे हैं तो ऐसा आपके कारण ही है। आपके मन, आपके अहंकार के कारण है। गुरु के साथ बाँटें कि आपके लिए क्या महत्त्वपूर्ण या आत्मीय है। उसे बाँटें; शर्म, संकोच या अपने बारे में कोई अजीब न महसूस करें।

जब तक आप गुरु के सामने अभिव्यक्त नहीं करेंगे, जो बहुत महत्त्वपूर्ण व आत्मीय है, तब तक केवल औपचारिक या अनौपचारिक संवाद स्तरों पर आप करीब नहीं महसूस करेंगे। आप कैसे हैं, आप कहाँ जा रहे हैं? गुरु के साथ इस तरह का औपचारिक और सतही संवाद न करें और दिल से बात करें कि वह जो महत्त्वपूर्ण व आत्मीय है, आपके जीवन की गहराइयों तक व्याप्त है। यह न कहें कि स्कैश की कीमत क्या है, 30 सेंट आदि।

अगर आप गुरु के करीब नहीं महसूस करते हैं तो गुरु होने का कोई फायदा नहीं है। यह आपके लिए एक बोझ ही होगा। हमारे पास पहले ही बहुत हैं। उसे कहें, अलविदा और पीछा छुड़ाएँ।

अगर आपको धक्का दिया जाता है, डाँटा या अवहेलना की जाती है तो आपको ज्यादा करीब महसूस करना चाहिए। क्योंकि किसी की अवहेलना करने में बहुत मेहनत करनी पड़ती है। गुरु तो कागज लपेटने या फूलदान में रखे फूल तक की अवहेलना नहीं करता है तो वह कैसे चलने, बोलने, साँस लेनेवाले मानव की अवहेलना कर सकता है, जो उससे जुड़ा हुआ है। इसलिए, जब आप इस बात को समझ लेंगे तो आप नजदीकी महसूस करने लगेंगे।

प्रयास व समर्पण साथ-साथ चलते हैं। इसलिए प्रयास करें और समर्पण कर दें। इसीलिए हम संकल्प लेते हैं और फिर सबकुछ छोड़ देते हैं। पूजा में हम क्या करते हैं? हम अपने हाथ में चावल, पानी और फूल लेते हैं और संकल्प करते हैं और फिर फूल नहीं रखते हैं, उन्हें छोड़ देते हैं। जब आप सिनेमा देखने जाते हैं तो पहले आप टिकट खरीदते हैं और फिर हॉल के अंदर जाने पर टिकट दे देते हैं। अब भी आपको देना होगा। इस तरह से हमें संकल्प लेना होगा और फिर समर्पण करना होगा। हमें अपना 100 प्रतिशत देना चाहिए और बाकी सब ईश्वर पर छोड़ देना चाहिए।

आप मानते हैं कि आप में समर्पण है। समर्पित होने के लिए प्रयास न करें। हमें मान लेना चाहिए कि हम में प्यार व समर्पण है। जब आप इसमें विश्वास करेंगे, आप में निहित समर्पण या भक्ति-भाव और बढ़ जाएगा। जब आप सोचते हैं कि आप में समर्पण नहीं है तो वह होता भी नहीं है।

□

भगवद्गीता के सार को समझना

अष्टावक्र ने जब राजा जनक को ज्ञान दिया तो उनके अंदर आश्चर्य पैदा हुआ। उन्होंने सोचा, अब तक मैं इस सत्य को पहचान क्यों नहीं पाया था?

सत्य को जानने के बाद उन्होंने कहा, मुझको अभिनंदन। नमो माहयम्। परिवर्तनकारी अनुभव कि मैं परमात्मा हूँ, दैवी चेतना, उनके अंदर आया।

उन्हें यह ज्ञान मिला कि मेरे और दैवी चेतना के बीच कोई अंतर नहीं है, जो सर्वज्ञ, सर्वव्यापी व सर्वशक्तिमान है।

सीमित मन को पीछे छोड़ देना और असीमित चेतना में कायम हो जाना ही 'अष्टावक्र गीता' है।

हम अपने सिवाय हर जगह ईश्वर को तलाश करते हैं। पूजा का अर्थ है बाहरी दुनिया से अपने भीतर जाना। पूजा की उच्चतम अभिव्यक्ति पूजा है। पूजा में हम पाँच तत्त्वों का प्रयोग व सम्मान करते हैं, जो इस सृष्टि का आधार बनते हैं और हम अपना सम्मान करते हैं।

जब हम आचमन करते हैं तो हम केशव, हमारे अंदर निहित दैवत्व को जल चढ़ाते हैं। पूजा की हर प्रक्रिया हमें हमारे भीतर ले जाती है।

जब आप रात को सोने जाएँ तो सोचें कि ईश्वर मेरे भीतर है। मेरे हृदय में निहित ईश्वर को अभिनंदन।

इस पर चिंतन करें और फिर सोएँ। तब देखें कि कितनी सुखद नींद आती है।

गुरु, स्वयं और ईश्वर में कोई अंतर नहीं है। अंतर्मुखी सदा सुखी—वह जो अपने भीतर दैवत्व की कल्पना करता है, जिसका मन अंदर की ओर रहता है, हमेशा खुश रहता है।

दैवी चेतना शरीर की तरह सीमित नहीं है, पर अंतरिक्ष की तरह हर जगह विद्यमान है।

इस दैवी चेतना का सम्मान करना ही 'अष्टावक्र गीता' है।

जब आप टी.वी. के सामने होते हैं तो आप पहले आवाज को सुनते हैं या स्क्रीन को देखते हैं? दोनों बातें एक साथ होती हैं। उसी तरह कर्म व भाग्य दोनों महत्त्वपूर्ण हैं। जब हम सही कर्म करते हैं, तब हम भाग्य बन जाते हैं। जब हमारा भाग्य अच्छा होता है तो हमारे कर्मों का फल मिलता है।

मुझे कोई परेशानी नहीं है। इसीलिए मैं तुम्हें दूर कर सकता हूँ। अगर डॉक्टर बीमार हो तो क्या वह आपका इलाज कर सकता है? चूँकि मुझे कोई परेशानियाँ नहीं हैं, आप मेरे पास आए हैं।

□

निर्वाण को समझना

आपको पता है कि हमारी इंद्रियाँ हमेशा बाहर की तरफ देखती हैं और मन इंद्रियों के द्वारा हमेशा हमारे आस-पास की दुनिया को पकड़ लेता है और फिर इंद्रियाँ जो भी पकड़ती हैं, वह अंदर संगृहीत हो जाता है। आप एक दृश्य को देखते हैं और वह दृश्य आपके दिमाग में छप जाता है। आप कॉफी पीते हैं और कॉफी का स्वाद, सुगंध, हर चीज आपकी चेतना में छप जाती है। आप एप्पल पाई या चॉकलेट खाते हैं और वह आपके दिमाग पर छप जाती है। उसी तरह ध्वनि व स्पर्श के साथ होता है, आप शरीर का कोई भाग छूते हैं और वह सिहरन पैदा करता है और दिमाग उन सिहरनों की चाह करने लगता है। इसलिए मन में बसी ये छाप आपके और बाहरी दुनिया के बीच एक स्क्रीन की तरह हैं।

जितनी अधिक छाप होगी उतनी ही अधिक जीवन ऊर्जा यानी प्राण के लिए यत्न होंगे। कल्पना करें कि आप जाते हैं और बैठकर सुबह, दोपहर, शाम को एक पिक्चर देखते हैं। ऐसा आप तीन दिनों तक करते हैं। और देखें कि फिर क्या होता है। आपका दिमाग संतुलन खो बैठता है, आप अनियंत्रित हो जाते हैं। इतनी सारी छापें, एक दिन में तीन फिल्म, वह भी तीन दिनों तक लगातार। आप मानसिक अस्पताल में जाने को तैयार हो जाते हैं। फिर चौथे दिन आपसे अगर फिल्म देखने को कहा जाता है तो आप कहते हैं कि नहीं, मैं अपनी आँखें बंद करना चाहता हूँ। आनंद उठाने की इंद्रियों की क्षमता सीमित है, पर दिमाग की भूख असीमित हो सकती है। बुलेमिया ऐसा एक ठोस उदाहरण है। आपका पेट कहता है और नहीं, पर आपका दिमाग कहता है—मुझे और चाहिए। वहाँ जगह न होने पर भी आप और खाते जाते हैं और फिर आप उसे बाहर निकालकर दुबारा खाते हैं। इसलिए यह आनंद उठाने की क्षमता और आनंद उठाने की इच्छा के बीच असंतुलन है।

निर्वाण का अर्थ है संतुलन लाना और कोई इच्छा न होना। आपको पता है, इच्छा

का अर्थ है अभाव। इच्छा अभाव की ओर इंगित करती है। अगर वह सब वहाँ है तो आप इच्छा क्यों करते हैं। आप एक कार की इच्छा करते हैं, क्योंकि वह अभी आपके पास नहीं है। आप उस चीज की इच्छा करते हैं, जो आपके पास नहीं है। जब आपकी चेतना पूरी हो जाती है तो वह कहती है, मैं कुछ नहीं चाहती। मैं संतुष्ट हूँ, मैं पूरी हूँ और वही निर्वाण है। यहाँ तक कि प्रबुद्धता की कामना करना भी प्रबुद्धता में अवरोध है।

यही भगवान् बुद्ध की कहानी है। वह ज्ञान की तलाश में निकले थे। हर किसी ने जो भी कहा, उन्होंने किया। किसी ने तुम यह जप करो, उन्होंने किया; किसी ने कहा, उपवास करो, उन्होंने किया। उन्होंने निरंतर उपवास किए, क्योंकि उस समय एक और प्रबुद्ध व्यक्ति थे, जिनका नाम महावीर था, जिन्होंने प्रबुद्धता प्राप्त की थी और जिन्होंने कभी खाना नहीं खाया था, इसलिए संपूर्ण जैन परंपरा ने खाने पर नियंत्रण करना आरंभ कर दिया, जहाँ वे एक दिन छोड़कर खाना खाते थे या खाते नहीं थे, क्योंकि जैन धर्म के प्रवर्तक महावीर बहुत कम भोजन करते थे। बहुत दिनों बाद वह थोड़ा-सा अन्न ग्रहण करते थे, क्योंकि वह आनंद में रत थे और उन्हें उसकी आवश्यकता ही महसूस नहीं होती थी।

इसलिए बुद्ध ने इस आशा से उपवास करने की नकल की कि इससे उन्हें भी ज्ञान प्राप्त हो जाएगा; पर वह इतने कमजोर हो गए कि चल भी नहीं पाते थे। बड़ी मुश्किल से वह एक पेड़ के नीचे आकर बैठे और लगभग बेहोश ही होनेवाले थे कि किसी ने उन्हें खीर दी। उसे खाकर उन्होंने उपवास करने की सारी प्रतिज्ञाएँ तोड़ डालीं और उस रात वह चैन की नींद सोए। अगली सुबह जब वह उठे तो कुछ भी नहीं बचा था। आखिरी तारा क्षितिज के नीचे जा रहा था और भोर हो रही थी और कुछ उनके भीतर हुआ। अचानक उन्हें एहसास हुआ कि अब कुछ देखने को बाकी नहीं बचा है।

वह यहाँ-वहाँ आनंद की तलाश कर रहे थे, पर अब कहीं भी कुछ देखने को नहीं था और वह उस क्षण केवल बैठे रहे। वह मुक्ति उन पर छा गई। वह मुक्ति ही निर्वाण कही जाती है, हर चीज से मुक्ति।

जीवन में बचपन से ही हम किसी-न-किसी चीज से चिपके रहते हैं। बच्चे होने पर आप टॉफी और खिलौनों की चाह करते हैं और फिर थोड़े से बड़े होने पर खिलौनों के साथ मित्रों का साथ अच्छा लगने लगता है और बड़े होने पर आप दोस्तों से चिपके रहते हैं और ज्यादा बड़े होने पर बच्चों, नाती-पोतों, कुछ-न-कुछ चीज आपके दिमाग को व्यस्त रखती है। आप बाहरी रिश्तों में खो जाते हैं। मेरा बेटा, मेरी बहू, मेरे नाती-पोते, मेरा यह, मेरा वह और फिर वह आपका पूरा जीवन, आपका पूरा दिन, आपका सारा समय ले लेता है या आप यह चीज या वह चीज की चिंता करने लगते हैं। आप

दुनिया की चिंता करने लगते हैं, इसलिए कोई-न-कोई चीज आपके दिमाग को व्यस्त रखती है और आपका दिमाग कभी यह चिंतन ही नहीं कर पाता कि मैं कौन हूँ, मैं क्या हूँ, मैं क्या चाहता हूँ, जीवन क्या है?

हमारे पास कभी समय नहीं होता, यहाँ तक कि सारी धार्मिक प्रार्थनाएँ जो हम करते हैं, वह भी किसी के कल्याण के लिए, कुछ पाने के लिए। आप बैठकर प्रार्थना करते हैं कि मेरा बेटा ठीक रहे, मेरी बेटी ठीक रहे। मेरा जीवन आराम से बीते। मेरे पास धन हो। मेरा नाम हो। मेरे पास फलाँ चीज हो या मुझे यह देने के लिए ईश्वर तेरा धन्यवाद। हमारी सारी प्रार्थनाएँ कुछ पाने या जो हमारे पास है उसका धन्यवाद देने के आस-पास घूमती रहती हैं। इसका अर्थ हुआ कि हम अभी भी चीजों, लोगों और संबंधों से बँधे हुए हैं।

निर्वाण वह मुक्ति है, जब मन मुक्त होता है तो वह कहता है, मुझे कुछ नहीं चाहिए। मेरे पास सबकुछ है। मेरे पास हर चीज है जो मेरी है, वैसे भी मुझे किसी चीज की आवश्यकता नहीं है। वह अवस्था निर्वाण कही जाती है और उसी को समाधि कहा जाता है। संस्कृत में हम उसे मोक्ष कहते हैं। मोक्ष का अर्थ है मुक्ति, स्वतंत्रता, हर जुड़ाव से मन का मुक्त होना।

मान लीजिए, आपको यहाँ से उठाकर मंगल पर ले जाया जाता है, एक अन्य ग्रह जहाँ आप किसी को नहीं जानते और वहाँ आपको कोई नहीं, आपको कैसा लगेगा? कल्पना करें कि आपको किसी ग्रह पर फेंक दिया गया है। आपके आस-पास कोई नहीं है, क्या होगा? आप शून्य हो जाएँगे, वहाँ कुछ भी नहीं है। आपकी सारी भावनाएँ लोगों, चीजों व अवधारणाओं के साथ जुड़ी हैं। जब आपको पुरानी यादों, लोगों से मुक्ति मिलती है; विभिन्न घटनाओं, भावनाओं, वस्तुओं से मुक्ति मिलती है और जब आपका मन सारी अवधारणाओं से मुक्त होता है, यहाँ तक कि निर्वाण की अवधारणा से भी। आखिरी अवरोध है निर्वाण की कामना करना—मैं मुक्त होना चाहता हूँ, मैं मुक्त होना चाहता हूँ। यह मुक्त होने की चाह भी बंधन हो सकती है। कुछ न होने की अवस्था ही निर्वाण है।

सरल शब्दों में कहें तो यह दुःख से मुक्ति है। किसी चीज के अपने होने के कारण ही दुःख होता है। कोई अपना पर्स या सेलफोन खो देता है, आपको कोई फर्क नहीं पड़ता; पर जब आप अपना सेलफोन या पर्स खो देते हैं तो आपको फर्क पड़ता है। दोनों में अंतर क्या है? एक कहानी है, एक पिता ने घाटी में अपने पुत्र को एक घर दिया और उससे घर की देखभाल करने को कहा और पिता पर्वतों पर लंबी तीर्थ-यात्रा पर निकल गया। एक महीने बाद जब वह वापस आया तो देखा कि कश्मीर घाटी में उसका घर जल गया है। घर वहाँ नहीं था। वह राख में बदल चुका था और पिता दुःखी होकर रोने लगा

कि हे भगवान्, मेरा सबकुछ चला गया, सबकुछ। तब तक बेटा लौट आया था और उसने देखा कि उसके पिता छाती पीट-पीटकर रो व चिल्ला रहे हैं। उसने पूछा कि क्या हुआ? तुम पूछ रहे हो, क्या हुआ? देखो, मेरी जिंदगी भर की कमाई खाक में मिल गई, सबकुछ खत्म हो गया। मेरा घर जल गया। तब बेटे ने कहा, मैं पहले ही घर बेच चुका था और मुझे दुगुना धन मिला था। मेरे पास एक बहुत ही अच्छा प्रस्ताव आया था, इसलिए मैंने तुरंत ही घर बेच दिया। कोई व्यक्ति दूसरे नगर से आया था और वह दुगुना धन देने को तैयार था और वह घर चाहता था, इसलिए मैंने उसे बेच दिया।

अचानक पिता के आँसू रुक गए और उसके चेहरे पर हँसी तैर गई। स्थिति वही थी, वह उसका घर था। पहले उसे लगा कि उसका घर जल गया है, पर अब वह किसी और का घर था और तब उसने कहा कि वैसे भी यह पुराना घर था, वह जल गया तो इसकी भी कोई वजह होगी और अब वे लोग नया बँगला बना सकते हैं। वह अब अलग ढंग से बात करने लगा। वह मेरा है, इसलिए मुझे ज्यादा दर्द महसूस होता है।

मैं मेरे में खो जाता है। मेरे से मैं को वापस लाना ही निर्वाण है। मेरे के बजाय आप मैं पर जाएँ, मैं कौन हूँ, और जब भगवान् बुद्ध यह ढूँढ़ने गए कि मैं कौन हूँ, उन्हें कुछ नहीं मिला। उन्होंने कहा, मैं आत्मा को नहीं ढूँढ़ पाया। कुछ भी नहीं है, कोई अस्तित्व नहीं है, कोई आत्मा नहीं है, कुछ भी नहीं है; पर केवल एक है जो यह कुछ नहीं ही, मैं हूँ का अनुभव कर रहा है। मैं कुछ अनुभव नहीं करता हूँ, मैं मोक्ष का अनुभव करता हूँ। निर्वाण क्यों होता है, यह मैं हूँ। यह अहंकार 'मैं' नहीं है, बल्कि चेतना के रूप में 'मैं' है, जो राहत है, जो हर जगह है। इसलिए 'मैं' कोई एक व्यक्ति नहीं है, वरन् 'मैं' चेतना का क्षेत्र है। यही बात वेदांत कहता है। आत्मा कोई अस्तित्व नहीं है, वह एक क्षेत्र है। बिना स्मृतियों के रहना ही मोक्ष है, निर्वाण है।

अगर सरल शब्दों में कहें तो मेरे से 'मैं' जो मेरे में खो गया है और उसकी वजह से वह दुःखदायी है। द्रष्टा दृश्य में खो गया। हर चीज दृश्य है, हमारा शरीर भी दृश्य है और मन दृश्य से द्रष्टा तक आता है। पहले वह शरीर में जाता है और शरीर के प्रति अवगत होता है, फिर शरीर के पीछे मन होता है और मन के पीछे बुद्धि और फिर अहंकार। एक के बाद एक परत से गुजरते रहें और गहरे तक जाएँ। यह प्याज को छीलने जैसा है, जैसे कि प्याज की अनेक परतें होती हैं। निर्वाण प्याज छीलने जैसा है, न यह, न और कुछ मध्य बीज तक गहरे तक जाना। प्याज के मध्य भाग में आप क्या पाते हैं, कुछ नहीं।

मन पूछता है कि इसे ढूँढ़ने का क्या फायदा है? दुःख से मुक्ति, यातना से मुक्ति, मुक्ति।

भगवान् बुद्ध ने केवल चार बातें कही हैं—पहली चीज है दु:ख, उसे नकारे नहीं। जीवन यातनापूर्ण है। विवाहित लोग दु:खी हैं, अविवाहित दु:खी हैं। जिनके बच्चे हैं, वे दु:खी हैं; जिनके बच्चे नहीं हैं, वे दु:खी हैं। जीवन दु:ख है, जिन लोगों की नाम-प्रतिष्ठा है, वह दु:खी हैं और जो लोग प्रतिष्ठा के पीछे भाग रहे हैं, वे दु:खी हैं। जिन लोगों के पास पद व ताकत है, वे दु:खी हैं और जिनके पास नहीं है, वे दु:खी हैं। जिन लोगों के पास धन है, वे उनसे ज्यादा दु:खी हैं जिनके पास धन नहीं है। हर जगह दु:ख है। आपके मित्र हैं तो आप दु:खी हैं, नहीं हैं तो आप दु:खी हैं। जब आपके मित्र नहीं होते तो कम-से-कम आप दूसरे ढंग से दु:खी होते हैं, आप दु:खी होते हैं, क्योंकि आपके मित्र नहीं हैं; पर जब आपके मित्र होते हैं और जब अपने मित्रों को अपने दु:खों का कारण मानते हैं तो ज्यादा बुरा होता है। इसलिए दु:ख है और उसका कारण भी है। कोई भी बिना कारण दु:खी नहीं है। दु:खी होने का कारण है। अगर आप उदास हों तो बिना कारण नहीं हो सकते हैं, आपकी उदासी किसी चीज से जुड़ी है, इसलिए दु:ख का कारण होता है। यह भगवान् बुद्ध का दूसरा सिद्धांत है। उनका तीसरा सिद्धांत है कि मार्ग है और दु:ख को दूर करना संभव है। वह संभव है, क्योंकि वह आपका स्वभाव है। वैसे ही जैसे आप चीनी से मिठास नहीं दूर सकते हैं, क्योंकि मिठास चीनी का स्वभाव है। आप आग से ताप अलग नहीं कर सकते, क्योंकि आग का स्वभाव ताप है। अगर आपका स्वभाव है तो किसी भी तरह से आप उसे दूर नहीं कर सकते हो; पर दु:ख दूर करना संभव है और उसका तरीका भी है, उसका मार्ग भी है। तो वह क्या है? दु:ख का कारण है द्रष्टा का दृश्य में फँस जाना। आप जानते हैं कि गाँव के भोले-भाले लोग फिल्म देखने जाते हैं और उसमें नायक को रोता देखते हैं तो वे भी रोने लगते हैं, वे नहीं समझ पाते कि यह केवल फिल्म है कि खलनायक जीत गया है। लोग इतने गुस्सा हो जाते हैं कि वे टमाटर और पत्थर स्क्रीन पर फेंकते हैं। पहले तो वे कम-से-कम ऐसा ही करते थे।

नाटकों में भी लोग उसमें इतने डूब जाते हैं कि वे मंच पर चीजें फेंकते हैं। द्रष्टा दृश्य में खो जाता है, यही दु:ख का कारण है और द्रष्टा के लिए वापस लौटना संभव है। आप चाहे कितने दु:खी हों, आप 24 घंटों तक दु:खी नहीं रह सकते हैं। आप कुछ देर आराम करते हैं, सोते हैं और दृश्य से बाहर आ जाते हैं। चाहे कितना सुंदर या बदसूरत हो, आनंददायक या दर्दनाक हो, द्रष्टा हमेशा दृश्य के साथ नहीं रह सकता है। नींद में आप वापस आ जाते हैं और मन द्रष्टा के पास वापस आ जाता है, पर जानते हुए जब मन दृश्य को छोड़ता है और द्रष्टा के पास वापस जाता है और देखता है कि यह सब अस्थायी है, हर चीज परिवर्तनशील है, परिवर्तनशील।

हमारे शरीर सहित हर चीज अस्थायी है और जब यह बिलकुल स्पष्ट हो जाता है

कि हर चीज अस्थायी है, सारे रिश्ते अस्थायी हैं, सारे लोग अस्थायी हैं, हमारा शरीर अस्थायी है, हमारी भावनाएँ अस्थायी हैं तो अचानक चेतना या मन जो इन चीजों में फँसा हुआ था, दु:खी हो जाता है और अपने में वापस लौट आता है। मैं···जो मेरे से मैं पर वापस आ जाता है, द्रष्टा से दृश्य पर आना एक तरीका है। दृश्य से द्रष्टा पर आएँ और द्रष्टा में शांत हो जाना ही निर्वाण है। आप शांत हैं, संतुष्ट हैं और आप पाते हैं कि द्रष्टा परमानंद है, प्यार है। वह सब जो हम बाहर की चीजों में ढूँढ़ रहे थे, वही द्रष्टा है।

कहा जाता है कि पूर्ण संतुष्टि प्राप्त हो जाने के सात दिनों तक भगवान् बुद्ध ने एक शब्द भी नहीं कहा था। निर्वाण के अनुभव में उन्होंने एक भी शब्द नहीं कहा था। वह सिर्फ कुछ कदम ऊपर-नीचे चले और कहा जाता है कि उनके पास देवदूत आए और उनसे बोलने को कहा कि अगर आप नहीं बोलेंगे तो क्या होगा, आपको बोलना चाहिए। तब बुद्ध ने कहा कि जो लोग जानते हैं, वे जानते हैं; जो नहीं जानते वे नहीं जानते। बोलने से कोई फायदा नहीं होगा। तब देवदूत ने कहा कि कुछ लोग ऐसे हैं, जो बीच में हैं और अगर आप बोलेंगे तो वे तुरंत उसे समझ लेंगे और उससे उन्हें फायदा होगा। तब बुद्ध ने बोलना आरंभ किया। तब रचयिता ब्रह्मा आए और उन्होंने कहा कि तुम्हें बोलना चाहिए। उससे जुड़ी कई कहानियाँ हैं।

दु:ख से मुक्ति पाने की मुख्य वजह है निर्वाण—इच्छाओं से पूरी तरह से मुक्ति, दु:ख से मुक्ति, सुखों से मुक्ति और उनके पीछे भागने से मुक्ति। सुखों के पीछे भागना दु:खों का कारण है और इसे न जानना सब क्षणिक है, हर चीज विलीन होनेवाली, गायब होनेवाली। हर चीज का बदलना दु:खों का कारण है। चाहे कोई चीज कितनी अच्छी क्यों न हो, कितनी बदसूरत क्यों न हो, वह दोनों ही वायु में विलीन हो जाएगी। यह जानने से आप अपने में लौट आते हैं।

जब हम प्रतिदिन अपना खाना खाते हैं तो हमेशा उस किसान के प्रति कृतज्ञ होना चाहिए जिसने उसे उगाया है। 'अन्नदाता सुखी भव' वह पारंपरिक आशीर्वाद है, जो भोजन देनेवाले की खुशी की कामना करता है। हमें उन सैनिकों को आशीर्वाद देना चाहिए, जो अपने जीवन के मूल्य पर हमारी सीमाओं की रक्षा करते हैं। वे हमारे देश की संपति हैं। वे और उनका परिवार खुश रहना चाहिए। हमारा आशीर्वाद उन तक अवश्य पहुँचेगा।

मेडीटेशन करें। चुपचाप बैठें और मेडीटेशन करें या किसी भक्ति संगीत को सुनें। इससे मदद मिलेगी। मेडीटेशन, प्राणायाम, सुदर्शन क्रिया, कुछ एक्सरसाइज, उगाई श्वास भय के लिए बहुत अच्छे हैं। यह न सोचें कि डर आपके कहीं भीतर है। यह मनोविज्ञान की एक त्रुटिपूर्ण धारणा है कि डर व अपराध-बोध हमारे भीतर हैं। हमारे भीतर बहुत

सारा आनंद है, बहुत सारा परमानंद। और उस केंद्र में कोई डर, कोई अपराध-बोध, क्रोध, वासना आपको छू तक नहीं सकती है। अपने भीतर आप बहुत अद्‌भुत हैं। इसलिए कभी न सोचें कि आप में ये सारी घबराहट हैं। जो लोग कहते हैं कि हमारे भीतर कुछ गलत है, वे अंधे हैं। वह सब केवल सतह पर है। अगर वे उसे गहराई कहते हैं तो मैं उन्हें परामर्श दूँगा कि वे और गहराई में जाएँ। आपके केंद्र में आप आनंद का फव्वारा हैं। यह कहना है कि हमारे भीतर की गहराइयों में घबराहट है, अज्ञानता है, एक गलत विचार व धारणा है। जिस क्षण आप इन शब्दों को सत्य की तरह मान लेंगे, उन संवेगों से उबरना उतना ही अधिक कठिन हो जाएगा। वे वहाँ और अधिक स्थायी हो जाएँगे।

आप जहाँ भी हों, आप ध्यान लगाएँ और आपको ईश्वर मिल जाएगा।

अगर आप एक के बाद एक मंदिर में नहीं जाते हैं तो कोई बात नहीं है। आप जहाँ भी हों, ध्यान लगाएँ और आपको ईश्वर मिल जाएगा। ईश्वर हर जगह है। आपको मंदिरों में जाने की आवश्यकता नहीं है। यह पहली अवस्था है, आप उस अवस्था को पार कर चुके हैं और दूसरी अवस्था में पहुँच चुके हैं, जहाँ हरि आपके पास आता है। कहा जाता है कि जब कबीर 'हरि, हरि' पुकार रहे थे, उन्हें हरि नहीं मिला। पर जब उन्होंने ध्यान लगाना आरंभ किया, उन्होंने कहा—अब हरि लगे पीछे कहत कबीर, कबीर।

अगर आप एक ज्योतिषी हैं तो उसका काम बहुत अच्छा होता है। आप लोगों को कोई दिशा दिखा सकते हैं, वह फायदेमंद होगा। कई बार लोगों के पास अष्टम गुरु, अष्टम शनि होते हैं। उन्हें एहसास कराएँ कि उनके पास अष्टम गुरु हैं और उन्हें थोड़ा सावधान रहना होगा। जिनका अष्टम शनि होता है, उनके मन में परेशानी आती है। इसलिए लोगों को सतर्क रहने की सलाह दें।

ऐसे ही लोगों को सलाह दें। आपको यह करना चाहिए। तभी लोग समझेंगे कि क्यों कई बार मन में इतने सारे विचार आते हैं या इतने सारे संशय आते हैं और कुछ करने का मन नहीं करता है। फिर तब जब एक ज्योतिषी बताता है कि मन क्यों अशांत है और वह ठीक हो जाएगा और ये उपाय हैं तो फायदा होता है। हर किसी को 'ओम् नमः शिवाय' का उच्चारण करना चाहिए। ग्रहों की स्थिति से होनेवाले सारे नकारात्मक प्रभाव 'ओम् नमः शिवाय' के उच्चारण से निष्प्रभावी हो जाएँगे। नकारात्मक प्रभाव बहुत कम हो जाते हैं, जैसे कि खत्म हो गए हों। इसीलिए ज्योतिष का एक क्षेत्र निदान भी है। एक कहावत है कि एक तीर आ रहा था जो सिर पर वार करने वाला था, पर उसने केवल एक-दो बालों को छुआ और चला गया।

प्रत्येक व्यक्ति में भावनाएँ होती हैं। कौन भावुक नहीं है? हर किसी में कुछ भावनाएँ होती हैं। पर अगर स्वभाव से स्वयं को भावुक कहें तो आप स्वयं को बुद्धिमान

न होने का लाइसेंस दे रहे हैं या आप अपने आपको कमजोर होने का लाइसेंस दे रहे हैं। आप भावुक हो सकते हैं, पर आप भावनात्मक तौर पर कमजोर नहीं हो सकते हैं। जागें और देखें कि आप भावनात्मक तौर पर कमजोर नहीं हैं। आप मजबूत हैं। आपको मानना होगा कि आप मजबूत हैं।

आपने मुल्ला नसरुद्दीन की कहानी सुनी है? मुल्ला ने यह सोचना आरंभ कर दिया कि वह मर चुका है। इसलिए यहाँ-वहाँ आते-जाते वह कहता रहता कि मैं एक मृत शरीर हूँ, मैं मर चुका हूँ। अगर कोई उससे कुछ पूछता तो वह कहता कि लाश कभी बात नहीं करती है, मैं मृत शरीर हूँ फिर भी बोल सकता हूँ। उसकी पत्नी बहुत चिंतित हो गई। वह कुछ भी पूछती तो वह कहता कि मैं तो मृत शरीर हूँ, तुम मुझसे क्यों पूछ रही हो? वह उसे मनोवैज्ञानिक के पास ले गई और मनोवैज्ञानिक ने बताया कि तुम मरे नहीं हो, तुम जीवित हो। पर वह बोला, नहीं, मैं मर चुका हूँ। तब मनोवैज्ञानिक ने कहा कि मृत शरीर में रक्त नहीं होता, पानी नहीं होता और वह मान गया। तब मनोवैज्ञानिक ने एक सुई ली और उसे चुभाई और खून निकलने लगा। तब मनोवैज्ञानिक ने कहा कि देखा, तुम लाश नहीं हो, तुम जीवित हो। मुल्ला बोला, मुझे आज पता चला कि मृत शरीर में भी खून होता है।

इस तरह से हम जो अपने बारे में सोचते हैं, वैसे ही बन जाते हैं। इसलिए हमें यह नहीं सोचना चाहिए कि हम भावनात्मक तौर पर कमजोर हैं। कौन कहता है, आप भावनात्मक तौर पर कमजोर हैं? जागो और देखो कि तुम भावनात्मक तौर पर मजबूत हो। भावनाएँ स्वाभाविक हैं और भावनाएँ होना बहुत अच्छा है। अन्यथा आप नीरस बन जाएँगे। हाथी में भी भावनाएँ होती हैं। पक्षी, घोड़े, गाय और भैंसों में, यहाँ तक कि कुत्ते में भी भावनाएँ होती हैं। फिर आप में कैसे भावनाएँ नहीं हो सकती हैं? आप में भी भावनाएँ हैं; पर यह सोचना कि मैं भावुक हूँ, मैं कमजोर हूँ, यह लेबल जो आप अपने ऊपर लगा लेते हैं, उसे हटाना आवश्यक है। भावनाएँ तो कोई बात नहीं, इसके लिए स्वयं को परेशान करना ठीक नहीं। आपको अंदर से महसूस करना चाहिए कि आप मजबूत हैं। अगर कभी आँसू आते हैं तो इसमें कुछ गलत नहीं है। पर भावनाओं में बहें नहीं ।

सिर्फ मेन्यू कार्ड पढ़ने से आपका पेट नहीं भर जाता है। अगर कागज पर 'आग' लिखा हो तो वह आपका हाथ नहीं जलाता है। कागज पर लिखा आग और वास्तविक आग, यही अंतर है। आप तार्किक ढंग से समझ चुके हैं कि प्रबुद्धता यहीं और अब है, पर उसका होना केवल मेडीटेशन से ही संभव है। तकनीकें मन को लालच, घृणा और तमाम अवरोधों से दूर ले जाती हैं, जो यहाँ और अब के बीच में आती हैं।

कोलाहल से आनंद आता है और कोलाहल का आनंद उठाना ज्ञान है।

एक बुद्धिमान व्यक्ति का क्रोध बहुत कुछ अच्छा कर सकता है और एक अज्ञानी व्यक्ति का प्यार बहुत सारी परेशानियाँ पैदा कर सकता है। एक अशिक्षित माँ वह अपने बच्चे का स्कूल जाना पसंद नहीं करती है, क्योंकि छोटे बच्चे स्कूल जाते समय रोते हैं। फिर वह कहती है, ठीक है, कोई बात नहीं, तुम स्कूल मत जाओ। वे कहते हैं कि वे पढ़ना नहीं चाहते हैं और वह कहती है, ठीक है, मत पढ़ो। बच्चों के लिए उनका प्यार उनकी पूरी जिंदगी को बिगाड़ देता है। इसलिए एक अज्ञानी का प्यार तक नुकसान पहुँचा सकता है। और एक ऋषि का क्रोध तक फायदा देता है।

दुर्वासा ऋषि के बारे में अनेक कहानियाँ हैं। अगर कोई क्रोधित होता है तो लोग कहते हैं, यह तो दुर्वासा है, यानी वह ऐसा व्यक्ति है जो जरा सी बात पर क्रोधित हो जाता है। पर वह सामान्य स्थिति में तुरंत लौट आता है। यही कहना चाहता हूँ कि अगर आप में क्रोध है तो बुरा मत महसूस करें। यहाँ तक कि ऋषि में भी क्रोध होता है। इसलिए स्वयं को दोष देकर आपको अपने प्रति कठोर होने की जरूरत नहीं है। वह केवल अपने को आत्मविश्वास देने के लिए है। आपको यह एहसास दिलाने के लिए कि थोड़े-बहुत क्रोध के बावजूद आप ठीक हैं। यह केवल एकमात्र विरला मामला है। कहने का तात्पर्य यह है कि ज्ञान शर्तहीन है। वह क्या है? वह शर्तहीन है। आप उस मुक्ति पर कोई शर्त नहीं लगा सकते हैं। इसलिए क्रोधित होना भी संभव है। और कई बार क्रोध भी अच्छा हो सकता है।

एक ऐसी फिल्म की कल्पना कीजिए, जिसमें कोई खलनायक नहीं है। एक ऐसी फिल्म की कल्पना कीजिए, जिसमें हीरो केवल खाता, सोता और बिना कुछ काम के इधर-उधर घूमता रहता है। क्या आप ऐसी फिल्म देखेंगे? विरोधी मूल्य एक-दूसरे के पूरक होते हैं। काँटे और पत्तियाँ दोनों होती हैं। आपके पास विकल्प होता है कि आप क्या चुनें—काँटे या पत्तियाँ? ईश्वर हमारे भीतर है। वह कभी सो और छिप रहा होता है तो कभी जाग व नाच रहा होता है। साधना करने के बाद ईश्वर जाग जाता है। फिर वह नाचता है। अपने भीतर के देवी और देवताओं को जाग्रत् करें। एक पत्थर कुछ महसूस नहीं कर सकता, पर एक जीवित प्राणी कर सकता है। अपने अंदर अच्छाई जाग्रत् करना अनिवार्य है। इसीलिए भारत में सुबह के समय विशेष तरह के भजन गाए जाते हैं—हे ईश्वर, जागो और हमें आशीर्वाद दो। एक तरफ यह बहुत अजीब लगता है। बच्चों को जगाना माता-पिता का काम है, पर इस भजन में मानव ईश्वर से कह रहा है कि वह उन्हें जगाए और सृष्टि को आशीर्वाद दे। यह विरोधाभास है और इस विरोधाभास में सत्ता का गहन रहस्य छिपा है।

आसक्ति दर्द देती है, पर कुछ भी बिना दर्द के नहीं मिलता है। हम इस दुनिया में

बहुत सारे दर्द के साथ आते हैं। जन्म की प्रक्रिया अपने आप में बहुत दर्दनाक है। नौ महीनों तक हम आराम में होते हैं और फिर अचानक हमारे चारों ओर का समुद्र गायब हो जाता है और हमें बाहर आना पड़ता है। आसक्ति तब होती है जब आपका ध्यान भीतर न होकर बाहर होता है। नियंत्रण, अधिकार व पकड़े रहने की चाह दर्द देती है। जब हम शांत व संतुष्ट होते हैं, प्यार आनंद में बदल जाता है। प्यार के साथ विवेक उत्तर है।

परफेक्शन के प्रति आपके प्यार के कारण क्रोध आता है। अपने आस-पास अपूर्णता के लिए थोड़ी सी जगह पैदा करें। उन सब चीजों की सूची बनाएँ, जिसे आप गलत मानती हैं। फिर उस सूची पर काम करने के लिए अपने आस-पास लोग रखें। जब आप क्रोधित हों, उस संवेग को महसूस करें। देखें कि कैसे दाँत भिंच रहे हैं और मन कैसा हो गया है। लंबी साँसें लें और देखें कि क्या कोई फर्क पड़ा। हालाँकि मुझे ऐसा अनुभव कभी नहीं हुआ, क्योंकि मुझे इस तरह की समस्या का सामना कभी नहीं करना पड़ा। इसलिए मेरी सलाह सही नहीं हो सकती है। आपको दूसरों से पूछना चाहिए। यहाँ पर कई लोग ऐसे हैं, जो बता सकते हैं। सुदर्शन क्रिया नियमित रूप से करने से क्रोध पर काबू किया जा सकता है।

कल्पना करें, हम अस्सी वर्षों तक जीते हैं। उसमें से पच्चीस या तीस वर्ष हम सिर्फ सोते हैं। दस वर्ष हम बाथरूम में गुजार देते हैं। अन्य दस वर्ष हम ट्रैफिक में फँसे होते हैं। फिर बहुत सारे वर्ष हम दुःखी रहकर बिता देते हैं। अंततः दो-तीन वर्ष हम प्रार्थना, सेवा आदि में बिताते हैं।

संगीत हमें एक करता है और मेडीटेशन हमें बहुत गहराई में ले जाती है। वह हममें एकत्व की भावना लाती है। अगर आप ज्ञान की देवी सरस्वती को देखें तो पाएँगे कि वह एक चट्टान पर बैठती हैं। यह इस बात का प्रतीक है कि एक बार सीखा गया ज्ञान न तो कहीं जाता है, न ही हिलता है। जबकि धन की देवी लक्ष्मी कमल के फूल पर बैठती हैं। बारिश आती है और फूल पानी के बहाव से बह जाता है। ज्ञान की देवी चट्टान पर बैठती हैं। उनके पास एक वाद्य, एक पुस्तक और हाथ में एक माला है। पुस्तक ज्ञान का प्रतीक है, वाद्य संगीत का प्रतीक है और माला मेडीटेशन का प्रतीक है। ज्ञान, विवेक और संगीत—इन तीन पहलुओं को अपने जीवन में अवश्य लाना चाहिए।

जब आप एक शब्द कहते हैं, आप उसकी परिभाषा जान चुके होते हैं। मैं कहूँगा कि ज्ञान सार्वभौमिक ऊर्जा के साथ एक संपर्क है। यह समझना कि आप उसके भाग हैं, आप वह हैं। बिना किसी प्रयास के निसस्वार्थ प्यार जीना, आपको उसके लिए कोई प्रयास करने की आवश्यकता नहीं है। एक खुली किताब की तरह होना, स्वाभाविक होना और ये सब विशेषताएँ हर व्यक्ति में हैं। केवल थोड़ा पोषण करने की जरूरत है

और फिर वह फलने-फूलने लगता है। इसलिए जब आप चलें तो ऐसे चलें कि आप को ज्ञान प्राप्त हो गया है, आप खुले हैं, आप एक बच्चे की तरह हैं और आप मुक्त हैं—भावनात्मक, मानसिक व बौद्धिक रूप से। स्वतंत्रता का आनंद उठाएँ। जब आप में किसी तरह की इच्छाएँ नहीं होंगी, तब आप खुद को यह प्रमाणपत्र दे सकते हैं कि आप को ज्ञान प्राप्त हो गया है। पर आप अपनी इच्छाओं व लालच से ऊपर उठना होगा। साफ दिल, साफ मन और कार्यों में स्पष्टता सब ज्ञान के भाग हैं। अगर आप दो-तीन साल के बच्चे या छह महीने के शिशु को देखें तो उसकी आँखों में निस्स्वार्थ प्यार नजर आएगा। हर शिशु में ज्ञान को छोड़कर ये सब विशेषताएँ होती हैं। जब आप बड़े हो जाते हैं तो एक मासूम की तरह अपने में ये गुण रखें और उसके साथ विवेक की गहराई भी रखें।

एक गुरु चाहता है कि उसका शिष्य प्रगति करे, फले-फूले, अस्थिर न हो, खुश रहे, निस्स्वार्थ रहे और लोगों की सेवा करे। और जो कुछ भी शिष्य गुरु से चाहता है, गुरु उसे वह देता रहता है। आरंभ में शिष्य छोटी चीजें माँगता है और फिर बड़ी चीजें माँगता है। जिन छोटी चीजों को वह माँगता है, गुरु कई बार उसे देता है, कई बार नहीं देता है।

आपका शरीर इस दुनिया का है और दुनिया उसका खयाल रखेगी। आप ईश्वर के हैं और ईश्वर आपका खयाल रखेगा।

जब ये आँखें आपकी आँखों से मिलती हैं तो क्या आपको प्यार की झलक नहीं दिखाई पड़ती?

एक कदम उठाने भर से क्या आपको पूरा मार्ग नहीं मिल जाता?

अपना हाथ बढ़ाते ही क्या आपको नहीं लगता कि काम पूरा हो गया है?

एक बार मुसकराने भर से क्या दुनिया आपको अपना नहीं बना लेगी?

एक बार नाम लेने से क्या आपका जीवन पूर्ण नहीं हो जाएगा?

जो भी चीज ऊर्जा को बढ़ाती है, वह अध्यात्म होता है।

हर वह चीज, जो आपके अंदर ऊर्जा संचारित करती है, अध्यात्म है।

हर वह चीज, जो आपको बुद्धिमान बनाती है, अध्यात्म है।

हर वह चीज, जो आप में जीवन-शक्ति बढ़ाती है, अध्यात्म है।

हर वह चीज, जो आप में दया व परोपकार की भावना भरती है, अध्यात्म है।

हर वह चीज, जो आपको सार्वभौम ऊर्जा से जोड़ती है, अध्यात्म है।

जीवन एक यात्रा है, जहाँ आप प्रश्न को आश्चर्य में बदलते हैं।

10,000 वर्ष पूर्व 8-9 वर्ष के एक छोटे बच्चे ने अपने पिता से ईश्वर के बारे में पूछा था।

बच्चा अपने पिता से—ईश्वर क्या है और वह कैसा दिखता है?

उसके पिता हाथ पकड़कर उसे घर से बाहर ले आते हैं और पूछते हैं कि उनके घर के बनने से पहले वहाँ क्या था?

लड़के ने कहा—जगह।

पिता—घर कहाँ बना?

लड़का—जगह पर।

पिता—जब यह घर टूट जाएगा तो क्या रहेगा?

लड़का—जगह।

पिता—वही ईश्वर है।

ईश्वर वह नहीं है जो कहीं और बैठा है। ऐसा केवल चित्रों में ही दिखाया जाता है। ईश्वर प्यार है, ईश्वर जगह में है जिसमें हर चीज रहती है, जिससे हर चीज अस्तित्व में आई है और जिसमें हर चीज विलीन हो जाती है। ईश्वर जगह है, प्रसन्नता है, प्यार है और हर जगह व्याप्त है। तुम्हारे आस-पास की जगह मृत जगह नहीं है। यह ऊर्जा और बुद्धिमत्ता से भरी हुई है। वह ऊर्जा व बुद्धिमत्ता दैवत्व है। वह हर जगह है—आपके भीतर और आपके बाहर भी।

दुनिया की अधिकांश स्थानीय संस्कृतियों में समान अवधारणा है। वे कहते हैं कि ईश्वर पर्वतों में है, नदियों में है, फूलों में है, पेड़ों में है, पशुओं में और मानव में है। ईश्वर प्यार है। आप उसे महसूस कर सकते हैं, पर देख नहीं सकते हैं। जब आप गहन ध्यान में जाते हैं तो आप उस विशाल ऊर्जा का अनुभव कर सकते हैं।

शिकायतें मत हैं। उन्हें सावधानी से सुनें और अगर उनमें कुछ अच्छा हो तो आप उन्हें ले सकते हैं। अगर वे केवल एकतरफा मत हों तो केवल मुसकरा दें। यही मेरी नीति है। मैं तो सलाह दूँगा कि खुले मन से आप आलोचना को स्वीकारें। आलोचना को लेकर कभी शर्म न करें।

बड़ी बात क्या है, जब आप शिकायतों पर मुसकरा सकें। इसका अर्थ हुआ कि आपने कुछ पा लिया है।

संपत्ति साधन है; पर अगर वह लक्ष्य बन जाए तो वह असुरक्षा की ओर ले जाती है।

व्यक्तित्व वह होता है, जो लोग मानते हैं। कुछ होने से कुछ न होना और कुछ न होने से हर किसी का हिस्सा होना ही जीवन की पूरी यात्रा है। अगर कोई व्यक्तित्व के विचार में फँस गया है तो उसके विकास करने की कम संभावना है।

हर चीज परिवर्तनकारी है। लोग बदलते हैं, उनके विचार बदलते हैं। हमें इस मूल तथ्य को स्वीकार लेना चाहिए। इसलिए अगर आपने निर्णय लिया है तो वह भी बदल सकता है।

प्रबंधन का अर्थ है, जो विद्यमान है उसके अनुसार चलना। नया कुछ नहीं बनाना, बल्कि जो है उसी के साथ चलना।

ऐसे 7 बिंदु हैं, जिन पर भारत को गर्व करना चाहिए और जिन तक अभी तक पहुँचा नहीं गया है।

भोजन—भारत में भोजन के बहुत सारे प्रकार हैं। भारत में एक छोटे स्थान त्रिपुरा में भोजन के 200 से अधिक प्रकार हैं। उत्तर भारतीय विभिन्न तरह के दक्षिणी भारतीय भोजन के बारे में नहीं जानते हैं। यहाँ तक कि दक्षिण भारतीय उत्तर भारतीय भोजन के बारे में नहीं जानते हैं। हम स्वयं का ठीक ढंग से प्रचार व विपणन नहीं करते हैं।

पर्यटन—हमारे पास इतिहास का एक बृहद हिस्सा है, जिसका हम फायदा नहीं उठाते हैं।

संगीत व नृत्य—ऐसे अनेक प्रकार के नृत्य व संगीत के प्रकार हैं, जिन्हें हम अभी तक दुनिया के सामने लाए तक नहीं हैं।

परिधान व आभूषण—भारतीय परिधानों को दुनिया भर में सराहा जाता है। हम जो पहनते हैं, उसके प्रति हमें कोई गर्व नहीं है।

इंडोनेशिया और थाईलैंड जैसे देश अपने परिधान व आभूषणों पर बहुत अभिमान करते हैं। हम अपने बारे में अच्छा नहीं सोचते हैं। निम्न आत्म-सम्मान हमारी सोच व संस्कृति को खा रहा है।

सूचना तकनीक—यह भारत को नई ऊँचाइयों पर ले जाएगी।

आयुर्वेद—भारत में 280 प्रकार की वनस्पतियाँ उपलब्ध हैं, जो दुनिया में कहीं भी उपलब्ध नहीं हैं। हम उन पर कोई ध्यान नहीं देते हैं। वे 21वीं सदी की दवाइयाँ बनेंगी।

त्रिफला—विदेशी इस फॉर्मूले को ले गए और उसे पेटेंट करा लिया।

भारतीय आध्यात्मिक मूल्य—केवल संयुक्त राष्ट्र में ही योग बाजार का मूल्य 27 अरब डॉलर आँका गया है। वहाँ के 99 प्रतिशत स्थानीय लोगों का उस पर अधिकार है। उन्होंने योग के लिए चीजें बनानी आरंभ कीं, जो भारत के उत्पाद और दुनिया को हमारी देन हैं। न्यूयॉर्क की कुछ इमारतों में लोगों को मंत्र उच्चारण करने के लिए आमंत्रित किया जाता है। भारत में अगर कोई मंदिर में मंत्रोच्चार कर रहा होता है तो हम उसे देखने का कष्ट तक नहीं करते।

□□□